ULLSTEIN

Das Buch

Als junger Bundestagsabgeordneter rüttelte er am Tor des Bundeskanzleramtes und rief: »Ich will hier rein!« Heute ist er drin: Seit Herbst 1998, nach dem triumphalen Wahlsieg über Helmut Kohl, ist Gerhard Schröder, Jahrgang 1944 und früher langjähriger Ministerpräsident des Landes Niedersachsen, deutscher Bundeskanzler. Béla Anda und Rolf Kleine haben Schröders Vita bis in das Dorf Mossenberg im Lipper Bergland, seinen Geburtsort, zurückverfolgt. Sie schildern seinen Aufstieg vom Porzellanverkäufer in Lemgo zu einem der populärsten Politiker Deutschlands. Zusätzlich rekapituliert Martin E. Süskind die Endphase des Wahlkampfes 1998, den Machtwechsel und die ersten vier Regierungsjahre Gerhard Schröders.

Die Autoren

Béla Anda, geboren 1963 in Bonn, studierte Politikwissenschaften in Berlin und an der London School of Economics. Er war Politik-Redakteur bei der *Welt am Sonntag* und London-Korrespondent mehrerer Zeitungen und Zeitschriften. Von 1992 bis 1999 war er bei *BILD*, zuletzt als leitender Redakteur. 1999 wurde er stellvertretender Regierungssprecher unter Gerhard Schröder.
Rolf Kleine, geboren 1961 in Osnabrück, studierte Neuere Geschichte, Publizistik und Musikwissenschaften in Münster und Wien. Er war Redakteur bei den *Westfälischen Nachrichten* und arbeitete als freier Journalist. Von 1993 bis 1999 war er Korrespondent im Bonner Büro der *BILD*-Zeitung, seit 2000 leitet er das *BILD*-Hauptstadtbüro. Er begleitete Gerhard Schröder und andere SPD-Spitzenpolitiker auf verschiedenen Reisen.
Martin E. Süskind, geboren 1944 in Ambach/Oberbayern, war nach Stationen bei der *Süddeutschen Zeitung* (Leitung des Bonner Büros) und beim *Kölner Stadt-Anzeiger* (Chefredaktion) von 1999 bis 2001 Chefredakteur der *Berliner Zeitung*. Heute lebt er als freier Autor in Berlin und am Starnberger See.

Béla Anda · Rolf Kleine

Gerhard Schröder

Eine Biographie

Mit einer Bilanz der ersten vier Regierungsjahre
von Martin E. Süskind

Ullstein

Ullstein Taschenbuchverlag
Der Ullstein Taschenbuchverlag ist ein Unternehmen der
Econ Ullstein List Verlag GmbH & Co. KG, München
Erweiterte und aktualisierte Neuausgabe
1. Auflage 2002

Umschlaggestaltung: Petra Soeltzer, Düsseldorf
Titelabbildung: dpa
Druck und Bindearbeiten: Ebner & Spiegel, Ulm
Printed in Germany
ISBN 3-548-36387-3

Inhalt

Vorwort

Gerhard Schröder, nach Willy Brandt und Helmut Schmidt dritter Bundeskanzler einer SPD-geführten Bundesregierung, ist einer der charismatischsten Politiker Deutschlands. Kein Mitglied der amtierenden politischen Klasse hat – politisch wie privat – einen ähnlich weiten Lebensweg zurückgelegt.

In facettenreicher Detailliertheit schildert diese Biographie seinen Aufstieg vom Porzellanverkäufer in Lemgo zum Kanzler der Bundesrepublik Deutschland. Dargestellt werden nicht nur die wichtigen Stationen der politischen Karriere Schröders; seine Persönlichkeit wird beleuchtet, seinen Antrieben, Motiven und Instinkten nachgespürt. So entsteht ein differenziertes Bild eines Mannes, der zu den herausragenden Politikern Deutschlands zählt.

Diese Biographie, die erste über Gerhard Schröder überhaupt, erschien als Erstausgabe im Jahr 1996; erweitert und ergänzt kam sie im Frühjahr 1998 nach der Nominierung Gerhard Schröders zum Kanzlerkandidaten neu auf den Markt. Die nun vorliegende Ausgabe ist die dritte Fassung. Ergänzt und erweitert wird sie durch einen Beitrag von Martin E. Süskind, dem langjährigen Chefredakteur der *Berliner Zeitung* und früheren Bonner Büroleiter der *Süddeutschen Zeitung*.

Süskind beschreibt Gerhard Schröders knappes halbes Jahr als Kanzlerkandidat und seine vier Jahre als Bundeskanzler. Die Aktualisierungen Süskinds sind – ein erweiterter Bildteil einbezogen – die einzigen Veränderungen dieses Originalwerkes über Gerhard Schröder.

Auch wenn die Autoren inzwischen aus unterschiedlichen Blickwinkeln ein tieferes Maß an Einblick in die Abläufe der vergangenen Jahre gewinnen konnten, so haben sie bewußt auf Änderungen an ihrem Standardwerk verzichtet. So bleibt ein mit Detailtreue gezeichnetes Porträt, ergänzt um eine Analyse der vergangenen vier Jahre, die Martin E. Süskind unabhängig verfaßt hat.

Die Autoren sind ihm wie auch ihren zahlreichen Interviewpartnern zu großem Dank verpflichtet. Sie alle aufzuzählen würde den Rahmen sprengen. Besonderen Dank schulden sie Gerhard Schröder selbst, der sich bereit erklärt hatte, in zahlreichen Gesprächen für die Originalausgabe des Buches Rede und Antwort zu stehen und Einblicke in seine politischen und privaten Beweggründe zu geben. Dank gebührt dem Leiter des Archivs des SPD-Parteivorstandes, Peter Munkelt, sowie den Mitarbeitern der SPD-Zentrale. Dank gilt auch – und weiterhin – den Lektoren Christian Seeger und Christoph Steskal sowie Constanze Anda.

Béla Anda, Rolf Kleine, Berlin, im Juni 2002

»Ich wollte da raus«
Kindheit und Jugend

Es war wieder einer dieser Tage. Im Hause Schröder war das Essen knapp. Kein Fleisch, kein Geld, und der Gerichtsvollzieher stand schon wieder vor der Tür. Erika Vosseler, verwitwete Schröder, sonst eine zupackende, schwer zu erschütternde Frau, legte den Kopf in die Hände und weinte. Gerd – so nannte sie ihren ältesten Sohn Gerhard – nahm seine Mutter sanft in den Arm und zog sie an sich: »Warte ab, Löwe«, sagte er mit fester Stimme, »eines Tages hol' ich dich im Mercedes ab.«

Es dauert vierzig Jahre. Dann ist es soweit. Mit seinem silbergrauen Dienst-Mercedes holt Gerhard Schröder, mittlerweile Ministerpräsident von Niedersachsen, seine Mutter Erika in ihrem Drei-Zimmer-Appartement in Paderborn ab. Sie fahren zum »Hirschsprung« in Berlebeck, einem Restaurant in der Nähe von Lemgo. Dort feiert die alte Dame ihren achtzigsten Geburtstag, den der Sohn für sie ausrichtet.

Erika Vosseler ist gerührt. Mehr als vierzig Jahre hat sie als Putzfrau gearbeitet, noch als Siebzigjährige bei zwei alten Damen für Ordnung gesorgt. Jetzt führt sie der amtierende Ministerpräsident von Niedersachsen in ein feines Restaurant. Jetzt begegnen die Menschen ihr, der Mutter des Ministerpräsidenten, mit großer Freundlichkeit. Der Geschäftsführer eilt auf ihren Sohn zu: »Willkommen, Herr Ministerpräsident.«

»Es gefiel ihr«, sagt Schröder rückblickend. »Es war eine Art Wiedergutmachung für das, was sie in ihrem Leben durchlitten hatte.«

Für Mutter und Sohn war es ein langer Weg dahin. Am Karfreitag, dem 7. April 1944, kommt Gerhard Fritz Kurt Schröder in dem kleinen Dorf Mossenberg im westfälischen Lipperland zur Welt. »Störangriffe feindlicher Flugzeuge richteten sich gegen Orte in Nord- und Westdeutschland«, notierte der Wehrmachtsbericht für jenen Tag. In Mossenberg merkt man von der weitreichenden Zerstörung nichts. Bis Kriegsende fällt auf den kleinen Ort inmitten des sanften Hügellandes mit seinen satten Wiesen und fruchtbaren Böden keine einzige Bombe.

Gerhard ist der Zweitgeborene. Seine Mutter bringt ihn in ihrer damaligen Dachwohnung im Bauernhaus der Familie Freitag zur Welt. Fünf Jahre zuvor hatte sie ein Mädchen geboren – Gunhild, auch im Sternzeichen des Widders. Nur wenige Tage nach Gerhards Geburt stirbt sein Vater – den einzigen Sohn hat er nie gesehen. Am 10. oder 11. April 1944 fällt der Pionier-Gefreite Fritz Schröder in Rumänien. Wie und wann er genau starb, konnte sein Sohn bis heute nicht ergründen. Das einzige, was er weiß: »Seine Einheit war auf dem Rückzug aus Rußland. Dann bekam meine Mutter eine Nachricht von der Wehrmacht: ›Er fiel für Führer, Volk und Vaterland.‹«

Schröders Vater wurde in Rumänien begraben. Sein Sohn hat den Ort nie besucht. Auch heute weiß er nur Spärliches von seinem Vater zu erzählen: »Seine Familie kam aus Leipzig, und er war Hilfsarbeiter auf der Kirmes. Meine Mutter – ihre Familie stammte aus Magdeburg – hat ihn sehr gemocht. Sie hat immer gesagt: ›Er hat mich gut behandelt.‹ Mehr war damals wohl nicht drin.« Seine einzige Erinnerung an den Vater ist ein verschwommenes Foto, das ihn Arm in Arm mit Schröders Mutter zeigt. »Wir hatten kein Geld und keine Kamera. Deshalb gibt es von meinem Vater kaum Bilder«, sagt er.

Nach dem Kriegstod ihres Mannes steht Erika Schröder mit zwei kleinen Kindern plötzlich allein da, nur unterstützt von ihrer Schwiegermutter, einer resoluten Frau. Mit siebzig stürzt sie und erleidet einen Schädelbruch. Nach zehn Tagen verläßt sie heimlich das Krankenhaus, um wieder bei der Familie zu sein. So wurde sie vierundneunzig Jahre alt.

Die Familie lebt in der Hungerzeit nach Kriegsende in einer Notbaracke auf dem Fußballplatz in Bexten. Schröder erinnert sich: »Das Behelfsheim ragte über den Eckpfosten hinaus ins Spielfeld. Die Fußballer konnten die Ecken nur verkürzt treten. Und wenn draußen die Bälle gegen die Wand knallten, fielen drinnen die Petroleumlampen von den Wänden. Doch einen Vorteil hatte das alles: Ich war früh auf dem Fußballplatz und lernte schnell, gut zu spielen.«

Von der Behelfsbaracke zieht die Familie in ein altes Fachwerkhaus. Es ist so baufällig, daß die Geschwister es scherzhaft »Villa Wankenicht« nennen und schon bald wieder weg wollen. In den nächsten Jahren zieht die Familie von Hof zu Hof. Für eine geringe Miete und einen kargen Lohn helfen die Kinder bei Ernte und Stallarbeiten. Familienarbeit gegen Mietnachlaß – »Leibzucht« nannte man das.

Schröders Mutter arbeitet vierzehn bis sechzehn Stunden am Tag, geht putzen und in die Fabrik, um die Familie über Wasser zu halten. Morgens um fünf ist sie die erste, die aufsteht. Um sechs weckt sie die Kinder, macht Frühstück und schmiert die Brote für die Schule. Um halb sieben muß sie aus dem Haus: Um sieben beginnt ihr Putzdienst in den Baracken der britischen Besatzungstruppen in Lemgo. Bis zur nächsten Bushaltestelle sind es drei Kilometer Fußmarsch. »Wenn Denkmäler verdient wären für diese Generation, die den Krieg durchgestanden hat, dann müßte man meiner Mutter ein Denkmal setzen«, sagt Schröder heute.

Das Geld langt mehr schlecht als recht. Frau Schröder läßt anschreiben. Gezahlt wird, wenn es Geld gegeben hat. Einmal die Woche wird in einer großen Zinkwanne im Wohnzimmer, dem einzigen beheizten Raum, gebadet. Später duschen Gerhard und seine Geschwister wie die meisten Kinder des Dorfes in den neuerrichteten Waschräumen der Schule.

Damit es wenigstens einmal in der Woche Fleisch gibt, begibt sich die Großmutter auf Beutezug: Mit einem leeren Kinderwagen geht sie, meist begleitet vom kleinen Gerhard und seiner älteren Schwester, in die benachbarte Kleinstadt Schöttmar. Dort schiebt sie sich an den Hauswänden entlang. Wenn irgendwo im offenen Fenster ein Braten zum Abkühlen steht, schnappt sie zu und läßt ihn blitzschnell in der Kinderkarre unter einer Decke verschwinden. Not kennt kein Gebot.

1947 heiratet Erika Schröder wieder – Paul Vosseler, auch er Hilfsarbeiter. Sie nimmt seinen Namen an, Gerhard und seine

Schwester Gunhild behalten den Namen ihres leiblichen Vaters. Das Ehepaar Vosseler bekommt drei Kinder und Gerhard Schröder drei Halbgeschwister: Lothar, geboren am 5. April 1947, Heiderose, geboren am 21. März 1950, und Ilse, geboren am 22. Dezember 1954.

Noch heute leben die meisten Geschwister im Lippischen. Die älteste Schwester wohnt zusammen mit der Mutter in Paderborn. Lange hat sie wie ihre Mutter in Hamburg gelebt und dort in einem Buch- und Zeitungsladen am Hauptbahnhof gearbeitet. Jetzt ist sie Aufseherin in einer Spielhalle. Eine Stelle in einer Bücherei oder in einem Zeitungsladen war in Paderborn nicht zu finden. Sie sagt: »Hauptsache, ich arbeite.«

Ebenfalls in Paderborn wohnt Schröders Halbschwester Ilse. Sie macht eine Ausbildung an einer Schule für Blinde und Gehörlose. Bruder Lothar arbeitete bei einem Computerunternehmen und wurde im Frühjahr 1996 arbeitslos. Halbschwester Heiderose arbeitet in der Buchhaltung.

Das Verhältnis zwischen Gerhard Schröder und seinen neuen Geschwistern ist gut, das zu seinem Stiefvater schlecht. »Mein Stiefvater war ein hochsensibler Mann«, erinnert er sich. »Er hatte Träume, das merkte ich. Und er war interessiert, auch politisch. Abends hörte er im Radio oft das Berliner Kabarett ›Die Insulaner‹ mit Wolfgang Gruner. Doch er hatte keine Chance, sein Interesse umzusetzen – wegen seiner Krankheit. Ich habe ihn damals nicht verstanden.«

Schröders Stiefvater leidet an Tuberkulose. Von 1954 an verbringt er die meiste Zeit im Sanatorium in Lemgo. Nur im Sommer, wenn die Tbc zeitweilig abklingt und nicht mehr ansteckend ist, kann er nach Hause zurückkehren. Sobald es kühl wird, bricht die Krankheit wieder aus: Er hustet stark und fiebert. Dann ist es Zeit, in die Lungenheilanstalt zurückzukehren. Daß es ein Abschied für immer sein kann, daran mag zu jener Zeit keiner denken.

Sooft es geht, besucht Frau Vosseler ihren kranken Mann. Doch lange bei ihm bleiben kann sie nie. Sie hat fünf Kinder zu versorgen. »Und irgendwie mußte es ja weitergehen«, sagt Schröder. »Doch mein Stiefvater litt unter den wirren Familienverhältnissen.«

Nach der Einlieferung des Stiefvaters ins Sanatorium ist Gerhard Schröder der älteste Mann im Haus. Schnell übernimmt er die Vaterrolle. Häufig maßregelt er seine Geschwister. Weil seine Schwester Heiderose mit fünfzehn schon einen festen Freund hat – viel zu früh, wie er findet –, legt er sie eines Tages mitten auf der Dorfstraße übers Knie und verhaut sie.

Viel im Haushalt hilft er nicht. »Meist hat er die Arbeit dirigiert«, erinnert sich Schwester Heiderose. Doch als sie mit achtzehn Au-pair-Mädchen in der Schweiz werden möchte und nicht recht weiß wie, hilft ihr der Bruder. In wenigen Tagen macht er die Adresse einer zentralen Vermittlungsstelle in Luzern ausfindig und erledigt die Formalitäten für seine Schwester. Ein halbes Jahr später geht sie in die Schweiz und bleibt eineinhalb Jahre. »Diese Zeit hat mir viel gebracht«, sagt sie.

Als ältester Mann im Haus muß Gerhard Schröder nun die Auseinandersetzungen mit dem Gerichtsvollzieher führen. Er muß ihm klarmachen, daß es nichts zu holen gibt, und muß dabei nicht einmal lügen.

Obwohl die Familie von Armengeld lebt, läßt sich die Mutter von fahrenden Vertretern – in den fünfziger Jahren eine häufige Erscheinung – vieles aufdrängen. »Meine Mutter hatte ein unheimliches Bedürfnis, etwas für ihre Kinder zu tun«, sagt Schröder. »Jeder konnte ihr mit dem Argument ›Das müssen Ihre Kinder haben‹ etwas aufschwatzen. Einmal kam einer, der drehte ihr eine Schreibmaschine an – samt dazugehörigem Kursus. Er hatte ihr eingeredet, dies sei für die Bildung der Kinder unbedingt notwendig. Und so hat meine Mutter den Vertrag für Kursus und Maschine unterschrieben, wohl wissend, daß sie das Geld auch auf Raten nie würde aufbringen können. Und wenn dann die Rechnungen kamen, nahm sie eine zusätzliche Putzstelle an. Wenn es dann immer noch nicht langte, kam der Gerichtsvollzieher. Die Schreibmaschine hat er auch wieder abgeholt.«

Als Gerhard Schröder mit fünfzehn selbst die Verhandlungen mit Vertretern und Gläubigern übernimmt, lassen sie sich nicht mehr so häufig blicken. »Sie wußten, daß sie bei mir nicht landen konnten.«

Schröder wächst ohne die Zwänge kleinbürgerlicher Erziehung auf, hat viele Freiheiten und wenige Vorschriften. »Seine Jugend ist rauher, wilder, aber auch unbeschwerter als die vieler Gleichaltriger«, urteilt Spiegel-Redakteur Jürgen Leinemann, einst Vertrauter Schröders.

Als Kind spielt Schröder mit selbstgebastelten Holzgewehren und Pfeil und Bogen Indianer. Mit zwölf – Tarzan ist sein neues Idol – schwingt er sich mit Freunden in einer Fichtenschonung von Wipfel zu Wipfel. Der Förster erwischt sie und scheucht sie fort. Schröder: »Beinahe hätte er uns fürchterlich verprügelt.« Seine Mutter aber schlägt die Kinder nicht. »Wenn wir etwas ausgefressen hatten, mußten wir nur dreimal um den Tisch laufen, und sie rannte hinterher. Dann fing sie an zu lachen, und die Sache war ausgestanden.«

Schon früh beginnt Schröder, sich Geld dazuzuverdienen. »Wenn wir etwas haben wollten – Rollschuhe etwa –, dann mußten wir zum Rübenverziehen«, erinnert er sich. Für fünfzig Pfennig pro Stunde steht er auf den Feldern der benachbarten Bauern und zieht Hunderte von kleinen Rüben aus der Erde, damit die großen genügend Raum zum Wachsen haben. Er sammelt Kartoffeln und fährt, gerade dreizehn Jahre alt, mit dem Trecker über die Felder. Das Geld, das er sich so dazuverdient, darf er behalten. »Auch wenn unsere materielle Lage sehr beengt war, hat es uns eigentlich an nichts gefehlt«, sagt Schröder.

Doch während seiner Jugend bekommt Schröder auch die Häßlichkeiten seiner sozialen Außenseiterrolle zu spüren: Beim Christlichen Verein Junger Männer (CVJM) in Talle besucht er zweimal die Woche einen Jugendkreis. Bei den Gruppenabenden unterhält sich Pfarrer Hundertmark mit den Gymnasiasten aus dem Nachbardorf und ignoriert das Arbeiterkind Schröder. »Das hat mich geärgert«, erinnert er sich.

Diese Demütigung macht er auf dem Sportplatz wett. Beim TuS Talle spielt er Mittelstürmer. Seine Mitspieler nennen ihn »Acker«, weil er übers Feld prescht wie kein anderer. Der Linksaußen heißt Marx. Er liefert die Vorlagen. Wenn Schröder sie nicht in Tore verwandeln kann, fühlt er sich als Versager. »Ich habe Fußball gespielt, wie Ihre farbigen Sprinter rennen – aus

Bedürfnis nach sozialer Anerkennung«, gesteht er später dem amerikanischen Generalkonsul in Hamburg. Meist stehen seine beiden ältesten Schwestern am Spielfeldrand. Dafür, daß sie ihn begleiten dürfen, müssen sie ihrem Bruder die Fußballschuhe putzen.

Die Liebe zum Fußball bleibt. Noch als Ministerpräsident kickt Schröder in einer Prominentenmannschaft. Und für den Verein Hannover 96 schreibt er einen Beschwerdebrief an den Haussender NDR, weil über den Traditionsverein angeblich nicht ausführlich genug berichtet wurde.

1950 wird Schröder eingeschult. In Wülverbexten besucht er die Zwergschule. Die drei Kilometer zur Schule führen über eine abschüssige Straße. Damit es schneller geht, rast Schröder die Strecke morgens mit Rollschuhen hinab, gebückt wie ein Skispringer auf der Rampe. In einer Kurve übersieht er einmal den Trecker eines Bauern und knallt mit dem Kopf gegen den Motorblock. Blutend kommt er in der Schule an. Lehrer Tegtmeier befiehlt: »Wasch dich.« Dann geht auch für Schröder der Unterricht weiter.

Im Sommer beginnt die Schule um 7.15 Uhr, im Winter eine halbe Stunde später. Wenn es stark schneit, gibt der Lehrer den Kindern aus den Nachbardörfern eine halbe Stunde früher frei, damit sie im Schneegestöber nach Hause finden. Raum ist knapp in der Nachkriegszeit, und der Lehrer unterrichtet die Klassen eins bis vier und fünf bis acht jeweils zusammen in einem Raum. Mit einem großen Rohrstock sorgt er für Ordnung. Schröder: »Wenn etwas aus dem Ruder lief, gab es was auf die Finger. Dann hatte der Lehrer noch einen Zeigestock aus Holz. Damit haute er einem Jungen einmal das Schlüsselbein kaputt. Am nächsten Tag kam dessen Vater, ein Bauer, ins Klassenzimmer und sagte erregt: ›Du hast meinen Jungen kaputtgeschlagen.‹ Dann hat er dem Lehrer so stark eine runtergehauen, daß er zu Boden ging. Wir haben geprustet vor Lachen. Doch damit war die Sache zwischen den beiden ausgestanden.«

Schröder ist gut in der Schule. Doch ans Gymnasium ist zu jener Zeit nicht zu denken. Die nächste Oberschule ist sieben Kilometer weit entfernt, kostet Bus und Schulgeld. Unbezahlbar.

Schröder erinnert sich: »Auch waren wir bei uns zu Hause so weit weg von jeder Art von Bildungshunger, daß meine Mutter gar nicht auf die Idee kam, mich auf eine weiterführende Schule zu schicken. Das war etwas für die anderen.«

Statt dessen hofft seine Mutter für ihren ältesten Sohn auf eine Beamtenkarriere. »Das wäre für sie das größte gewesen«, sagt Schröder. Ein halbes Jahr vor dem Hauptschulabschluß bewirbt er sich im Winter 1957 bei der Bundesbahn und macht in Hameln die Aufnahmeprüfung zum Bundesbahn-Junganwärter. Die Theorie besteht er, bei der Praxis fällt er durch. »Da mußte man so etwas mit den Händen fummeln. Darin war ich nie gut«, sagt er. Aus ist es mit der Beamtenkarriere. Statt zur Bahn zu gehen, macht er eine Lehre als Einzelhandelskaufmann.

Mit vierzehn ist für Schröder die Kindheit vorbei. In seiner ersten guten Hose steht er nun bei August Brand, einem Gemischtwarenhändler am Markt von Lemgo, hinter der Theke und verkauft Porzellan. Morgens packt er neue Ware aus, abends bohnert er den Linoleum-Boden. Wer ihn zu jener Zeit fragt, was er nach der Lehre machen will, bekommt stets die gleiche Antwort: »Ich will mal einen Beruf haben, in dem ich viel reden und reisen kann.« Wer es hört, glaubt an eine Karriere als Vertreter.

Im morgendlichen Bus nach Lemgo machen Schröder zwei Bauernsöhne zu schaffen. Obwohl seiner Meinung nach viel weniger klug als er, sind sie auf das Gymnasium gewechselt – ihre Eltern hatten mehr Geld. Kurzzeitig hadert Schröder mit dem Schicksal. »Er hat schon damals gesagt: ›Es müßten alle gleiche Chancen haben«, erinnert sich seine Schwester Heiderose, »auch wer kein Geld hat, sollte eine gute Schulausbildung haben können.«

Als Lehrling verdient Schröder monatlich 25 Mark im ersten, 35 Mark im zweiten und 55 Mark im dritten Lehrjahr. Ein Moped oder den Führerschein kann er sich nicht leisten. So soll es nicht weitergehen: »Ich wollte da raus«, sagt er rückblickend.

Die Lehrzeit prägt ihn fürs Leben. »Als Ladenschwengel erfährt er, wie Menschen behandelt werden, die nichts zu sagen haben«, schreibt Erhard Eppler 1993 im *Spiegel* über ihn. Und:

»Das aber soll nicht ein Leben lang so bleiben. Der junge Schröder will nach oben, dahin, wo man sich selbst nicht alles gefallen lassen muß.« Doch bis dahin ist es ein langer Weg.

Nach Beendigung der Lehrzeit trifft sich Schröder häufig mit drei Freunden in der Kneipe zum Doppelkopf. Einer von ihnen ist Einzelhändler wie er, ein anderer beim Finanzamt, der dritte studiert Theologie in Göttingen. An einem dieser Abende Anfang Februar 1962 rät ihm der angehende Theologe: »Du mußt hier raus. Komm doch nach Göttingen.« Wenige Tage später packt Schröder, gerade siebzehn Jahre jung, seine Sachen. Er findet in Göttingen-Geismar ein Zimmer und fängt bei der Firma Feistkorn, einem Eisenwarenhandel, als Verkäufer an.

Ein Bierdeckel und sein brennender Ehrgeiz, einen Weg aus der Bedeutungslosigkeit zu finden, werden zum Wendepunkt. Eines Abends im März – er will noch etwas essen – geht er nach dem Job in eine Kneipe. Beim Skat trifft er Leute, die am Institut für Erziehung und Unterricht in Göttingen die Mittlere Reife nachmachen. Sie erzählen, Schröder hört zu. Bevor er geht, schreibt er sich die Adresse des Instituts auf einen Bierdeckel und steckt ihn in die Tasche seines Wintermantels. Am nächsten Tag wird es frühlingshaft warm, der Mantel bleibt im Schrank. Erst im Herbst holt ihn Schröder wieder hervor und findet den Bierdeckel. Am selben Tag meldet er sich am Institut an.

Abends macht er in den folgenden eineinhalb Jahren bis Sommer 1964 die Mittlere Reife nach. Doch das ist ihm nicht genug. In der Zeitung liest er einen Bericht über das Siegerland-Kolleg in Weidenau an der Sieg. Dort gibt es die Möglichkeit, tagsüber das Abitur nachzumachen. Als Halbwaise hat er zu jener Zeit Versorgungsanspruch auf rund 200 Mark pro Monat – und damit keine Doppelbelastung Beruf und Schule mehr. Er besteht die Aufnahmeprüfung und beginnt 1964 seinen Anlauf aufs Abitur.

Ein glänzender Schüler ist Schröder nicht. In den meisten Fächern hat er Dreien und Vieren. Nur in Geschichte und Religion bekommt er Einsen. Nach einem Jahr wechselt er aufs Westfalenkolleg nach Bielefeld. »Mein Stiefvater lag zu jener Zeit im Sterben«, erklärt er den Wechsel. »Ich wollte etwas näher bei ihm und meiner Mutter in Lemgo sein.«

Die Schulzeit empfindet Schröder als Privileg: »Bildung hat etwas mit Befriedigung zu tun, mit Erwartungen. Meine eigene Situation habe ich nur durch Bildung verbessern können«, sagt er rückblickend. Während der Ferien arbeitet er als Putzer auf dem Bau. Das bringt mehr Geld als der Einzelhandel. Die Arbeiter in seinem Trupp spotten über die Lernwut ihres Kollegen. Doch Schröder läßt sich nicht beirren.

Und er spielt weiter Fußball. Sein Team TuS Talle ist mit seiner 1. Herrenmannschaft mittlerweile in die Bezirksliga aufgerückt. Weil seine Kameraden nicht auf den Stürmer Schröder verzichten wollen, zahlt ihm der Verein einmal pro Woche die Bahnkarte nach Lemgo und ein Schnitzel nach dem Spiel. »Damit war ich der erste Profi der Bezirksliga«, witzelt er.

Zur Bundeswehr muß er trotz erfolgreicher Tauglichkeitsprüfung nicht. Er fällt unter die Vorschrift, daß der einzige Sohn eines gefallenen Vaters nicht eingezogen wird – eine Rücksichtnahme gegenüber Kriegerwitwen. Die Härte seiner Kindheit und Jugend umschreibt Schröder gerne mit einem Satz, den er stets wiederholt, wenn er von den »alten Zeiten« spricht: »Ich habe jahrelang Fensterkitt gefressen.«

»Mit ihrer Theorie hatte ich nichts am Hut«

Aufstieg zum Juso-Chef

Der Weg in die SPD war verschlungen. Monatelang zog der neunzehnjährige Abendschüler Gerhard Schröder durch die Hinterzimmer der Göttinger Gaststätten und besuchte Veranstaltungen verschiedener Parteien. »Da war viel Herumsuchen. Ich bin überall hingegangen und habe grundsätzlich Opposition gemacht – egal, worum es da gerade ging«, erinnert er sich. »Und überall habe ich die Hucke voll bekommen, weil ich natürlich von nichts Ahnung hatte.«

Sogar bei der rechtsradikalen Deutschen Reichspartei (DRP) des späteren NPD-Vorsitzenden Adolf von Thadden schaut er vorbei. Ein Abteilungsleiter der Eisenwarenhandlung Feistkorn hatte ihn zum Parteitag mitgenommen. »Erst war ich neugierig, und dann war ich fürchterlich gelangweilt«, gesteht Schröder viele Jahre später in einem Interview mit dem Journalisten Peter Gatter. »Dieser Parteitag war eine schaurige Veranstaltung. Da habe ich nun wirklich sofort gemerkt, daß ich in solchem Milieu meines politischen Lebens nicht froh werden könnte.«

Fast wäre er bei der FDP hängengeblieben. »Ich dachte: Dritte Kraft, das ist etwas Vernünftiges«, erinnert er sich. Doch dann entscheidet er sich im Herbst 1963 für die SPD. »Ich bin wegen Helmut Schmidt da reingegangen«, sagt er später. Schmidt war damals Innensenator von Hamburg und durch seinen beherzten Einsatz bei der Sturmflut 1962 erstmals bundesweit bekannt geworden. Schröder imponierte vor allem das rhetorische Talent, das dem späteren Bundeskanzler den Spitznamen »Schmidt Schnauze« eintrug, und dessen Kunst der Selbstdarstellung: »Wie der's den anderen gab, und wie er ›meet the press‹ auf englisch machen konnte, das hat mich ungeheuer beeindruckt.

Mit der Zeit neigte Schröders Sympathie dann aber mehr und mehr Willy Brandt zu, dessen Ausstrahlung auf die Jugend auch auf ihn wirkte. Sein Verhältnis zur damaligen SPD-Führung beschreibt er später so: Brandt müsse man lieben, Herbert Wehner verehren und Helmut Schmidt respektieren.

In den späten siebziger Jahren, Schröder ist mittlerweile Juso-Vorsitzender, weicht die Bewunderung für Schmidt einer kühlen Distanz. Die Jusos haben sich inzwischen dem Marxismus verschrieben, der Kanzler setzt sich vehement für Nachrüstung und Kernenergie ein – das kann nicht zusammenpassen. Dennoch geht Schröder in seiner Kritik an Schmidt nie so weit wie Oskar Lafontaine, der ihm vorwirft, mit den von ihm eingeforderten Sekundärtugenden – Fleiß, Disziplin, Loyalität – könne man auch ein Konzentrationslager leiten.

In menschlicher Hinsicht bleibt die Distanz zwischen Schröder und Schmidt unüberwindlich. Im Dezember 1988, zu Schmidts 70. Geburtstag, schreibt Schröder in einem Artikel für die *Süddeutsche Zeitung*: »Unnachsichtigkeit gegenüber Andersdenkenden, politisch nicht so Erfahrenen, fiel mir immer wieder auf. Warum immer wieder die Maske dessen, der alles weiß und alles kann?« Schmidts Antwort auf den »Geburtstagsgruß« läßt nicht lange auf sich warten. In einem Brief an Schröder schreibt er: »Wenn Du erst Ministerpräsident bist, wirst Du merken, daß Du unrecht gehabt hast.« Für den Oppositionsführer in Hannover klingt das wie ein Ritterschlag: »Ich war mächtig stolz. Er hielt es also für möglich, daß ich eines Tages Ministerpräsident werden würde.«

An eine solche Karriere ist freilich noch nicht zu denken, als der neunzehnjährige Abendschüler Schröder im Oktober 1963 das SPD-Büro im Göttinger Maschmühlenweg betritt. Gerd Brengelmann, damals Geschäftsführer der Göttinger SPD, erinnert sich: »Der kam hier rein und sagte ganz einfach: ›Ich möchte Mitglied werden.‹« Ohne lange Diskussion werden das Parteibuch ausgestellt und der erste Mitgliedsbeitrag bezahlt. Für Jungsozialisten – dazu gehören alle SPD-Mitglieder unter fünfunddreißig Jahren – kostet der Beitrag damals eine Mark im Monat.

Die SPD in der Universitätsstadt Göttingen gehörte seinerzeit zum äußersten linken Flügel der Partei. Als einer der wenigen hatte der Göttinger Delegierte Peter von Oertzen 1959 auf dem Parteitag in Bad Godesberg gegen das neue Grundsatzprogramm gestimmt, mit dem die SPD den Weg von der Klassenkampf- zur Volkspartei einschlug.

Die politische Linie ist dem neuen SPD-Mitglied Schröder jedoch zunächst egal. Neben der täglichen Arbeit bei Eisenhändler Feistkorn hinter der Ladentheke und der Paukerei für die Abendschule bleibt ohnehin nur wenig Zeit für die SPD. An den Wochenenden ist Schröder aber meist für die Partei unterwegs.

Im Wahlkampf ziehen die Göttinger Genossen mit einem klapprigen VW-Bus durch die Stadt und die umliegenden Dörfer. Schröder – er hat noch keinen Führerschein – darf die Lautsprecheranlage bedienen.

Im Sommer 1964 verläßt er Göttingen und zieht nach Weidenau an der Sieg, ein Jahr später nach Bielefeld. In den Wirren der vielen Umzüge geht das SPD-Parteibuch verschütt. Ostern 1966 kehrt Schröder nach Göttingen zurück, das Abitur in der Tasche und mit dem festen Vorsatz, Jura zu studieren. »Daß ich Anwalt werden wollte, stand für mich außer Frage«, erinnert er sich. Ein amerikanischer Fernseh-Anwalt, als Serienheld seinerzeit auch auf deutschen Bildschirmen zu sehen, hat es ihm angetan: Perry Mason, ein moderner Robin Hood, immer auf der Seite der Gerechtigkeit, der die sozial Schwachen und zu Unrecht Verurteilten vor Gericht vertritt.

»Ich wollte werden wie der«, gesteht Schröder später, »alle raushauen, das hat mich fasziniert.« Und noch eines gefiel ihm am Fach Jura: »Das ist mehr Handwerk als Wissenschaft, mehr Praxis als Theorie.«

Zum Wintersemester 1966/67 schreibt er sich als Student der Jurisprudenz an der Göttinger Georg-August-Universität ein. Noch tragen manche Professoren im Hörsaal einen schwarzen Talar, noch läßt sich der Dekan von seinen Studenten als Spektabilität anreden. Doch in der linken Studentenschaft gärt es bereits. Noch ist in Göttingen von der beginnenden Revolte nichts zu spüren. Aber in Berlin hat der Aufruhr, der 1968 seinen Höhepunkt erreichen wird, schon begonnen.

Im Januar 1967 gründen Fritz Teufel, Rainer Langhans und Ulrich Enzensberger in einer heruntergekommenen Altbauwohnung am Stuttgarter Platz in Berlin die Kommune I, eine Wohngemeinschaft, die als Geburtsort der Revolte gegen die bürgerliche Gesellschaft in die Geschichte der Protestbewegung eingehen wird. Die ersten Zeitungsberichte über die »K 1« begeistern auch in Göttingen große Teile der Studentenschaft. »Revolutionierung des Alltags, Abschaffung des Privateigentums, Brechung des Leistungsprinzips, Proklamation des Lustprinzips«, so lautet das Programm, mit dem Teufel und seine Kommunarden ihren neuen Lebensstil – eine Mischung aus publicityträchtiger Clownerie und noch zielloser Revolte – überschrieben haben.

Anders als viele seiner Kommilitonen kann Schröder mit solchen Schlagworten nichts anfangen. Ihm hat das Leistungsprinzip überhaupt erst das Studium ermöglicht. Und die Abschaffung des Privateigentums? »Ich habe in meinem Elternhaus gelernt, was es heißt, mit wenig auszukommen«, erinnert er sich, »da lernt man das Eigentum achten. Schließlich hatte ich auch keine Millionen, die ich einfach für die Revolution hätte stiften können.« Wie der Frankfurter Sponti und Bankierssohn Tom Koenigs, der sein Familienerbe Ho Chi Minh, dem Führer der nordvietnamesischen Kommunisten, vermachte.

Ausgehend von der Freien Universität Berlin überrollt die Studentenrevolte die Hochschulen und erreicht schließlich auch das verschlafene Göttingen. Am Abend des 3. Juni 1967 findet vor dem Rathaus die erste Protestdemonstration statt – bei den Krawallen aus Anlaß des Deutschland-Besuchs von Schah Reza Pahlewi war tags zuvor in Berlin der Student Benno Ohnesorg von einem Polizisten erschossen worden.

Der Todesschuß vor der Deutschen Oper radikalisiert die linke Studentenschaft auf einen Schlag. Mit dem Spruch »Unter den Talaren der Muff von 1000 Jahren« hatten sie bis dahin nicht viel mehr als eine grundlegende Reform der Universitäten eingefordert. Doch nun heißen die Gegner plötzlich Kapitalismus, USA und natürlich das »westdeutsche Establishment«. Establishment, mit diesem Schlagwort sind alle gemeint, die den

»Staat als allumfassende Manipulationsmaschinerie« (Marcuse) stützen: Die Bonner Regierung und die Parteien, Wirtschaft, Polizei und natürlich auch konservative Studentenführer wie der Berliner ASTA-Vorsitzende und CDU-Nachwuchspolitiker Eberhard Diepgen, der die Studierenden aufruft, sich in einer »freiwilligen Polizeireserve für Krisenzeiten« zu organisieren – und daraufhin gestürzt wird.

An den Unis sucht sich die neue Ideologie neue Darstellungsformen: Go- und Teach-Ins beginnen die traditionellen Vorlesungen abzulösen, Schriften von Herbert Marcuse, Max Horkheimer und Theodor W. Adorno verdrängen in vielen Fakultäten die Fachbücher.

Der Jung-Student Schröder steht alldem skeptisch gegenüber. Zwar imponiert ihm das rhetorische Talent eines Rudi Dutschke. Aber das komplizierte Theoriegebäude, das der charismatische Führer des Sozialistischen Deutschen Studentenbundes (SDS) in seinen öffentlichen Reden vor den begeisterten Studenten entwirft, bleibt Schröder verschlossen. Wenn Dutschke in Göttingen spricht, geht er nicht hin.

Als braver Juso schließt sich Schröder dem Sozialistischen Hochschulbund (SHB) an. Seit sich die SPD 1960 wegen »Linksabweichung« vom SDS getrennt hatte, ist der SHB die offizielle Studentenorganisation der Partei. Im Laufe des Jahres 1967 wendet sich allerdings auch die SPD-Jugend der revolutionären Sache zu – trotz eindringlicher Mahnungen aus der Mutterpartei.

Nach Ansicht Helmut Schmidts, damals Vorsitzender der SPD-Bundestagsfraktion, ist lediglich »die elitäre Arroganz einiger akademischer Gruppen« Ursache für die Protestbewegung. Und auch wenn er es anders formuliert, ist Schröder im nachhinein ähnlicher Meinung: »Ich war durch meinen Werdegang zu sehr mit der Realität konfrontiert worden, um jetzt in abgehobene Diskussionen über das Wesen des Staates als Gesamtmonopolist einzusteigen«, erinnert sich Schröder.

Natürlich ist auch er gegen den Vietnamkrieg und gegen die Notstandsgesetze. Natürlich bewundert er wie viele seiner Kommilitonen Che Guevara und den nordvietnamesischen KP-

Chef Ho Chi Minh. Doch anders als seine theoriefesten Mitstudenten fühlt Schröder sich nicht persönlich zum Kampf gegen das »Establishment« aufgerufen.

Gegen wen sollte er sich denn auch auflehnen? Der Vater ist tot, die Mutter zählt selbst zu den Verlierern ihrer Generation. Und der Staat, den die Genossen von der APO am liebsten auf dem Schrottplatz der Geschichte entsorgen wollen, dieser Staat finanziert schließlich per Stipendium sein Studium und ermöglicht es ihm, seinen Fuß auf die unterste Sprosse der Karriereleiter zu setzen. »Wenn man vom zweiten Bildungsweg kommt, begreift man das Studium anders als die Kommilitonen, die – aus gutbürgerlichen Verhältnissen stammend – auf geradem Weg an die Uni gekommen sind«, begründet Schröder später seine Skepsis gegen die Revolte, »man begreift es als ungeheueres Privileg. Pennen bis zwölf – das war bis dahin immer mein Traum gewesen.«

Der kritische Abstand beruht auf Gegenseitigkeit. »Von der anderen Seite bestand die Distanz wohl darin, daß ich eben nicht aus gutbürgerlichem Hause stamme«, glaubt er. »Es ist sehr viel leichter, umstürzlerische Ideen und Visionen zur Verbesserung der Welt zu entwickeln, wenn's zu Hause stimmt.« Darüber hinaus ist Schröder den linken Studenten nicht intellektuell genug. »Ich galt als einer, der nicht die Bücher, sondern nur ihre Klappentexte liest«, sagt er rückblickend.

In einem Punkt ist er seinen Kommilitonen allerdings weit voraus. Nachdem er im Antiquariat ein aus dem Japanischen (!) übersetztes Marxismus-Lexikon erstanden hat, sind seine Kenntnisse der marxistischen Terminologie sprunghaft gestiegen. »Wenn die Rede beispielsweise auf das Thema Entfremdung kam, hab' ich in meinem Lexikon nachgeschlagen«, amüsiert er sich heute. »Danach konnte ich die Definitionen immer fehlerfrei runterbeten – auch wenn ich sie nicht verstanden hatte.« Das macht Eindruck.

Statt in den Semesterferien wie seine Kommilitonen zum Diskutieren in die Toskana zu fahren, malocht Schröder auf dem Bau. Denn anders als bei den meisten seiner Altersgenossen ist bei ihm fast immer Ebbe in der Kasse: »Ich bekam nicht jeden

Monat einen Scheck zugeschickt. Also mußte ich in den Ferien arbeiten gehen.«

Auch der lockere Lebenswandel seiner Studienkollegen bleibt Schröder fremd. 1968 heiratet er – gerade vierundzwanzig Jahre alt – die zwanzigjährige angehende Bibliothekarin Eva Schubach, seine Jugendliebe aus dem Nachbardorf Talle. Die beiden kennen sich seit der gemeinsamen Schulzeit. Ihre Ehe hält drei Jahre.

Während an der Universität die theoriefesten SHB-Genossen um den Sozialwissenschaftsstudenten und späteren SPD-Bundestagsabgeordneten Detlev von Larcher den Sozialismus predigen, läßt sich Schröder zum Beisitzer im Göttinger SPD-Unterbezirksvorstand wählen. Kommunalpolitik statt Revolution – in den Augen seiner radikalen Kommilitonen hat er sich damit klar für die falsche, die reaktionäre Sache entschieden. »Ich war nie ein 68er«, resümiert er später. »Das war mir alles zu theoretisch.« 1969 wählen die Göttinger Jusos ihn zu ihrem Vorsitzenden – obwohl der SHB versucht, die Wahl zu hintertreiben. Der Slogan lautet: »Wir müssen die Jusos vor dem rechten Schröder retten.«

Den radikalen SHB-Aktivisten von der Universität ist die praktische, vor allem auf Kommunalpolitik ausgerichtete Arbeit der SPD außerhalb des Campus ein Dorn im Auge. Nachdem ihre Versuche, zumindest den Juso-Vorstand zu unterwandern, mehrmals gescheitert waren, gelingt 1970 der Putsch. Auf einer Juso-Versammlung wird Schröder von SHB-Funktionären unter Führung von Larchers gestürzt. An seine Stelle setzen die Uni-Aktivisten einen Kollektiv-Vorstand: die Politik-Studenten Helmut Korte und Birthe Nikolai – sowie Schröder, der weiterhin in der Führung mitarbeiten darf. Er ist fortan für die Bereiche Finanzen und Öffentlichkeitsarbeit zuständig, während Korte den Arbeitskreis Theorie leitet und Birthe Nikolai sich um die Bildungsarbeit kümmert. Das Triumvirat hält nicht lange. Korte und Nikolai gehen nach kurzer Zeit eine private Beziehung ein, die schon bald wieder auseinanderbricht. »Die haben sich dann nur noch gestritten wie die Kesselflicker«, erinnert sich Schröder. »Das Ergebnis waren ständig wechselnde Mehrheiten zwischen uns dreien. Und schließlich war ich wieder allein der Chef.«

Folgenreicher als in politischer Hinsicht ist der SHB-Putsch für Schröders Privatleben. Unter den Genossen, die ihn von der Juso-Spitze verdrängen wollen, befindet sich eine junge Studentin aus Ostfriesland namens Anne. An der neuen Beziehung zu der SHB-Aktivistin zerbricht Schröders Ehe mit Eva Schubach. Er läßt sich scheiden und heiratet 1972 die vierundzwanzigjährige angehende Englisch- und Französischlehrerin Anne Taschenmacher.

Der Streit in der Juso-Spitze hat Schröder in Göttingen so bekannt gemacht, daß er sich – gerade erst achtundzwanzig Jahre alt geworden – als Kandidat für die Wahl des neuen Vorsitzenden der Göttinger SPD aufstellen läßt. Und fast hätte er es sogar geschafft. Doch am Ende fehlen drei Stimmen. Zum neuen Vorsitzenden wurde Wolfram Bremeier gewählt, der Jahre später Oberbürgermeister in Kassel wird. Schröder muß seine erste Wahlniederlage einstecken. Als er nach dem gescheiterten Wahlgang mit einigen Genossen zusammensitzt, die seine Kandidatur unterstützt haben, spendet Peter von Oertzen, zu dieser Zeit niedersächsischer Kultusminister, Trost: »Ärgert euch nicht. In ein paar Jahren sitzt der Gerhard in allen Vorständen.«

Erfolgreicher als der Beginn der Parteikarriere verläuft das Jurastudium. 1971 legt Schröder sein erstes Staatsexamen ab. In seiner Examensarbeit setzt er sich mit dem Thema Berufsverbote auseinander. Die Frage lautet: Darf der ärztliche Direktor einer Klinik wegen seiner Mitgliedschaft in einer nicht verbotenen Partei aus dem Dienst entfernt werden? Ein brisantes Thema: In der SPD wird seit Ende 1970 heftig darüber gestritten, ob Mitglieder »extremer Organisationen« – gemeint ist in erster Linie die DKP – im öffentlichen Dienst beschäftigt werden dürfen. Vor allem der rechte Parteiflügel, allen voran Münchens Oberbürgermeister Hans-Jochen Vogel, setzt sich vehement dafür ein, »Linksradikale« nicht nur aus der SPD, sondern auch vom öffentlichen Dienst auszuschließen.

Unter Vorsitz von Bundeskanzler Willy Brandt beschließen die Ministerpräsidenten der Länder am 28. Januar 1972 den sogenannten Radikalenerlaß, in dem es heißt: »Ein Bewerber, der verfassungsfeindliche Aktivitäten entwickelt, wird nicht in den öffentlichen Dienst eingestellt. Gehört ein Bewerber einer Organisation an, die verfassungsfeindliche Ziele verfolgt, so begründet diese Mitgliedschaft Zweifel daran, ob er jederzeit für die freiheitliche demokratische Grundordnung eintreten wird.«

Schröder hält den Beschluß für falsch. In seiner Examensarbeit argumentiert er schon ein Jahr zuvor, daß die bloße Mitgliedschaft in einer nicht verbotenen Partei keinesfalls ein Berufsverbot rechtfertige. Angestellte im öffentlichen Dienst oder Beamte könnten, so folgert er, nur dann entlassen werden, wenn verfassungsfeindliche Aktivitäten im Einzelfall nachweisbar seien. »Von der politischen Diskussion um die Berufsverbote hatte ich damals noch nicht viel mitbekommen«, sagt Schröder rückblickend, »meine Argumentation basierte auf einer rein juristischen Beweisführung.«

Bei den Prüfern stößt die Arbeit auf Anerkennung. Professor Christian Starck gibt die Note »Voll befriedigend«, eine nicht alltägliche Auszeichnung, und bietet dem frischgebackenen Juristen gleich eine halbe Assistentenstelle an seinem Lehrstuhl an. »Der große Vorteil an diesem Job bestand darin, daß Assistenten Wohnungen der Universität bekommen konnten«, erzählt Schröder. Zusammen mit seiner Frau Anne bezieht er eine dieser Wohnungen in einem schönen Altbau der Göttinger Innenstadt.

Für das Referendariat bewirbt er sich in der Kanzlei des Hannoveraner Rechtsanwalts Werner Holtfort, eines aktiven SPD-Mitglieds und späteren Abgeordneten des niedersächsischen Landtags, den Schröder über die Arbeitsgemeinschaft sozialdemokratischer Juristen kennengelernt hat. Holtfort ist ehemaliger Berufsoffizier, einer von der alten Schule. »Von seinem Habitus paßte der überall hin – nur nicht in die SPD«, findet Schröder, der, obwohl er noch in Göttingen wohnte, 1971 zum Vorsitzenden der Jusos im Bezirk Hannover gewählt wird.

Zum Volljuristen fehlt jetzt nur noch das zweite Staatsexamen. Und auch das besteht Schröder 1976 mit Bravour. In der mündlichen Prüfung wird ihm ein verzwickter Erbrechtsfall vorgelegt, den er auf Anhieb löst. Die Prüfer sind beeindruckt.

»Einer von denen hatte den gleichen Fall einige Zeit vorher in der Praxis bearbeitet und das Problem exakt genauso gelöst wie ich«, erinnert sich Schröder. Für seinen Vortrag erhält er die Examensnote »Sehr gut«.

Geschafft! Auf dem weißen Emaille-Schild am Eingang von Holtforts Anwaltskanzlei steht ein neuer Name: Gerhard Schröder. Er ist jetzt zweiunddreißig Jahre alt. Einer erfolgreichen Anwaltskarriere scheint nichts mehr im Wege zu stehen. Am Rande des Stadtwaldes Eilenriede, in der Ostwender Straße 8, beziehen die Schröders eine hübsche Altbauwohnung. Mit Ehefrau Anne trifft Schröder eine Abmachung: »In der Woche hat die Arbeit in der Kanzlei absoluten Vorrang. Am Wochenende ist genügend Zeit für die Jusos.«

Unter dem Einfluß der studentischen Protestbewegung haben sich die Jusos seit Ende der sechziger Jahre vom linientreuen SPD-Nachwuchs zu einer aufmüpfigen, marxistisch orientierten Jugendorganisation entwickelt. Seit Karsten Voigt, damals ein konsequenter Marxist, auf dem Münchner Bundeskongreß 1969 zum Juso-Vorsitzenden gewählt worden ist, verschlechtert sich das Verhältnis zwischen dem Jugendverband und der Mutterpartei zunehmend. Am 26. Februar 1971 faßt der SPD-Parteivorstand einen Beschluß, mit dem der Konflikt endgültig eskaliert: »In der SPD ist kein Platz für jene, die aus der parlamentarisch-demokratischen Reformpartei des Godesberger Programms eine Kaderpartei revolutionären Typs machen wollen.« Doch genau das will zumindest ein Teil der Parteijugend. Über die Frage, wie sich die Jusos zur SPD und zum Staat insgesamt stellen sollen, spaltet sich die Organisation in drei Flügel.

Nachwuchspolitiker wie der rheinland-pfälzische Juso-Landesvorsitzende Rudolf Scharping, die hessische Lehrerin Heidemarie Wieczorek-Zeul, der Jurist Norbert Gansel aus Kiel, Ulrich Maurer aus Baden-Württemberg, der Düsseldorfer Juso-Vize Michael Müller, der Maschinenschlosser Gerd Andres aus Hannover und der saarländische Rechtsanwalt Ottmar Schreiner setzen als Vertreter der Refos (Reformsozialisten) auf eine »parlamentarische Reformpolitik zur Demokratisierung der Macht«. Unter der Führung von Detlev Albers, Kurt Neumann und Klaus-Uwe Benneter strebt der Stamokap-Flügel (Anhänger der Theorie vom Staatsmonopolkapitalismus) dagegen die »Überwindung der kapitalistischen Struktur im Sinne des Sozialismus« an.

Zwischen den beiden sich heftig befehdenden Flügeln stehen die Anti-Revisionisten (Anti-Revis), eine Gruppe vor allem aus Göttingen und Hannover, die weniger auf theoretische Debatten als auf Spontaneität setzt. Die Sponti-Rolle zwischen den zwei Lagern – für Schröder ist das genau die richtige Linie. »Mir hat diese unverkrampfte Art gefallen, mit der die Anti-Revis Politik gemacht haben«, sagt er heute. »Den theoretischen Unterschied zwischen den Juso-Flügeln habe ich dabei nie sonderlich ernst genommen.« Doch den strategischen Ansatz der Anti-Revis macht er sich zu eigen: »Wichtiger als jede Parteidisziplin ist der Zugang zu den Massen.«

Die jährlichen Juso-Kongresse gleichen seit 1969 mehr den Teach-Ins an der Freien Universität Berlin als einem ordentlichen Parteitag. »Ist der Staat tatsächlich ein ideeller Gesamtkapitalist, oder wirkt er nur als solcher?« Über solche und ähnliche Fragen wird stundenlang debattiert, Papiere werden entworfen und niedergestimmt, strategische Bündnisse geschmiedet und wieder aufgekündigt.

Auf diesen Polit-Happenings lernen sie sich kennen: Gerhard Schröder, Rudolf Scharping und Heidemarie Wieczorek-Zeul, die 1974 für zwei Jahre an die Spitze der Jusos tritt. Scharping und Wieczorek-Zeul, die Anhänger der Parteidisziplin, Schröder der Rebell – neunzehn Jahre später werden die drei in ähnlicher Konstellation im Kampf um den SPD-Vorsitz gegeneinander antreten.

1972 übernimmt der baden-württembergische Diplomvolkswirt Wolfgang Roth von Karsten Voigt den Juso-Vorsitz. Vor der Neuwahl des Bundesvorstandes fragt er Schröder, ob er nicht auch für das Gremium kandidieren wolle. Doch der lehnt ab: »Wenn ich in den Vorstand komme, dann nur als Vorsitzender.« 1975 fordert ihn der Juso-Kongreß in Wiesbaden erneut zur Kandidatur für den Bundesvorstand auf. Schröder bleibt bei seiner Bedingung.

Im November 1977 ist es dann soweit. Ein knappes Jahr zuvor war es den Stamokap- und Anti-Revi-Anhängern endlich gelungen, sich mit einer gemeinsamen Strategie gegen den Refo-Flügel zu verbünden – ein »perverses Bündnis«, wie die Refo-Aktivistin Wieczorek-Zeul findet. Daß Schröder sich vehement für diese Koalition einsetzt, hat weniger politische als gruppendynamische Gründe. »Mit ihren ideologischen Führern und ihrer Theorie hatte ich eigentlich gar nichts am Hut. Aber ich fand es nicht in Ordnung, wie mit den Stamokap-Leuten umgegangen wurde«, meint er rückblickend. Und zudem ist er mit Stamokap-Chef Klaus-Uwe Benneter befreundet.

Die Koalition von Anti-Revis und Stamokap hat Erfolg: Der Hamburger Bundeskongreß wählt ihren gemeinsamen Kandidaten Benneter im März 1977 mit knapper Mehrheit gegen den Refo-Kandidaten Ottmar Schreiner zum neuen Vorsitzenden. »Benni war wie ich«, erinnert sich Schröder, »für Theorie interessierte er sich wenig. Der machte Politik aus dem Bauch heraus.«

Doch schon vier Monate später endet Benneters Parteikarriere. Als er öffentlich die Ansicht äußert, eine Zusammenarbeit von Jusos und Kommunisten sei nicht grundsätzlich ausgeschlossen und die SPD-Mitgliedschaft sei für Jusos »kein Dogma«, enthebt der Bonner Parteivorstand ihn kurzerhand seines Postens und entzieht ihm nach einem Parteiordnungsverfahren am 2. Juli die SPD-Mitgliedschaft. Am 26. November wird Schröder als Nachfolgekandidat nominiert. Er stellt sofort klar, daß er die Benneter-Linie fortsetzen werde: »Ich will dafür sorgen, daß die durch die Partei korrigierte Entscheidung von Hamburg bestätigt wird.«

Als die Jusos am 11. Februar 1978 in Hofheim zu ihrem jährlichen Bundeskongreß zusammenkommen, ist das Ansehen der Jugendorganisation in der Öffentlichkeit auf einen neuen Tiefpunkt gesunken. Eine vom SPD-Parteivorstand in Auftrag gegebene Umfrage zeigt, daß selbst führende FDP-Politiker wie der Vizekanzler Hans-Dietrich Genscher bei den SPD-Mitgliedern besser ankommen als der eigene Parteinachwuchs. Umgekehrt gelten die Mitglieder des Bonner Partei-Establishments bei der

Mehrheit der Jusos als Verräter an der sozialistischen Sache. Als SPD-Bundesgeschäftsführer Egon Bahr die Tagungshalle in Hofheim betritt, empfangen ihn die Kongreß-Delegierten mit einem gellenden Pfeifkonzert. Jubel brandet dagegen bei der Begrüßung zweier Abweichler auf, die als SPD-Bundestagsabgeordnete mehrfach offen gegen die eigene Regierung gestimmt haben: Karl-Heinz Hansen und Manfred Coppik.

Wie bereits auf den vorangegangenen Kongressen muß auch diesmal eine Kampfabstimmung über den neuen Vorsitzenden entscheiden. Um die Wahl des Stamokap/Anti-Revi-Kandidaten Schröder zu verhindern, haben die nordrhein-westfälischen Jusos mit Reinhard Schultz einen eigenen Kandidaten aufgestellt. Für den Flügel der Reformsozialisten tritt erneut der Saarländer Ottmar Schreiner an.

Schreiner, ein ehemaliges Mitglied der CDU-Jugendorganisation »Junge Union«, ist klarer Favorit des Bonner SPD-Vorstandes, hat jedoch aufgrund der Mehrheitsverhältnisse bei den Delegierten kaum eine Chance. Um so überraschter reagiert der Refo-Flügel, als Schröder plötzlich anbietet, auf seine Kandidatur zu verzichten. Wenn die Bundespartei bereit sei, begründet er sein Angebot, »ihre Einvernehmensrichtlinien zur Disziplinierung der Jusos« zurückzunehmen, sei er bereit, Ottmar Schreiner den Juso-Vorsitz zu überlassen. Bundesgeschäftsführer Bahr berät sich kurz mit den Führern des Refo-Flügels – und lehnt die Offerte dann ab. Also tritt Schröder an, auch wenn er einräumt: »Ich habe Muffensausen.«

Das Wahlbündnis aus Stamokap und Antirevisionisten hält: Nachdem NRW-Kandidat Schultz seine Bewerbung kurz vor der Abstimmung zurückgezogen hat, wird Schröder im zweiten Wahlgang mit 164 von 298 Stimmen zum neuen Juso-Vorsitzenden gewählt. »Ihr habt mich gewählt. Ihr seid selber schuld«, beginnt er seine Antrittsrede. Obwohl als Repräsentant des linken Juso-Flügels gewählt, stellt er gleich klar, daß ihm an einer totalen Konfrontation mit der Mutterpartei nicht gelegen ist: »Wir haben begriffen, daß uns mehr verbindet als trennt«, ruft er den Delegierten zu, »die Jusos sind nicht Partei in der Partei, sondern Teil der Partei.« Und er fügt hinzu: »Mit einer durchstalinisierten DKP sind keine Gemeinsamkeiten möglich.« Die Stamokap-Delegierten horchen irritiert auf.

Auch in einem anderen Punkt schlägt Schröder moderate Töne an. Ende März 1978 soll in Frankfurt das sogenannte Russell-Tribunal beginnen. Internationale Vertreter linker Gruppen wollen sich dort vor dem Hintergrund der Haftbedingungen von RAF-Terroristen mit angeblichen Menschenrechtsverletzungen in der Bundesrepublik auseinandersetzen. Das Vorhaben wird von der DKP, aber auch vom Stamokap-Flügel der Jusos unterstützt. »Wichtig und richtig« sei das Tribunal, sagt Schröder in seiner Antrittsrede in Hofheim. Aber: »Die Jusos werden sich nicht an einem propagandistischen Scherbengericht über die SPD und die von ihr geführte Bundesregierung beteiligen.«

Der neue Juso-Chef spielt den aufmüpfigen Sponti. »Topfblumen und Kinder gehören in keinen anständigen Haushalt«, sagt er. Und: Auf ein Landtags- oder Bundestagsmandat werde er auch in Zukunft keinen Wert legen. Aber trotz aller flotten Sprüche hat er erkannt, daß die Jusos Gefahr laufen, unter der Führung linker Ideologen zu einer radikalen politischen Randerscheinung zu werden. Deshalb bemüht er sich, extreme Positionen wo irgend möglich abzuschwächen. Noch während des Hofheimer Kongresses beauftragt er Gerd Andres, einen der führenden Köpfe des Refo-Flügels, ein Papier zur engeren Zusammenarbeit mit den Gewerkschaften zu verfassen. »Schröder hat nach seiner Wahl sehr schnell gemäßigte Positionen eingenommen«, erinnert sich Andres. »Die Stamokaps hat er gebraucht, um Juso-Chef zu werden. Er hat mit ihnen gesoffen und sie dann an die Kandare genommen.«

Die Anhänger des Stamokap-Flügels merken rasch, was der neue Juso-Vorsitzende tatsächlich von ihnen hält. Schröder sei »nach Art der FDP bereit, mit wechselnden Mehrheiten zu operieren«, schreibt Juso-Vize Klaus-Peter Wolf enttäuscht. Die frühere Juso-Vorsitzende Heidemarie Wieczorek-Zeul erzählt: »Schröder hat seine alten Verbündeten ganz schnell der Reihe nach abserviert, bis von der ganzen Richtung nichts mehr übrigblieb.«

Doch nach außen hin hält Schröder zunächst an der linken

Linie fest. Als der Hofheimer Kongreß am 12. Februar 1978 beendet ist, gehen er und Bundesgeschäftsführer Bahr zwar aufeinander zu und schütteln sich die Hand. Doch auf Bahrs Bemerkung: »Es wird Schwierigkeiten geben«, antwortet Schröder: »Ja, das sehe ich auch so.«

Ungeachtet solch aufsässiger Rituale gelingt es ihm rasch, die Jusos aus den Negativ-Schlagzeilen zu bringen. Bereits im Juli 1978 – er steht noch nicht einmal ein halbes Jahr an der Spitze der Organisation – schreibt das SPD-Parteiblatt *Vorwärts.* »Um die Jusos ist es still geworden.« Ganz gezielt haben Schröder und sein Bundessekretär Rudolf Hartung auf allzu schrille Töne verzichtet und dadurch auch in der Mutterpartei an Ansehen gewonnen. »Sicher, meine Vorgänger waren häufiger in der Presse«, räumt er ein: »Wenn ich morgen sage, der Kanzler ist doof, bin ich auch in den Schlagzeilen. Nun ist er aber nicht doof, deshalb sage ich das nicht und stehe so auch nicht oft in der Zeitung. Damit kann ich leben.«

Mangels neuer Skandalgeschichten über die Jusos beginnen die Medien sich jetzt mehr für die Person ihres Vorsitzenden zu interessieren. Dieter Wenz schreibt in der *Frankfurter Allgemeinen Zeitung:* »Der wird noch was in der Partei.« Auch die ersten Interviews lassen nicht auf sich warten. Im Gespräch mit den *Lutherischen Monatsheften* stellt Schröder klar: »Ja, ich bin Marxist. Das ist die korrekte Bezeichnung für die politische Position der Jusos.« Und: »Die SPD-Parteiführung hat begriffen, daß marxistische Positionen zum Spektrum der SPD gehören. Das macht Zusammenarbeit möglich.«

»Die Theorie des Marxismus hat mich damals fasziniert«, räumt Schröder später ein. »Sie gab vor, den Unterdrückten zu helfen und für Gerechtigkeit in der Welt zu kämpfen. Wir haben damals geglaubt, daß die Entartungen des Marxismus weniger mit Marx als vielmehr mit der Umsetzung seiner Theorie zu tun hatten.«

Auch in Schröders Berufsfeld, der Juristerei, hat der Marxismus inzwischen Einzug gehalten. Bereits 1976 hat Schröder gemeinsam mit seinem Hannoveraner Parteifreund Wolfgang Jüttner eine Streitschrift über die »Praktische Bedeutung des

Grundgesetzes« verfaßt. Darin heißt es: »Das Grundgesetz beinhaltet vor allem durch die Enteignungs- und Sozialisierungsartikel die ausdrückliche Möglichkeit, legal zu sozialistischen Produktionsverhältnissen überzugehen.«

In der breiten Öffentlichkeit stoßen diese Theorien auf wenig Verständnis. Sozialismus, das heißt Moskau. Die Angst vor der Macht des Kreml ist wieder deutlich gestiegen seit jenen Tagen von 1970, als Kanzler Willy Brandt und Außenminister Walter Scheel den Moskauer Vertrag unterzeichnet hatten. Jetzt, in der zweiten Hälfte der siebziger Jahre, herrscht erneut Eiszeit zwischen den Blöcken. Und als US-Präsident Jimmy Carter 1977 im Rüstungswettlauf mit der Sowjetunion die Entwicklung einer neuen Superwaffe, der Neutronenbombe, ankündigt, stößt der Plan auch bei Bundeskanzler Schmidt auf Beifall. Der linke SPD-Flügel und die Jusos dagegen reagieren empört. Ebenso wie die Kirchen empfinden sie es als Perversion, eine Waffe zu bauen, die möglichst viele Menschen töten, Gebäude dagegen schonen soll.

An der Spitze einer Juso-Delegation reist Schröder auf Einladung des sowjetischen Jugendverbandes Komsomol im Mai 1978 nach Moskau. Der Eindruck, den die deutschen Gäste in der sowjetischen Hauptstadt hinterlassen, ist beträchtlich. Anläßlich des »Tags der Befreiung« am 8. Mai darf Schröder in der Tageszeitung *Komsomolskaja Prawda* sogar einen Artikel verfassen. Er schreibt: »Die Jugend der Bundesrepublik teilt die Auffassung von Egon Bahr, daß die Neutronenwaffe menschenverachtend ist.« Aber er spart auch nicht mit Kritik an den Verhältnissen hinter dem Eisernen Vorhang. Eine Delegation des DDR-Jugendverbandes FDJ, die auf Einladung der Jusos nach Bonn kommen soll, lädt er Anfang Juli 1978 kurzerhand wieder aus. Wenige Tage zuvor war der Ost-Berliner Regimekritiker Rudolf Bahro wegen angeblichen Geheimnisverrats zu einer achtjährigen Freiheitsstrafe verurteilt worden – ein Affront gegen die Meinungsfreiheit, wie Schröder findet.

Am Wedekindplatz 3 in Hannover hat er inzwischen eine eigene Rechtsanwaltssozietät gegründet. Seine beiden Partner, Hela Rischmüller-Pörtner und Dietrich Buschmann, kennt er bereits seit Jahren. Schon seit längerer Zeit will er aus der Kanzlei Holtfort ausscheiden und sich selbständig machen. Jetzt, im Frühjahr 1978, ist die Gelegenheit günstig. Buschmann und Rischmüller-Pörtner suchen ebenfalls nach einer neuen Beschäftigung. Schröder schlägt vor: »Laßt uns einen eigenen Laden aufmachen.«

Sein Arbeitstag ist sechzehn Stunden lang. Wochentags führt er von seinem Büro in der SPD-Zentrale aus die Juso-Geschäfte, am Wochenende sitzt er in der neuen Kanzlei. Für den Lebensunterhalt muß Ehefrau Anne mit ihrem Lehrerinnen-Gehalt sorgen. Denn die Jusos zahlen ihrem Vorsitzenden nur Fahrtkosten und Spesen. Und aus der Kanzleikasse, so ist es vereinbart, dürfen vorerst nur fünfhundert Mark im Monat entnommen werden. »Die Leute, die in mein Büro kommen«, scherzt Schröder im Gespräch mit *Stern*-Reporter Heiko Gebhardt, »denken sich, der ist ja Sozialist und schreibt keine Rechnungen.«

Eine der ersten Amtshandlungen der neuen Sozietät ist ein Antrag auf Einstweilige Verfügung gegen den niedersächsischen CDU-Landesvorsitzenden Wilfried Hasselmann und seinen Stellvertreter Rudolf Seiters. Die beiden CDU-Politiker hatten Schröder öffentlich vorgeworfen, er betätige sich »immer deutlicher als Verfassungsgegner«. Der Antrag auf Unterlassung hat vor Gericht Erfolg: Hasselmann und Seiters dürfen die Äußerung nicht wiederholen.

Ein bundesweites Medienecho erzeugt gleich das nächste Verfahren – die Verteidigung des als RAF-Terrorist verurteilten Rechtsanwalts Horst Mahler. Dieser war im Februar 1973 vom 1. Strafsenat des Berliner Kammergerichts wegen »gemeinschaftlichen schweren Raubes in Tateinheit mit Bildung einer terroristischen Vereinigung« zu vierzehn Jahren Haft verurteilt worden. Gestützt auf die Zeugenaussage des RAF-Aussteigers Karl-Heinz Ruhland, hielt es das Gericht für erwiesen, daß Mahler gemeinsam mit der Baader-Meinhof-Gruppe Banken ausgeraubt hat.

Anfang Juni 1978 läßt Mahler aus der Haft in Berlin-Tegel über einen Mittelsmann bei Schröder anfragen, ob der ihn bei einem sogenannten Halbstrafengesuch juristisch vertreten würde.

Schröder ist skeptisch: »Ich hatte mächtig Schiß«, gibt er heute zu. Ein Halbstrafengesuch (Antrag auf Entlassung nach Verbüßen der halben Haftzeit), das weiß er, hat nur in begründeten Ausnahmefällen Aussicht auf Erfolg.

Noch problematischer allerdings sind die politischen Folgen: »Mir war klar, daß Mahler meine Funktion als Juso-Vorsitzender bewußt einsetzen wollte«, erinnert er sich. Doch der Fall reizt ihn: »Ich habe mir gesagt: ›Solche Rücksichten fängst du gar nicht erst an.‹ Im übrigen hatte Mahler dem Terrorismus bereits abgeschworen.«

Um seiner Partei Negativ-Schlagzeilen zu ersparen, läßt Schröder die niedersächsischen Landtagswahlen am 4. Juni verstreichen, ehe er zusagt. »Ich wollte doch die Wahl für Karl Ravens und die SPD nicht ganz allein verlieren.« Vier Tage nach der Wahl teilt er in einem Brief an Egon Bahr der Bonner Parteiführung mit: »Ich werde die Verteidigung von Horst Mahler übernehmen.« Am 12. Juni 1978 gibt das SPD-Präsidium grünes Licht. Parteichef Willy Brandt befindet: »Das muß ein Anwalt ganz allein entscheiden.«

Bereits einen Tag später stehen sich der Mandant und sein Anwalt in der Sprechzelle der Justizvollzugsanstalt Berlin-Tegel erstmals gegenüber. Schröder begrüßt Mahler mit den Worten: »Ich bin von dem Auftrag keineswegs begeistert.« Mahler zeigt sich unbeeindruckt: »Das ist gut. Dann wissen Sie, was auf Sie zukommt.«

In den folgenden Wochen kniet sich Schröder voll in den Fall Mahler hinein. Die Aussage des RAF-Mitglieds Ruhland, die zu Mahlers Verurteilung geführt hat, hält er für völlig unglaubwürdig. Das Verfahren, erklärt er öffentlich, »ist eine Nagelprobe für den Rechtsstaat. Wenn Mahler verliert, dann gibt es einen politischen Gefangenen in Deutschland.«

Mahler verliert. Aber immerhin erzielt Schröder in Verhandlungen mit dem Berliner Justizsenator Gerhard Meyer (FDP) einen beachtenswerten Erfolg: Kurz vor Weihnachten erhält Mahler erstmals Hafturlaub und darf die Strafanstalt Tegel über die Feiertage für eine Woche verlassen. Der Anwalt Schröder hat damit doch noch seine Feuertaufe bestanden.

Innerhalb des Juso-Verbandes ist Schröders Stellung jetzt unangefochten. Im Laufe des Jahres 1978 schafft er es, die drei zerstrittenen Flügel wieder zusammenzuführen und den Jusos eine zumindest einigermaßen einheitliche Linie zu geben. Zwar werfen ihm die Ultralinken vor, nur um des Machterhaltes willen mit wechselnden Mehrheiten zu arbeiten. So fordert der dem äußersten linken Flügel angehörende stellvertretende Vorsitzende Klaus-Peter Wolf, es müsse »weiterhin Aufgabe des Juso-Verbandes bleiben, Repressionen der Parteiführung zu verdeutlichen und zu bekämpfen«. Doch genau in diesem Punkt taktiert Schröder vorsichtig. Seit dem Parteiausschluß Benneters bemüht sich auch der Bonner SPD-Vorstand, eine weitere Eskalation im Verhältnis mit der eigenen Jugend wenn möglich zu vermeiden. Diesen Modus vivendi will der Juso-Vorsitzende nicht aufs Spiel setzen. »Die Zusammenarbeit mit der Bundes-SPD ist relativ gut«, resümiert er Ende 1978. Aus der Parteizentrale kommt kein Widerspruch. Der »Marsch ins mosernde Abseits«, den der schleswig-holsteinische SPD-Landesvorsitzende Jochen Steffen den Jusos vorgehalten hat, ist gestoppt.

Vor seiner Wahl zum Juso-Vorsitzenden hat sich Schröder fest vorgenommen, das Amt nach einem Jahr wieder abzugeben. Aber jetzt drängen ihn sogar diejenigen zum Weitermachen, die noch in Hofheim alles versucht hatten, um seine Wahl zu verhindern. Um ihm eine zweite Amtszeit als Vorsitzender zu ermöglichen, wird eigens der Bundeskongreß vorgezogen. Ursprünglich wollen sich die Jusos Mitte April 1979 zu ihrem jährlichen Treffen versammeln. Doch Schröder wird am 7. April fünfunddreißig Jahre alt und erreicht damit die Altersgrenze für die Juso-Mitgliedschaft. Auf dem Bundeskongreß hätte er somit nicht mehr kandidieren dürfen.

Am 1. April 1979 wird Schröder in Aschaffenburg ohne Gegenkandidat wiedergewählt. Von 297 Delegierten stimmen 253 für Schröder; das sind 85 Prozent – für Juso-Verhältnisse ein sensationelles Ergebnis. Bisher hatte sich Schröder vergeblich darum bemüht, einen Gesprächstermin bei Bundeskanzler Helmut Schmidt zu bekommen. »Den Vorsitzenden einer so großen Organisation muß er doch empfangen«, lautet sein Argument.

Aber im Kanzleramt war er damit auf taube Ohren gestoßen. Das Verhältnis zwischen Schmidt, dem Vertreter des rechten Parteiflügels, und dem linken Jugendverband ist von tiefem Mißtrauen getrübt. 1976 ist Schmidt mit dem Slogan »Modell Deutschland« in den Bundestagswahlkampf gezogen. Die Jusos konterten mit der Frage: »Ist das Deutschland Helmut Schmidts wirklich ein Modell?« Das saß tief.

Auch Schröder macht kein Hehl daraus, daß er Positionen und Stil des von ihm einst so verehrten Schmidt für grundfalsch hält. Als der Regierungschef im April 1979 droht, er werde die linke schleswig-holsteinische SPD in ihrem Landtagswahlkampf nur dann unterstützen, wenn die Landespartei seine Positionen öffentlich begrüße, kritisiert Schröder die »in Personenkult ausufernden Führungsansprüche« Schmidts. Über dessen Mangel an Zukunftsvisionen stichelt er: »Der Kanzler verwaltet brillant.«

Trotz aller Meinungsverschiedenheiten – den gerade mit eindrucksvoller Mehrheit wiedergewählten Juso-Vorsitzenden kann auch der Bundeskanzler nicht mehr ignorieren. Am 9. Juni 1979 gibt er dem Drängen nach und empfängt Schröder zu einem Vier-Augen-Gespräch in seinem Büro im Kanzleramt. Der Augenblick ist günstig: Wenige Tage zuvor hat der stellvertretende Juso-Vorsitzende Reinhard Schultz den Kanzler in einem Interview scharf angegriffen und ihm vorgeworfen, »nicht die Spur von Verantwortung für die nächste Generation« zu haben. Schröder sieht sich veranlaßt, Schmidt zu verteidigen – für einen Juso-Funktionär damals ein ungewöhnlicher Schritt. In einem *Welt*-Interview nimmt er die Kritik seines Stellvertreters zurück: »Schmidt spürt nur eine andere Verantwortung.«

Die *Welt*-Ausgabe mit dem Interview liegt aufgeschlagen auf dem Schreibtisch, als Schröder das Kanzlerbüro betritt. Die entscheidenden Passagen sind gelb unterstrichen. Schmidt kommt verspätet aus einer Sitzung des SPD-Parteivorstandes. Übelgelaunt schimpft er: »Dieser Eppler, bis der mal zur Sache kommt . . .«

Das Gespräch dreht sich um die beiden zwischen Mutterpartei und Jusos am heftigsten umstrittenen Themen: die Frage der

Kernenergie und den bereits absehbaren Beschluß der NATO, neue Mittelstreckenwaffen in Deutschland zu stationieren. Schmidt ist trotz des wachsenden Widerstandes in der SPD ein erklärter Anhänger der Kernenergie geblieben. In der Nachrüstungsdebatte vertritt er die Ansicht, daß die Bundesregierung der Stationierung weiterer Raketen zustimmen müsse.

Unvermittelt deutet der Kanzler schließlich auf ein Schriftstück: »Da liegt es.« Schröder fragt: »Was denn?« Schmidt: »Mein Rücktrittsgesuch. Wenn ich das abschicke, dann müßt ihr euch einen anderen suchen.« Bereits in der Parteivorstandssitzung hatte er offen mit Rücktritt gedroht. Wenn die Partei ihm auf dem im Dezember bevorstehenden Parteitag in Berlin bei den Themen Nachrüstung und Kernenergie nicht folgen wolle, werde er nicht zögern zu demissionieren.

Die SPD stützt seine Position, Schmidt bleibt im Amt. Dennoch: Eine starke Minderheit der Delegierten lehnt sowohl den NATO-Doppelbeschluß als auch den weiteren Bau von Atomkraftwerken ab. Auf Anti-Atomkraftdemonstrationen tauchen immer häufiger vollzählige SPD-Ortsvereine auf. Und auch Juso-Chef Schröder demonstriert mit. Auf einer Kundgebung im Bonner Hofgarten läßt er sich mit einem Pappschild um den Hals fotografieren, auf dem es heißt: »Ich bin Sozialdemokrat und gegen Kernenergie«. Trotzdem erklärt Schröder nach dem Parteitag die Beschlüsse zu Nachrüstung und Kernenergie als »bindend« für die Jusos.

Innerhalb des Jugendverbandes stößt soviel Pragmatismus allerdings auf zunehmende Skepsis. Die Jusos des Göttinger Ortsvereins, einst Schröders eigener Verband, schreiben in einem offenen Brief in der Frankfurter Rundschau: »Du hast spätestens seit dem Aschaffenburger Kongreß einen prinzipiellen Funktionswechsel bei den Jusos vollzogen. Gewählt als Vertreter der marxistischen Kräfte bei den Jusos, hast Du Dich von diesen unseren Positionen gelöst und eine bis zur Ununterscheidbarkeit gehende Politik der Zusammenarbeit mit den reformistischen Kräften begonnen und bis heute fortgesetzt.«

Schröder argumentiert dagegen: »Wir wissen, daß wir die Bundestagswahl 1980 ohne Helmut Schmidt nicht gewinnen können.« Ein offener Streit mit der Mutterpartei würde, so befürchtet er, die Wahlchancen der SPD deutlich schmälern und Schmidt womöglich sogar zum vorzeitigen Rücktritt treiben. Natürlich lehnt auch Schröder die Nachrüstung und den Bau neuer Kernkraftwerke ab. Aber dafür die Regierungsmacht aufs Spiel setzen?

Wenige Monate später haben sich die Wogen geglättet. Von Rücktrittsdrohungen des Kanzlers ist keine Rede mehr. Und die Jusos können wieder Front machen gegen den Kurs der Bundesregierung in der Energie- und Rüstungspolitik. Das Votum des Berliner SPD-Parteitags zur Kernenergie erklären sie zu »einer der wesentlichsten Fehlentscheidungen der Partei«.

Der SPD-Jugendverband hat früher als die Mutterpartei begriffen, daß sich um die Themen Umweltschutz und Frieden eine neue politische Konkurrenz zu formen beginnt. In allen Bundesländern schließen sich Bürgerinitiativen zu grün-alternativen Listen zusammen. Bei den Landtagswahlen in Niedersachsen hat die Grüne Liste Umweltschutz (GLU) 1978 auf Anhieb 3,9 Prozent der Stimmen bekommen. Im Kreis Lüchow-Dannenberg, Standort des geplanten nuklearen Entsorgungsparks bei Gorleben, stimmen sogar 17,8 Prozent der Wähler für die Anti-Atomkraft-Initiative.

Schröder unterstützt den Protest. »Wenn wir als Jusos da nicht mitmachen, dann laufen uns die Mitglieder weg.« Wenn die Grünen Bauplätze von Nuklearanlagen besetzen, folgert er, dann müßten auch die Jusos zur Tat schreiten. Die Gelegenheit ergibt sich am 31. Mai 1980. In Hannover findet an diesem Wochenende der Juso-Bundeskongreß statt. Während die Delegierten über das Thema Kernenergie diskutieren, wird eine Nachricht hereingereicht: Der niedersächsische Ministerpräsident Ernst Albrecht (CDU) habe angeordnet, das einen Monat zuvor von Atomgegnern besetzte Gelände des geplanten Atommüllagers in Gorleben zu räumen und das dort errichtete Zeltdorf – die »Republik Freies Wendland« – dem Erdboden gleichzumachen.

Schröder ruft den Vorstand zusammen und entscheidet: »Der Kongreß wird unterbrochen, wir fahren alle nach Gorleben!«

Mit Bussen und Privatwagen brechen die Delegierten auf, um die Demonstranten wenigstens für ein paar Stunden zu unterstützen. Doch der Protest bleibt wirkungslos: Wenige Tage später wird das Zeltdorf auf dem Bauplatz geräumt.

Die Fahrt ins Wendland ist Schröders letzte Aktion als Juso-Vorsitzender. Er hat die Altersgrenze überschritten und muß abtreten. Als der Kongreß in Hannover nach der Unterbrechung am 1. Juni fortgesetzt wird, wählen die Delegierten den Ex-Polizisten und Politologen Willi Piecyk zu seinem Nachfolger. Schröder hat den Jugendverband in den zweieinhalb Jahren seiner Amtszeit ein gutes Stück vorangebracht: Die Zerreißprobe mit der Mutterpartei ist überwunden, die Flügelkämpfe sind vorerst beendet. Und: Gerhard Schröder ist bundesweit bekannt geworden.

»Ich werde mich nach der Juso-Zeit von der Bundesebene zurückziehen«, hatte er nach seiner Wahl zum Juso-Vorsitzenden angekündigt. Doch davon ist jetzt keine Rede mehr. Am 5. Oktober 1980 sind Bundestagswahlen. Und Schröder will jetzt Abgeordneter werden.

»Ich will hier rein«

Abgeordneter in Bonn

Eigentlich hat Schröder seine bundespolitische Karriere mit Ablauf der Juso-Zeit beenden wollen. Montags bis freitags ein »ehrlicher« Beruf und Politik an den Wochenenden – so hat das Ehepaar Schröder die Zukunft geplant. Doch die zwei Jahre an der Spitze der Jungsozialisten haben tiefe Spuren hinterlassen und Schröders politischen Instinkt geweckt. Er hat erkannt, daß Politik mehr als nur ein Hobby sein kann. Bereits Mitte 1979 beschließt er, bei der nächsten Bundestagswahl in Hannover für ein Abgeordnetenmandat zu kandidieren – »als logische Fortsetzung der Arbeit an der Juso-Spitze«.

Nicht zum letzten Mal trifft er mit seiner Kandidatur für ein politisches Amt auf Widerstand in der eigenen Partei. Hannover ist zu dieser Zeit die Heimat des »Kanals«, einer Gruppe von konservativen SPD-Bundestagsabgeordneten um den Bundesminister für Innerdeutsche Beziehungen, Egon Franke. Den »Kanalarbeitern« – auch Kanzler Schmidt steht ihnen nahe – sind die sozialistischen Positionen der Genossen vom linken Parteiflügel zutiefst verdächtig. Und ein Juso-Vorsitzender gehört für sie nun einmal nicht in den Bundestag. »Die hätten im Zweifel eher den CDU-Kandidaten als mich unterstützt«, erinnert sich Schröder.

Aber er findet auch prominente Unterstützer: Arbeitsminister Herbert Ehrenberg und Verteidigungsminister Hans Apel befürworten seine Kandidatur. Und Niedersachsens früherer Ministerpräsident Georg Diederichs dichtet für ihn sogar einen Wahlkampfslogan: »Soll der Höhenflug gelingen, müssen breite Flügel schwingen.«

Am 11. Dezember 1979 nominiert der SPD-Bezirksparteitag in Hannover Schröder zum Bundestagskandidaten im Wahlkreis 38 (Hannover Land 1). Die Entscheidung fällt knapp aus. Für

Schröder stimmen 56 Delegierte, seine Gegenkandidatin, die Maschinenbau-Professorin Monika Ganseforth, erhält 40 Stimmen. Der Wahlkreis 38 erstreckt sich nördlich von Hannover zwischen Neustadt am Rübenberge im Westen und Lehrte im Osten. Von den 210000 Wahlberechtigten sind rund 14000 in den letzten Jahren aus Hannover zugezogen – soziale Aufsteiger, die sich endlich ein Häuschen im Grünen leisten können. Für die SPD ein schwieriges Pflaster.

Und die CDU macht gehörigen Druck für ihren Kandidaten, den einundvierzigjährigen Bauingenieur Dietmar Kansy. »CDU – oder Juso-Schröder-Dreckschleuder«, lautet die Überschrift über einer Anzeige, die in den Lokalzeitungen der Umgebung erscheint. CDU-Ratsherren aus Garbsen erklären in der Annonce, sie seien aus der Kirche ausgetreten, weil diese »zu links geworden« sei. Von der gesparten Kirchensteuer sei die Zeitungsanzeige bezahlt worden. Darin heißt es: »Der Marxist Schröder ist der Kopf der Moskau-Fraktion.«

Um nicht während des gesamten Bundestagswahlkampfes Ziel einer Schmutzkampagne zu werden, wendet sich Schröder schließlich an den einflußreichen CDU-Politiker und niedersächsischen Finanzminister Walther Leisler Kiep. In einem Vieraugengespräch im Rathaus von Hannover versichert Kiep, seinen Einfluß in der Partei geltend zu machen. Verletzende Attacken gegen den SPD-Kandidaten werde es künftig nicht mehr geben. Aber auch wenn persönliche Angriffe im Wahlkreis hinfort unterbleiben, entwickelt sich der Bundestagswahlkampf 1980 zu einer ungewöhnlich harten Auseinandersetzung.

Am 2. Juli 1979 hatte sich der bayerische Ministerpräsident und CSU-Vorsitzende Franz Josef Strauß zum Kanzlerkandidaten der Union wählen lassen. Der Gegenkandidat der CDU, Niedersachsens Ministerpräsident Ernst Albrecht, war bei einer Kampfabstimmung in der CDU/CSU-Bundestagsfraktion knapp gescheitert. Strauß contra Schmidt – die deutsche Öffentlichkeit ist gespalten wie selten zuvor. Dem wiederbelebten Slogan »Freiheit statt Sozialismus« der Union setzt das sozialliberale Lager die Aufforderung »Strauß verhindern« entgegen.

»Ein Strauß-Sieg würde in den autoritären Polizeistaat führen«, schreibt Schröder im SPD-Parteiblatt *Vorwärts.* Die CDU habe sich, folgert er, unter dem Druck der CSU »in eine erzreaktionäre Partei mit fließenden Übergängen zum organisierten Rechtsradikalismus verwandelt«. CSU-Generalsekretär Edmund Stoiber kontert in einem Interview mit der *Frankfurter Rundschau:* »Wir haben in der Vergangenheit nicht deutlich gemacht, daß Nationalsozialisten in erster Linie Sozialisten waren und daß Nationalsozialisten Leute waren, die im großen und ganzen kollektivistische Lösungen angestrebt und durchgeführt haben.«

Mit seiner politischen Vergangenheit als Vorsitzender der rebellischen Jungsozialisten wird Schröder automatisch zu einem der Lieblingsgegner der Wahlkampfführung von CDU und CSU samt den ihnen nahestehenden Medien.

Am 6. Oktober 1979 sendet das Bayerische Fernsehen eine Diskussionsrunde mit Nachwuchspolitikern. Alfred Sauter, Vorsitzender der CSU-Jugendorganisation Junge Union Bayern, sagt dort an die Adresse Schröders: »Jusos, Judos (Jungdemokraten) und sonstige Kommunistenspezies ...« In die Ecke gedrängt, schießt Schröder zurück und beschimpft die Mitglieder der CDU-Studentenorganisation RCDS (Ring Christlich-Demokratischer Studenten) als »Strichjungen von Franz Josef Strauß«. Rudolf Mühlfenzl, BR-Chefredakteur und Diskussionsleiter, geht dazwischen: »Herr Schröder, das, was Sie mit Ihrer Organisation gelegentlich versprechen, erinnert mich haargenau an eine Situation, die ich nie mehr haben möchte.«

Unbeeindruckt von solchen Angriffen stürzt sich Schröder in den Wahlkampf vor Ort. Er hat sich fest vorgenommen, seinen Wahlkreis direkt zu gewinnen und nicht über die Landesliste in den Bundestag einzuziehen. »Wenn ich gewinne, werden viele sagen, ich hab's nur dem Kanzler zu verdanken«, witzelt er. »Aber wenn ich durchfalle, werden sie sagen, es hätte am schlechten Kandidaten gelegen.«

Am Steuer eines alten VW-Busses macht er sich auf den Weg. Die Kosten der Tingeltour, rund 15 000 Mark, zahlt er aus eigener Tasche: Peine, Berenbostel, Unterende – 14 000 Kilometer in acht Wochen. Und immer wieder das gleiche: Besuche im Altenheim, Nachbarschaftsfeste, Grillfeten – und Klinkenputzen. In welchen Vierteln er an den Haustüren klingelt, wird vorher genau festgelegt. Feine Wohngegenden läßt er gleich aus. »Ich fühle mich manchmal wie ein Vertreter, der seine Ware anpreist«, sagt er.

Wie die Ware verpackt werden muß, hat er schnell begriffen. Natürlich wäre es vernünftig, die Verteidigungsausgaben zu kürzen, erklärt er beim Treffen mit gestandenen Altlinken in Wettmar. Aber: »Dies auch in absehbarer Zeit zu erwarten ist angesichts der Weltlage eine Utopie.« Selbstverständlich müsse im Streit um den Abtreibungsparagraphen 218 die Diskussion über die Fristenlösung neu in Gang gesetzt werden, sagt er beim Kaffeetrinken mit SPD-Frauen in Hämelerwald. Aber: »Dies geht zur Zeit eben gegen das öffentliche Bewußtsein.« Sicher habe die Atomenergie-Debatte eine politisch-moralische Dimension, beteuert er im Gespräch mit Jugendlichen. Aber: »Ich wehre mich gegen die moralinsaure Argumentation, daß Kernkraftgegner verantwortlich, Kernkraftbefürworter aber unverantwortlich handeln.« Schröder spricht wie ein altgedienter Parlamentarier, schon mit sechsunddreißig Jahren ein Meister des Sowohl-Als-auch.

Er weiß, daß außer der CDU auch die aufstrebende Partei der Grünen ein ernst zu nehmender Gegner ist. »Das Kraut gegen die Grünen heißt Glaubwürdigkeit«, schärft er sich selbst immer wieder ein. Also wendet er sich ebenso gegen das »Raus-aus-der-Nato« der Alternativen wie gegen eine Nato-Skepsis, wie sie sein Parteifreund, der Saarbrücker Oberbürgermeister Oskar Lafontaine, vertritt. Schröder hat erkannt: »Hier geht es um Mehrheiten und nicht um Rechthaberei.«

Doch er mag sich abrackern, soviel er will – die Konservativen in der SPD bleiben skeptisch. Selbst im Wahlkampf können sich viele zur Kanalarbeiter-Riege zählende Parteifreunde nicht durchringen, den eifrigen Jungpolitiker zu unterstützen. »Dabei verteilt meine Frau Anne doch regelmäßig Flugblätter in Egon Frankes Wahlkreis«, wundert sich Schröder über die kühle Distanz mancher Genossen, »und ich klebe für ihn Plakate mit . . .«

Die Mühe lohnt sich: Bei der Bundestagswahl am 5. Oktober 1980 holt die SPD im Wahlkreis Hannover Land 47,7 Prozent der Zweitstimmen. Noch bemerkenswerter ist der Anteil der Erststimmen: Für den Newcomer Schröder stimmen genau 50,0 Prozent der Wähler. Die neuen Visitenkarten können gedruckt werden: »Gerhard Schröder – Mitglied des Deutschen Bundestages«.

Als er wenige Tage später zur ersten Sitzung von Hannover nach Bonn reist, hat er vier feste Grundsätze im Gepäck: Keine Zustimmung zu deutschen U-Boot-Lieferungen an die chilenische Regierung des Diktators Augusto Pinochet, Sicherung der Montan-Mitbestimmung, keine Erhöhung der Abgeordneten-Diäten und Kampf für eine Fehlbelegungsabgabe, mit der zu Unrecht in Sozialwohnungen lebende Familien belastet werden sollen. Und er hat sich Disziplin vorgenommen: Nie gegen die Fraktion stimmen oder gar den Kanzler durch öffentlichen Widerspruch zu einer seiner gefürchteten Rücktrittsdrohungen veranlassen. »Wenn Wehner schreit, Schmidt droht und Brandt bittet«, wissen auch die Linken in der SPD-Bundestagsfraktion, was die Glocke geschlagen hat.

Von politischer Arbeit kann in Bonn zunächst keine Rede sein. Wie jeder andere der 67 neuen SPD-Abgeordneten muß sich auch Schröder zunächst mit den Eigenheiten des Bonner Politikbetriebs vertraut machen. Er muß lernen, daß ein Parlamentsneuling sich nicht einfach aussuchen kann, in welchem Ausschuß er mitarbeiten will. Die Plätze im beliebten Rechtsausschuß sind schon unter altgedienten Genossen vergeben. Schröder muß sich mit einem stellvertretenden Sitz im Bildungsausschuß und einem Platz im Bauausschuß begnügen. Also brütet er in seinem neuen Abgeordnetenbüro HT 721, im siebten Stock des sogenannten Tulpenfeld-Hochhauses, wochenlang über alten Wohnungsbau-Programmen der fünfziger und sechziger Jahre. »Ich mußte das schlicht lernen«, erinnert er sich später.

Auf den ersten Blick findet Schröder den Bonner Politikbetrieb ziemlich enttäuschend. Der Plenarsaal sei von »grandioser Ungemütlichkeit«, urteilt er. Und überhaupt: »Am besten sucht man sich hier einen ruhigen Platz, von wo man alles in Ruhe betrachten kann. Zu sagen kriegt man ja eh nichts.« Abgeordneter, das sieht er jetzt ein, ist ein Job wie andere auch. »In Bonn bin ich nur auf Maloche«, beschreibt er die neue Erfahrung.

Einen Vorteil hat das Leben als Abgeordneter dann aber doch, wie er zugeben muß: »In Bonn verdiene ich zum ersten Mal richtig Geld.« Immerhin betragen die Bundestagsdiäten 7500 Mark im Monat – plus 4500 Mark steuerfreie Pauschale.

Auf einer Studentenetage im Hause Kirschallee 6 im Bonner Stadtteil Poppelsdorf bezieht er ein Appartement, die Küche teilen sich die Etagenbewohner. »Ich hatte mir vorgenommen, es richtig gemütlich einzurichten«, erinnert er sich, »doch daraus wurde nicht viel.« Denn die Abende in den Parlamentswochen beginnen gewöhnlich mit irgendeiner Sitzung und enden irgendwann beim Bier mit Kollegen und befreundeten Journalisten im »Hoppegarten« oder in der »Provinz« gegenüber dem Bundeskanzleramt, den Stammkneipen der SPD-Linken. Dort bleibt man unter sich. Die Kollegen von der Kanalarbeiter-Riege trinken ihr Bier ein paar hundert Meter Luftlinie entfernt im »Kessenicher Hof«.

Eines Abends kommen ungewöhnliche Gäste in die »Provinz«: Manfred Wörner, damals stellvertretender Vorsitzender der CDU/CSU-Bundestagsfraktion, begleitet von zwei Bundeswehr-Offizieren in Uniform und drei Zivilisten. Aus Jux greift sich Schröder die Servierschürze von Wirt Dieter Stollenwerk, tritt an ihren Tisch und nimmt die Bestellung auf. Als er mit vollem Tablett zurückkehrt, erkennt Wörner den vermeintlichen Kellner: »Sind Sie nicht der Schröder?«

»Nein, ich bin der Frommhagen«, antwortet er. Wörner: »Das spricht für Sie.« Schröder: »Aber ich mag den Schröder.« Wörner: »Das wiederum spricht gegen Sie.«

Es war nach einem dieser feucht-fröhlichen Abende in der »Provinz«, als sich die Szene abspielt, die Schröder seither unzählige Male erzählt hat: Auf dem Nachhauseweg schlendert man nächtens am Zaun des Bundeskanzleramtes vorbei. Plötzlich bleibt Schröder stehen, rüttelt am Zaun und brüllt in Richtung Kanzlerbüro: »Ich will hier rein!«

Daß nach solchen nächtlichen Ausflügen am nächsten Morgen alle wieder pünktlich im Bundeshaus erscheinen, dafür sorgt Herbert Wehner, Vorsitzender der SPD-Bundestagsfraktion seit 1969 und vor allem bei jungen Abgeordneten wegen seiner unnachgiebigen Strenge als »Zuchtmeister« gefürchtet. Auch Schröder erkennt schnell, daß ohne Disziplin bei »Onkel Herbert« kein Staat zu machen ist: »Wenn der Wehner am Schluß einer Fraktionssitzung aufsteht und sagt: ›Morgen um neun Uhr ist Bundestag‹, und er sitzt dann wirklich am nächsten Morgen schon vor neun auf seinem Platz in der ersten Reihe – dann kann man gar nicht kneifen.« Obwohl Schröder wie die meisten Jung-Abgeordneten Wehners Zornesausbrüche fürchtet, hat er sich doch fest vorgenommen, sich nicht einschüchtern zu lassen. Die Gelegenheit, seine Courage unter Beweis zu stellen, ergibt sich gleich in einer der ersten Sitzungswochen.

Wie zu Beginn jeder Legislaturperiode hat Wehner die neuen Abgeordneten zu einem Abendessen in das Bundestagsrestaurant eingeladen. Jeder Neuling muß sich in wenigen Sätzen vorstellen, Wehner sitzt schweigend dabei, hört zu und kaut an seiner Pfeife. Nach der Vorstellung wird diskutiert, das Gespräch kommt auf dieses und jenes, schließlich landet man beim Thema Homosexualität – für den Fraktionschef Stichwort für einen seiner berüchtigten Herrenwitze.

Schröder, der als Anwalt erst kürzlich zwei homosexuelle Pfarrer gegen ihre Amtskirche verteidigt hat, reagiert empört: »Herbert, so kann man darüber nicht reden.« Während die übrigen Anwesenden in Erwartung eines lautstarken Zornesausbruchs die Köpfe einziehen, blickt Wehner erstaunt über den unerwarteten Widerspruch in die Runde. Dann grummelt er: »Hast ja recht.« Die jungen Abgeordneten sind verblüfft: Der legendäre Fraktionszuchtmeister hat einen Rückzieher gemacht. »Das war wie eine große Auszeichnung für mich«, erinnert sich Schröder. Er ist tief beeindruckt von Wehners Verhalten: »Der Onkel hat immer noch mehr Fingerspitzengefühl im kleinen Finger als seine potentiellen Nachfolger im Kopf.«

Die parlamentarische Arbeit nach der Bundestagswahl 1980 kommt nur schleppend in Gang. Grund dafür sind die Koalitionsverhandlungen zwischen SPD und FDP, die sich vor allem in den Bereichen Wirtschafts- und Sicherheitspolitik schwierig gestalten. Angesichts der schlechten Haushaltslage drängen die Liberalen auf Kürzungen im Sozialbereich; die SPD will das Problem vor allem durch höhere Neuverschuldung und Steuererhöhungen lösen.

Kanzler Schmidt sorgt dafür, daß der Stand der Beratungen außerhalb des kleinen Kreises der Unterhändler wie ein Staatsgeheimnis gehütet wird. Verärgert notiert Schröder: »Die Beschaffung von Informationen über den Fortgang der Koalitionsverhandlungen, über die man ja ›zu Hause‹ zu berichten hatte, bestand in der Lektüre möglichst vieler Tageszeitungen und in Gesprächen mit einem Genossen, der mit jemandem gesprochen hatte, welcher etwas gehört hatte von einem, dessen Frau die Frau des Persönlichen Referenten eines bisweilen hinzugezogenen stellvertretenden Mitglieds der Verhandlungskommission kannte und der deshalb auf dem laufenden war.«

Als das Ergebnis schließlich vorliegt, ist er wie viele seiner jungen Kollegen enttäuscht. Vor allem die Haushaltspolitik trägt deutlich die Handschrift der FDP: Subventionsabbau und Kürzungen beim Prämien- und Bausparen anstatt der von der SPD favorisierten Erhöhung der Neuverschuldung. »Es scheint, als hätten sich bei beiden Parteien die konservativen Kräfte durchgesetzt« schreibt Schröder in einem Beitrag für den *Vorwärts.* Doch dem SPD-Parteiblatt geht soviel Kritik zu weit: Der Artikel verschwindet ungedruckt in der Schublade. Statt dessen erscheinen einige Zitate daraus wenige Wochen später im *Stern.* Wehner tobt und bestellt den aufmüpfigen Abgeordneten zum Vieraugengespräch in sein Büro.

Trotz solcher gelegentlichen Reibereien müht sich Schröder redlich darum, beim Partei- und Fraktions-Establishment nicht negativ aufzufallen. »Eigentlich ist der parlamentarische Benjamin ein durch und durch braver Bundestagsabgeordneter«, befindet Werner Strothmann in der *Zeit.* Einer, der mit seinen Wählern am Wochenende die Wälder rund um Hannover nach Müll absucht.

In einem Punkt widersetzt sich der brave Abgeordnete allerdings standhaft den Bonner Zwängen – in der Kleiderfrage. »Du, Gerd, ich will dir ja nicht dreinreden, aber vielleicht ziehst du morgen doch 'ne Krawatte an«, hatte ihm ein väterlicher Fraktionskollege am Vorabend der konstituierenden Sitzung des neuen Bundestages geraten. Und ein einziges Mal hatte er sich zum dunklen Anzug mit Schlips überreden lassen. Doch danach betreibt er in Sachen Kleiderordnung Opposition.

Am 10. April 1981 diskutiert der Bundestag über das Thema Jugendpolitik. SPD und FDP beantragen die Einrichtung einer Enquete-Kommission zum Thema »Jugendprotest im demokratischen Staat«. In Berlin und anderen Städten häufen sich die Hausbesetzer-Krawalle, jugendliche mit grellbunten Irokesen-Frisuren und martialischem Körperschmuck erschrecken die Bürger. Was ist los mit der Null-Bock-Generation? Diese Frage stellt sich schließlich auch der Bundestag.

Schröder darf in der Jugenddebatte zum ersten Mal im Plenum das Wort ergreifen. Die Fraktion hat ihn als ehemaligen Juso-Vorsitzenden ausgesucht, in der Enquete-Kommission mitzuarbeiten. Als er ans Pult tritt, verzeichnet das Protokoll Tumult. Vor dem Hohen Hause steht ein Parlamentarier ohne Krawatte – das hat es noch nie gegeben. »Da können Sie ja gleich nackt kommen«, ruft der Kasseler CDU-Abgeordnete Lothar Haase erregt.

Aus dem Protokoll: »Vizepräsident Windelen: ›Das Wort hat der Abgeordnete Schröder.‹ Zwischenruf Klaus Hartmann (CDU/CSU): ›Hat der keine Krawatte?‹ Schröder: ›Sehen Sie, Herr Kollege, genau diese Frage hatte ich erwartet, nicht, weil ich keine habe, sondern weil diese Frage – ob ich keine Krawatte hätte –, die Sie eben gestellt haben, die Jugendlichen, über die Sie nur reden, mit Sicherheit nicht verstehen. Und es ist gut so, daß sie sie nicht verstehen.‹ Zuruf von der CDU/CSU: ›Sie wollen hier demonstrieren.‹ Schröder: ›Ihr Verständnis von Würde ist ein Verständnis, das sich auf die Form bezieht. Unser Verständnis von Würde des Parlaments ist ein Verständnis, das sich auf die Inhalte bezieht.‹ Zwischenruf Hartmann (CDU/CSU): ›Runter mit dem Jackett.‹ Zuruf aus der CDU/CSU: ›Sie haben nicht einmal den Präsidenten gegrüßt.‹«

Durch seine Tätigkeit im Bauausschuß mit der Hausbesetzer-Problematik vertraut, stürzt sich Schröder in die Arbeit der Enquete-Kommission »Jugendprotest«. Sein Ansatz: Um zu verstehen, was junge Menschen auf Distanz zur Leistungsgesellschaft bringt, muß man in erster Linie mit den Jugendlichen sprechen und nicht nur über sie. Das ist jedoch in der Praxis nicht ganz so einfach. Um sich ein realistisches Bild von der Hausbesetzerszene zu machen, besucht Schröder gemeinsam mit einer Delegation der Bonner Kommission das besetzte Haus Potsdamer Straße 157 in Berlin. Von der gegenüberliegenden Straßenseite aus observieren Zivilbeamte der Polizei die Szene, als die Gäste aus Bonn das Gebäude betreten. An der Tür werden Ausweise und Gesichter kontrolliert. »Wie heißt du?« fragt einer der jungen Leute. »Gerhard Schröder.« – »Biste eener aus'm Bundestag?« – »Ja.« – »O. K., kannst reinkommen.«

Da sitzen sie nun im Besetzer-Café KOB, in Sesseln vom Sperrmüll. »Ich bitte um Gesprächsbereitschaft«, sagt SPD-Delegationsmitglied Rudolf Hauck. Doch das Gespräch entwickelt sich nur schleppend. »Eh' ick mit dir 'nen Dialog führe, red' ick lieber mit nem Penner«, antwortet einer. In Berlin laufen gerade mehr als hundert Prozesse gegen Hausbesetzer, zwei Dutzend Jugendliche sitzen in Untersuchungshaft.

Schröder versucht das Eis zu brechen: »Wenn es nun einen Räumungsstopp gäbe, würdet ihr über Legalisierung reden?« – »Was soll die Scheiße hier?« lautet die Gegenfrage. »Ihr habt die Gefangenen nicht mitgebracht. Also hat es keinen Zweck weiterzureden.« Der Rest der Veranstaltung versinkt in Gebrüll und Tumult. Schließlich werden die Abgeordneten hinausgeworfen. Beim Rausgehen fragt Schröder einen Jugendlichen: »Wie soll es denn nun weitergehen?« Die Antwort: »Gib uns und unserer nächsten Generation Gefühl und Liebe, dann vergess' ich meinen Haß.« Entnervt steigen die Bonner Parlamentarier in ihren Bus und fahren davon – zum Abendessen mit dem Regierenden Bürgermeister Richard von Weizsäcker.

Während die Enquete-Kommission nach den Ursachen des Jugendprotests sucht, steuern die Bonner Koalitionsregierung und die SPD mehr und mehr in stürmische See. Aus FDP-Sicht ist dringend ein härterer Kurs gegenüber der SPD erforderlich. Sollen die zahlreichen Wähler, die allein aus Abneigung gegen Strauß von der CDU zu den Liberalen gewechselt waren, auf Dauer gehalten werden, muß sich die FDP, so die Einschätzung der Parteiführung, jetzt stärker als Garant marktwirtschaftlicher Prinzipien gegen überzogene Ansprüche der SPD profilieren – und dabei notfalls sogar den Bruch der Koalition riskieren. Bereits die Koalitionsverhandlungen Ende 1980 hatten wegen des Forderungskatalogs der FDP zu erheblichen Spannungen innerhalb der SPD-Bundestagsfraktion geführt. Vor allem Abgeordnete des linken Parteiflügels befürchten nun, vom Koalitionspartner erpreßt zu werden.

Hinzu kommt: Mit seinem Eintreten für Nachrüstung und Kernenergie stößt Kanzler Schmidt bei den Linken in der eigenen Partei noch immer auf erheblichen Widerstand. Im Februar 1981 veröffentlichen vierundzwanzig SPD-Abgeordnete einen Aufruf. Zugunsten der Entwicklungshilfe, so fordern sie, soll eine Milliarde Mark im Verteidigungshaushalt eingespart werden. Zu den Unterzeichnern gehört auch Schröder. Obwohl der Inhalt des Appells seinen Beifall findet, hat er lange gezögert zu unterschreiben. »Ich hatte mächtig Bauchschmerzen dabei«, gesteht er. Erst nach langer Überlegung stimmt er zu. Der Aufruf sorgt für erheblichen Wirbel. Und der Kanzler tobt.

Die Stimmung in der Fraktion bleibt gereizt. Am deutlichsten kritisieren die beiden SPD-Abgeordneten Manfred Coppik und Karl-Heinz Hansen den Kurs der eigenen Partei und stimmen im Bundestag sogar gegen die Regierung. Schröder mißbilligt solches Vorgehen. Dennoch verteidigt er die beiden Außenseiter gegen die immer lauter werdende Forderung nach Ausschluß aus der Partei. In einer stürmischen Sondersitzung der Fraktion im Februar 1981, in der Annemarie Renger und Horst Ehmke sich vehement für ein Ausschlußverfahren gegen Hansen einsetzen, hält er dagegen: »Die SPD muß sich daran messen lassen, wie sie mit Minderheiten in den eigenen Reihen umgeht.«

Zehn Monate später wird Hansen aus der Partei geworfen. Schröder hat ihn vergeblich als Rechtsbeistand vor dem Schiedsgericht des SPD-Bezirks Niederrhein verteidigt. Coppik kommt seinem Ausschluß im Februar 1982 zuvor und tritt freiwillig aus. Das Eintreten für die Abweichler aus den eigenen Reihen macht Schröder in der SPD-Fraktion verdächtig: Steckt unter der Oberfläche des smarten Nachwuchspolitikers vielleicht doch noch der Revolutionär aus Juso-Zeiten? »Politisch konnte ich mit Coppik und Hansen nichts anfangen«, erinnert er sich, »aber wie mit Kritikern in den eigenen Reihen umgegangen wurde, das widerstrebte meinem Gerechtigkeitssinn.«

Auch seine Tätigkeit als Rechtsanwalt wird in der Fraktion mißtrauisch beobachtet. Während Schröder vor allem in solchen Fällen die Verteidigung übernimmt, in denen er sein Gefühl für Gerechtigkeit verletzt sieht, sind seine Mandanten in den Augen der meisten Genossen vom rechten SPD-Flügel allesamt mehr oder minder Terroristen. Da kämpft er für die Lehrerinnen Dagmar Lembeck und Dorothea Vogt, denen aufgrund des von der SPD-Regierung durchgesetzten Radikalenerlasses als DKP-Mitglieder der Verlust des Arbeitsplatzes droht. Oder er vertritt den Anti-Atomkraft-Aktivisten Jo Leinen, der nach einer gewalttätigen Demonstration gegen das Kernkraftwerk Brokdorf wegen Landfriedensbruchs angeklagt wird. Und dann legt er sich auch noch für den Landwirt Adi Lambke ins Zeug, der beim Protestieren in Gorleben einem Polizisten einen Eimer Gülle über den Kopf gekippt hat.

In einem Fall allerdings geht das Engagement des Abgeordneten Schröder auch Fraktionschef Wehner entschieden zu weit. In einem Interview hatte Schröder die Forderung vertreten, den noch immer in Berlin-Spandau einsitzenden ehemaligen Hitler-Stellvertreter Rudolf Heß aus der Haft zu entlassen. Daß sich ein Sozialdemokrat dieser vor allem aus rechtsradikalen Kreisen geäußerten Forderung anschließt, sorgt für Aufsehen. Schröder erinnert sich: »Wehner rief mich in sein Büro und machte mich fürchterlich zur Schnecke.« Doch er bleibt dabei: »Wir müssen die Frage stellen, wann lebenslange Haft gegen die Menschenwürde verstößt. Einen alten Mann nur um des Prinzips willen gefangenzuhalten, das geht nicht. Es gibt Dinge, da müssen wir uns entscheiden, ob wir ein Rechtsstaat sind oder nicht. Sonst laufen wir Gefahr, unsere eigenen Ideale zu verraten.« Aber

Wehner läßt sich nicht überzeugen. Und Schröder versteht, warum: »Wer so unter den Nazis gelitten hatte, der konnte wohl nicht anders.«

Trotzdem findet der mächtige Fraktionsvorsitzende langsam Gefallen an dem jungen Abgeordneten aus Hannover. Als Schröder in der Diskussion über die Abschaffung der Gewissensprüfung für Kriegsdienstverweigerer vorschlägt, Rechtsgelehrte von der Universität Hannover mit der Ausarbeitung eines Vorschlags zu betrauen, widerfährt ihm eine seltene Auszeichnung. Während einer Sitzung des Parteirats steht Wehner von seinem Platz am Vorstandstisch auf und geht zu Schröder. »Über die Sache mit den Kriegsdienstverweigerern möchte ich mehr wissen«, sagt er, dreht sich um und kehrt zu seinem Platz zurück. Die altgedienten Abgeordneten an den Nachbartischen sind verblüfft. Einer seufzt: »Ich sitze hier seit zwanzig Jahren. Zu mir ist Wehner noch nie gekommenen.

Schröder engagiert sich zunehmend in der »Parlamentarischen Linken«, dem Gegenstück zur Kanalarbeiter-Riege des rechten Parteiflügels – was ihn aber keineswegs daran hindert, etwa im Streit um Waffenlieferungen in den Nahen Osten die Positionen des konservativen Kanzler-Flügels zu vertreten. Die Regierung Saudi-Arabiens hatte in Bonn Interesse am Kauf von deutschen Leopard-Panzern geäußert und damit eine innenpolitische Kontroverse ausgelöst. Man könne den Saudis den Wunsch nicht abschlagen, befindet Schröder, nur weil es in der Region um Entspannung gehe. Liefere nicht Deutschland die Panzer, dann würden sich die Saudis an die USA wenden. Und deren »Interventionspolitik« sei gefährlicher als Waffen aus der Bundesrepublik.

Obwohl er noch nie in den USA war, spürt er eine innere Distanz zu den Vereinigten Staaten, ihrer Politik und vor allem ihrem neuen Präsidenten Ronald Reagan. Seine Skepsis gilt vor allem dem Satelliten-Abwehr-System SDI und der Neutronenbombe. »Ich sehe zur Zeit viel mehr Möglichkeiten für Verhandlungen mit der UdSSR als mit den USA«, sagt er anläßlich eines Besuchs des sowjetischen Staats- und Parteichefs Leonid Breschnew.

Im Herbst 1981 erhält Schröder Gelegenheit zu einem Besuch in den USA. Im Rahmen eines Austauschprogramms für »Young political leaders« besucht er vier Wochen lang Washington, San Francisco, Houston, Atlanta, Detroit, Santa Fé und New York. Aber er hat Pech: In den Reiseunterlagen versehentlich als »Mr. Schröder from the Bundestag in Hannover« geführt, halten ihn die amerikanischen Gastgeber für einen Provinzpolitiker aus Niedersachsen. Offizielle Termine mit hochrangigen Gesprächspartnern finden nicht statt. Also nutzt er die Zeit, um auf eigene Faust einen Eindruck vom »Land der unbegrenzten Möglichkeiten« zu gewinnen. »Das Maß an individueller und räumlicher Freiheit ist beeindruckend«, findet er anschließend, »aber die Armut ist schockierend.«

Die Distanz zu Amerika bleibt. Im Streit um den Nato-Doppelbeschluß wendet sich Schröder der sich immer stärker formierenden Friedensbewegung zu. Im Mai 1981 hatte Kanzler Schmidt auf einer SPD-Veranstaltung in Recklinghausen erneut mit seinem Rücktritt gedroht, wenn die Partei den Doppelbeschluß – Stationierung von Pershing-II-Mittelstreckenraketen und Cruise-Missile-Marschflugkörpern auf deutschem Boden im Falle des Scheiterns der Abrüstungsgespräche mit den Sowjets – nicht unterstütze. Trotz der Drohung verstummt die Kritik an Schmidts Nato-Kurs nicht.

Bei einem Treffen von Aktivisten der Friedensbewegung in der Willehadi-Kirche in Garbsen kündigt Schröder im November 1981 an: »Ich werde im Bundestag gegen alle Einzelposten des Haushaltsentwurfes stimmen, die in Zusammenhang mit der Nachrüstung stehen.« Wie das praktisch zu bewerkstelligen sein soll, weiß er selbst nicht. Und am Ende der Etatberatungen stimmt auch er im Bundestag dem Haushalt zu.

Im Zusammenhang mit der Nato-Politik führen die Beratungen über den Bundeshaushalt 1982 erneut zu Flügelkämpfen und Spannungen zwischen FDP und SPD. »Schließlich werden die Bezieher höherer Einkommen einzig und allein durch höhere Tabak-, Sekt- und Schnapssteuer getroffen«, kritisiert Schröder die Weigerung der FDP, angesichts leerer Kassen vor allem Spitzenverdiener höher zu belasten.

Die Lage ist prekär: Die Liberalen nähern sich immer stärker der CDU/CSU an, und in der SPD streiten sich die Anhänger der verschiedenen Flügel wie die Kesselflicker. Wie viele seiner Abgeordneten-Kollegen steht auch Schröder nur noch deshalb zur sozialliberalen Koalition, weil eine andere Lösung nicht in Sicht ist. »Es spricht einiges – immer noch – für den Erhalt dieser Koalition« schreibt er im Dezember 1981. »Der Bundeskanzler hat mein Vertrauen, weil die Alternative dazu der Gimpel Kohl ist. Und den kann keiner wollen.« Doch Schmidt sieht sich bereits so sehr in die Ecke gedrängt, daß er einen dramatischen Entschluß faßt – die Vertrauensfrage im Bundestag.

Es ist der 3. Februar 1982. Gemeinsam mit Heide Simonis, Norbert Gansel, Peter Conradi und einigen anderen Abgeordneten vom linken SPD-Flügel begibt sich Schröder mittags in den Saal des Bonner Pressehauses. Angekündigt ist eine Pressekonferenz mit Kanzler Schmidt und seinen Ministern Genscher, Lambsdorff und Ehrenberg zum Thema Bekämpfung der Arbeitslosigkeit. Vorgestellt werden soll ein Beschäftigungsprogramm, um das die Koalitionsparteien hinter verschlossenen Türen wochenlang miteinander gerungen haben. Mit ihrer Anwesenheit wollen Schröder und seine Genossen dagegen demonstrieren, daß sie als Abgeordnete nicht in die Verhandlungen eingebunden waren.

Zwanzig Minuten lang erläutert Schmidt das Beschäftigungsprogramm, dann fällt der entscheidende Satz: »Ich habe beim Präsidenten des Deutschen Bundestages Antrag nach Artikel 68 des Grundgesetzes gestellt.« Im Klartext: Der Kanzler stellt sich in der nächsten Bundestagssitzung einer Vertrauensabstimmung. Schmidt hat ein drastisches Mittel gewählt, um den Koalitionspartner, aber vor allem die Kritiker in der eigenen Partei zu disziplinieren.

Schröder ist entsetzt. »Ich fühle mich beschissen«, antwortet er auf die Frage eines Journalisten. Denn eines ist ihm klar: Bei einer Vertrauensabstimmung im Bundestag gibt es keine Wahl. Wer den Sturz der Bundesregierung nicht wirklich will, muß für den Kanzler stimmen. Das Wort »Erpressung« macht die Runde.

Die Koalition hält. Am 5. Februar 1982 stimmen alle 269 Abgeordneten von SPD und FDP für den Bundeskanzler. Doch es ist der letzte Vertrauensbeweis für Helmut Schmidt. Die Koalition stolpert jetzt von einer Krise in die nächste. Und auch in der SPD wird jede Entscheidung der Regierung erregt diskutiert. Seit Schröder Ende November 1981 zusammen mit der bayerischen Abgeordneten Renate Schmidt und dem Oberhausener Verwaltungsangestellten Erich Meinike zum Koordinator der Parteilinken gewählt worden ist, meldet auch er sich nun häufiger mit öffentlicher Kritik zu Wort.

Als Wohnungsbauminister Dieter Haack (SPD) die Einführung eines Mietspiegels für alle Großstädte ab 100 000 Einwohner fordert, kontert Wohnungsbau-Experte Schröder: »Der Haack hat gar nicht begriffen, wieviel sozialer Sprengstoff darin liegt.« Und den Vorschlag von Justizminister Jürgen Schmude (SPD), Zeitmietverträge unter bestimmten Bedingungen zu gestatten, lehnt er als »Ende des sozialen Mietrechts« ab.

Der Streit in der SPD schlägt sich in schlechten Wahlergebnissen nieder: minus 5,7 Prozent in Niedersachsen, bei den Hamburger Bürgerschaftswahlen gar minus 8,7 Prozent – das schlechteste Ergebnis der Nachkriegsgeschichte. In Sorge, die Talfahrt der SPD könne die FDP mit in den Abgrund reißen, kündigen die Liberalen in Hessen im Vorfeld der dortigen Landtagswahlen die letzte sozialliberale Koalition auf Länderebene auf.

Am 17. September 1982 treten in Bonn die FDP-Bundesminister Hans-Dietrich Genscher, Gerhart Rudolf Baum, Otto Graf Lambsdorff und Josef Ertl von ihren Ämtern zurück. Die SPD/FDP-Regierung ist am Ende. Mit den Stimmen von CDU/CSU und FDP wählt der Bundestag am 1. Oktober Helmut Kohl zum neuen Bundeskanzler. Das Ende sei gekommen, weil die SPD Reformen versprochen, dieses Versprechen dann aber nicht eingelöst habe, analysiert Schröder. In einem Beitrag für die *Zeit*, in dem er nach den Ursachen des Regierungswechsels fragt, geht er mit der eigenen Partei hart ins Gericht: »Anti-Terror-Gesetze, Berufsverbote, Übergriffe von Polizei und Justiz, aber auch anfängliche Schmähungen von Demonstranten durch maßgebliche SPD-Politiker erscheinen zu Recht als nicht vereinbar mit Brandts Programmansatz.« Und er fährt fort: »Die SPD ist um ihre Identität als moralisch integrer Verein gebracht worden. Die Verstrickung in den Parteienfinanzierungsskandal ist der spektakuläre Abschluß einer Kette von Skandalen und Skandälchen, die die alte SPD viel von ihrem guten Ruf gekostet haben.«

Schröder ist der festen Überzeugung, daß der politische Aufstieg der Grünen in direktem Zusammenhang mit dem Versagen der SPD steht. »Der Glaube«, folgert er, »daß wirtschaftliches Wachstum mit Fortschritt gleichzusetzen sei oder auch nur Fortschritt ermögliche, ist vor allem bei jenen zerbrochen, die als aufgeklärte Zwischenschichten Bündnispartner der Arbeiterbewegung waren und bleiben müssen. Angesichts einer dramatischen Bedrohung der Umwelt gilt ihnen eine Politik der SPD, die zwar Umweltschutzgesetze gemacht hat, aber auch kurzfristige Sicherung von Arbeitsplätzen zu Lasten der Umwelt betreiben mußte, als zu zögerlich. Sie wenden sich ab.« Als logische Konsequenz aus dieser Analyse fordert Schröder die SPD auf, auf die Grünen zuzugehen: »Zukünftige Politik für die Arbeitnehmer ist eine Politik, die die grünen und alternativen Ziele weitgehend aufnimmt.«

Doch die SPD ist noch nicht bereit für einen solchen Kurswechsel. Alfred Dregger, der neue Vorsitzende der CDU/CSU-Bundestagsfraktion, schlägt ein Kartell der großen Parteien zur Ausgrenzung der bunten »Unruhestifter« vor, die in immer mehr Landtage einziehen. Und prominente Sozialdemokraten wie die frühere Bundestagspräsidentin Annemarie Renger und Ex-Verteidigungsminister Georg Leber sind bereit, auf diesen Vorschlag einzugehen. Die klare Absage an die Grünen läßt die Aussichten der SPD auf eine Rückkehr an die Macht gegen Null sinken. Ohne Koalitionspartner ist die Bundestagswahl am 6. März 1983 von vornherein verloren.

Wie in Bonn weht der SPD auch im Wahlkreis Hannover-Land I der Wind ins Gesicht. Schröder gibt sich zwar alle Mühe, sein Ergebnis der Bundestagswahl von 1980 zu verteidigen, doch vergeblich. Statt Plakate mit seinem Konterfei kleben zu lassen, spendet er einen Teil seines Wahlkampfetats öffentlichkeitswirksam an zwei Eltern-Kind-Initiativen in der Umgebung von Hannover – es nützt alles nichts. Als am Wahlsonntag ausgezählt wird, hat er 5,4 Prozent seiner Erststimmen, die SPD in Hannover 5,9 Prozent ihrer Zweitstimmen verloren. Sieger im Wahlkreis ist CDU-Konkurrent Dietmar Kansy. Nur der gute Platz auf der niedersächsischen SPD-Landesliste sicherte Schröder das Bundestagsmandat für die neue Legislaturperiode.

Auch auf Bundesebene erleiden die Sozialdemokraten eine schwere Niederlage. Die CDU verfehlt mit 48,8 Prozent nur knapp die absolute Mehrheit, zusammen mit dem neuen Partner FDP kann sich die Regierung Kohl im Bundestag auf eine komfortable Mehrheit von 278 von 498 Sitzen stützen.

Die SPD ist in Bonn jetzt Oppositionspartei – für junge Abgeordnete eine wenig verheißungsvolle Zukunftsperspektive. Auch wenn Schröder im Rechtsausschuß des Bundestages mitarbeiten darf, erscheint ihm das Abgeordnetendasein auf den harten Bänken der Opposition kaum karrierefördernd. »Er hat nie Zweifel daran gelassen, daß er mehr werden wollte als einfacher Bundestagsabgeordneter«, erinnert sich sein Fraktionskollege Rudolf Dreßler. Um das zu erreichen, gibt es nur eine Möglichkeit: Raus in die Provinz, ab nach Hannover.

»Ich heiße Hilu – und ich bin die Doris«
Szenen einer Ehe

Wahlkampf mit Gerhard Schröder. Auf einem Plakat prangt die Ankündigung: »Radtour mit Ihrem Kandidaten.« Eine junge Frau ist neugierig. Zwei Stunden radelt sie mit ihm durchs Nieselwetter. Es ist kühl. Er leiht ihr seine Jacke und hellblaue Sokken. Die Jacke gibt sie zurück, die Socken behält sie. Drei Jahre später heiraten sie – Hiltrud und Gerhard Schröder.

Die Radtour an einem regnerischen Julitag im Sommer 1980 ist die erste Begegnung des späteren politischen Traumpaares aus Hannover. Doch schon ein Jahr zuvor hatte es den ersten Kontakt zwischen Gerhard Schröder und Hiltrud Hampel gegeben. 1979 hatte sie den Anwalt und Bundestagskandidaten angerufen und sich beschwert, weil er in einem Verfahren vor dem Arbeitsgericht den Deutschen Gewerkschaftsbund (DGB) und nicht den ihrer Meinung nach entrechteten Arbeitnehmer verteidigte – »und das als jemand, der doch Abgeordneter werden wollte für mich«.

Als dann ihr SPD-Ortsverein eine große Fahrradtour für den Wahlkreiskandidaten organisiert, will sie den Mann persönlich kennenlernen. Doch statt der erwarteten dreißig bis vierzig SPD-Anhänger ist sie neben dem Organisator und dem Kandidaten die einzige, die kommt. Das Trio wartet ein paar Minuten. Gerhard Schröder und Hiltrud Hampel gucken sich an und fahren los. Der Ortsvereinsvorsitzende will noch sein Rad holen. Doch die beiden treten in die Pedale und rufen. »Wir fahren schon mal.« Zwei Stunden radeln sie über die Felder. »Wir wußten nichts voneinander«, erinnert sich Hiltrud Schröder. »Wenn auch ich noch mehr über ihn als er über mich.« Sie mögen sich auf Anhieb.

Beide sind zu jener Zeit noch verheiratet. Schröder mit der Lehrerin Anne Taschenmacher, seiner zweiten Frau (damals zweiunddreißig Jahre alt), Hiltrud (damals einunddreißig) schon im elften Jahr mit einem Polizeibeamten. Mit zwanzig hatte sie geheiratet. »Wir waren zu jung«, sagt sie rückblickend. »Es war fast eine Kinderehe.« Für sie war es eine Flucht aus der Enge und Strenge des Elternhauses.

Wenn auch viel über Hiltrud Schröder als Gattin des niedersächsischen SPD-Politikers berichtet wurde, so ist ihre Kindheit und Jugend doch weitgehend unbekannt. Nach dem Krieg arbeitet ihr Vater zunächst als Dolmetscher bei den britischen Truppen. Dann findet er eine Stelle in einem Zementwerk in Höver bei Hannover. In Abendkursen und Lehrgängen bildet er sich weiter bis zum Betriebsingenieur. Trotz seines beruflichen Aufstiegs leidet er darunter, daß er nicht die Möglichkeit gehabt hat zu studieren. Zu Hause erzählt er oft vom Krieg. Hiltrud Schröder erinnert sich: »Obgleich ich keine Bombennächte erlebt habe, hatte ich große Ängste vor dem Krieg und den Bomben. Und diese Angst hatte ich aus Erzählungen der Erwachsenen mitbekommen. Nicht nur mein Vater, auch meine Großeltern haben davon erzählt.«

Ihre Mutter nennt Hiltrud Schröder einmal liebevoll eine Anarchistin. Erst nach deren Tod habe sie begriffen, daß sie unter den Konventionen der Ehe gelitten hatte, »unter den Domestizierungsversuchen und Anpassungen«, gesteht sie dem Frauenmagazin *Cosmopolitan.*

Im benachbarten Hannover besucht Hiltrud die Wilhelm-Raabe-Schule, ein Mädchengymnasium und eine der besten Schulen der Stadt, direkt neben der Staatskanzlei ihres späteren Mannes gelegen. Vorbilder hat sie zu jener Zeit angeblich keine: keinen Schauspieler, keinen Politiker, keinen Rockmusiker. »Ich hatte auch kein Star-Foto über dem Bett, nur meine Siegerurkunde für Laufen und Weitsprung. Mit Eichenlaub sogar.« Die Väter ihrer Mitschülerinnen sind Ärzte und Anwälte, Professoren und Kaufleute. Nur ein anderes Mädchen aus ihrer Klasse kommt wie sie aus einer Arbeiterfamilie. 1968 macht sie Abitur.

Im Gegensatz zu ihrem Vater hätte Hiltrud zu jener Zeit die Möglichkeit gehabt zu studieren. Sie nimmt sie nicht wahr. »Ich habe keinen Studienplatz gesucht, weil ich so froh war, diese Schule hinter mir gelassen zu haben«, sagt sie später. »Dieses Gefühl, mich von allem befreien zu müssen, war enorm!«

Schließlich nimmt sie einen Job beim Finanzamt Hannover-Mitte an und arbeitet dann eine Zeitlang bei der Telefonauskunft. Auf Drängen ihres Vaters macht Hiltrud Schröder dann eine Prüfung zur Aufnahme in die Beamtenlaufbahn. Später wird sie darüber berichten: »Am ersten Tag bestand ich alle Tests ohne Probleme. Am zweiten Tag sollten wir einen Aufsatz zur politischen Lage in Deutschland verfassen. Ich legte los und schrieb über soziale Ungerechtigkeiten, Altnazis, verkrustete Strukturen.« Am Abend war es amtlich: Durchgefallen.

Trotz des Freiheitsdrangs heiratet sie schon ein Jahr später. »Ich suchte jemanden, den ich gelassen und ruhig finden konnte, weil ich selbst ein total flatterhaftes Huhn war«, gesteht sie später. Kurz vor dem Hochzeitstermin ahnt sie den Irrtum: »Eine Woche vorher hab' ich panische Angst gekriegt und gedacht: Ich kann doch nicht einfach heiraten.«

Sie tut es trotzdem. Als sie sich nach einem Jahr wieder trennen will, bemerkt sie, daß sie schwanger ist. Sie entscheidet sich für das Kind. Eine Abtreibung wäre für sie nie in Frage gekommen. »Bedauern muß man da nichts«, sagt sie. »Und wenn ich meine Kinder ansehe, dann ist es gut gewesen, es zu machen.« Am 1. Oktober 1976, fünfeinhalb Jahre nach der ersten Tochter Wiebke, wird ihr zweites Kind Franca geboren. Auch wenn die Entfremdung zu ihrem Mann wächst, ist an einen Ausbruch aus der Ehe noch nicht zu denken. An der Abendschule beginnt sie, sich für Politik zu interessieren. Mit achtundzwanzig Jahren tritt sie in die SPD ein. Abends liest sie Marx und Engels, »um herauszufinden, worum es da eigentlich geht«. Von ihrem SPD-Ortsverein Burgdorf aus will sie »Ernst Albrecht stürzen«, gesteht sie der *Süddeutschen Zeitung*. Der damalige niedersächsische Ministerpräsident kommt ihr »so unwahrhaftig« vor.

Als sie dann Gerhard Schröder kennenlernt, wirkt der ganz anders als Albrecht auf sie. Gerade auf dem Sprung in den Bundestag, langweilt der SPD-Mann nicht mit öden Leerformeln, sondern argumentiert ohne Umwege. Das gefällt ihr. Aus Bewunderung wird Liebe. Mit ihrem VW-Käfer fährt sie heimlich nachts zu ihm nach Bonn und rast morgens vor dem Frühstück zurück, damit sie ihren Töchtern noch Brote für die Schule machen kann. Manchmal bringt sie ihm etwas mit für die karge Bude in Bonn. Poster, eine Lampe und viele Bücher. Manchmal war auch ein Gedicht dabei, das sie für ihn ausgeschnitten hatte. Eines hieß: »Den Haien entrann ich, den Tiger erlegte ich, aufgefressen wurde ich von den Wanzen.« In ihrer Lebensbeichte »Auf eigenen Füßen« schreibt Hilu: »Ich habe immer befürchtet, daß es Gerd mal so ergehen würde, und ihn später oft daran erinnert.«

Doch in jener Zeit regiert noch die Liebe. »Es war eine Amour fou, wie sie im Buche steht«, schreibt der *Stern*. Und immer droht die Schlagzeile: »Ex-Juso klaut Polizisten die Frau.« Monatelang geht das heimliche Hin und Her so weiter. Beide versuchen noch einmal, ihre Beziehungen zu retten. Doch es ist zu spät.

Im Frühjahr 1981 trennt sich Schröder von seiner Frau Anne, und auch Hiltrud verläßt ihren Mann und zieht mit den beiden Töchtern aus. Ihre neue Verbindung hält sie zunächst geheim. »Ich wollte kein Festzurren, kein Hakenauswerfen durch Öffentlichmachen«, sagt sie später. Als sie schließlich am 1. November 1981 mit Schröder zusammenzieht, sind ihre Töchter zehn und fünf Jahre alt. Für Franca wird Schröder bald der Ersatzpapa. Sein Verhältnis zur älteren Tochter Wiebke hingegen bleibt kühl. Sie, die einen Großteil der elterlichen Auseinandersetzungen bewußt miterlebt hat, macht Schröder zu jener Zeit dafür verantwortlich, die Ehe ihrer Eltern zerstört zu haben. Noch lange nach deren Wiederheirat hält die Distanz zu dem neuen Mann ihrer Mutter an. Sogar auf Fotos rückt sie so weit wie möglich von ihm ab.

Am 15. Juni 1984 heiraten Hiltrud und Gerhard Schröder auf dem Standesamt von Lehrte bei Hannover. Vor Aufregung vergißt der Bräutigam Ringe und Sekt. Mit zwanzig Minuten Verspätung beginnt schließlich die Trauung. Für Hiltrud ist es die zweite, für Schröder die dritte Ehe. Zur Hochzeit schenken ihm befreundete Journalisten eine Mao-Mütze mit rotem Stern, die sie von einer China-Reise mit Willy Brandt mitgebracht haben.

Das Paar findet ein Haus in Immensen, einem Dorf rund fünfzehn Kilometer östlich von Hannover. Hier, umgeben von Feldmark und Bauernhöfen, wollen sie leben. Hiltrud Schröder: »Nicht in einem Wolkenkuckucksheim, sondern deftig und heftig auf dem Land.« Ihr Ziel ist es, ihren Kindern trotz des Politikerlebens ihres Mannes und des wachsenden öffentlichen Interesses den gewohnten Freiraum zu erhalten. Vor den Landtagswahlen 1986 versichert sie ihren Töchtern: »Ganz egal, was passiert, wir bleiben hier.«

Schon früh zeigt sich Hiltrud Schröder nach der Heirat widerborstig, radikal und kritisch. Hatte ihr Mann keine Angst, daß ihm seine impulsive Frau die Karriere vermasseln könne? »Angst nicht«, antwortet er schon 1985, »aber ich bin sicher, daß sie Dinge tun wird, die nach konventionellen Maßstäben vielleicht schocken.« Und: »Über Methoden und Strategien, wie politische Fragen zu lösen sind, haben wir manchmal verdammt kontroverse Meinungen. Das muß man aushalten. Totale Übereinstimmung ist todlangweilig.«

Zu jener Zeit ist Schröder Abgeordneter in Bonn und pendelt häufig in die Bundeshauptstadt. In der Zeitschrift *Cosmopolitan* macht sich Hiltrud Schröder öffentlich Gedanken über Treue: »Ich würde es nicht aushalten, was in einigen Politikerehen offenbar Norm ist: zu Hause die Frau als psychischer Sandsack und zuständig für das Ressort Familie und Harmonie, und dann irgendwo in Bonn eine zweite im Ressort Zärtlichkeit . . .«

Von Beginn an ringen beide um die Macht in der Ehe. Ja, Rivalität gebe es, bestätigt Schröder ein Jahr nach der Hochzeit. »Weil Hilu nicht begreifen will, daß ich der Größte bin. Ich hab' sie im Verdacht, daß sie zutiefst davon überzeugt ist, sie könne alles viel besser machen als ich«, sagt er und meint es nicht nur komisch. Denn Hiltrud Schröder möchte mehr sein als nur die Ehefrau an seiner Seite. Ihre feste Überzeugung lautet: »In einer Beziehung müssen sich beide immer behaupten. Eine Beziehung, wenn man das so nennen will, kann nur funktionieren, wenn beide gleich stark sind und ihre Interessen gleich stark vertreten.«

Gemeinsam geht es aufwärts. Beide wollen nach oben. Schröder treibt der Ehrgeiz, etwas im Land zu verändern, seine Frau der Drang, etwas zum Besseren der Welt zu tun. Sie sorgt sich über »den Berg von Problemen, den wir heute den Kindern und Jugendlichen hinterlassen haben«. Das Ozonloch bedrängt sie, die Zunahme des Individualverkehrs treibt sie um.

Hiltrud Schröder gelingt es, ihren Mann zu verändern: Statt in Jeans und Pulli kleidet er sich nun in italienische Anzüge; er liest mehr und trinkt weniger. Er wird schlanker, arbeitet sich das Bonner Abgeordneten-Übergewicht auf dem Tennisplatz ab. In den Urlaub nimmt sie Bücher mit, die ihr gefallen, und hofft, daß auch er, der Klappentextverwerter, sie liest. Nicht immer hat sie Erfolg: Ihr Lieblingswerk, »World's End«, eine Familiensaga von T. C. Boyle, legt er nach dreißig Seiten aus den Händen: »Das geht mir kreuz und quer und durcheinander.« Statt dessen greift er zum Abenteuerroman »Shogun« von James Clavell.

Je bürgerlicher der alte Juso-Kämpfer wird, desto mehr wird seine Frau zu seinem ökologischen Gewissen. Anfangs ist ihr Mann begeistert von ihrem Elan, ihrer Radikalität. »Warum bin ich nicht so wie sie, so kompromißlos, so konsequent?« denkt er, wenn sie wieder einmal aufgeregt in Kabinettssitzungen stürmt und von Pferdetransporten berichtet, die sofort zu stoppen seien: »Gerd, da mußt du was machen!«

Das Eintreten für Umwelt- und Tierschutz ist für Hiltrud Schröder nicht bloß Attitüde, sondern Lebensziel. Fast fanatisch verfolgt sie Programme zum Schutz der Reiher, Raben und Fledermäuse. Endzeit-Angst treibt sie um. »Ängstigt Sie das nicht, wenn Sie lesen, wie groß das Ozonloch ist?« fragt sie den Reporter Wolfgang Korruhn, »ängstigt Sie das nicht, wie das Weltklima sich verändert hat? Ich hab' einfach Angst . . . Angst um meine Töchter. Die müssen sich doch überlegen, ob es überhaupt noch Sinn macht, Kinder zu kriegen . . .«

Ihr Engagement bringt Hiltrud Schröder viel Anerkennung bei den Niedersachsen und macht sie über die Landesgrenzen hinaus bekannt. Talk-Show-Einladungen und farbige Doppelseiten in Illustrierten folgen. Unermüdlich arbeitet sie sich nach vorn, wird Präsidentin der Bibliotheksgesellschaft Niedersachsen, des Vereins der Herrenhäuser Gärten und Vorsitzende der

Landesstiftung Kinder von Tschernobyl. Und sie lernt dazu. Öffentliche Auftritte, anfangs für sie ein Graus, absolviert sie mit Bravour; anstrengende Reisen nach Tschernobyl oder auch in die Hannover-Partnerstadt Poznań (Posen) bewältigt sie mit Können und diplomatischem Geschick. Schröder gefällt es, wie seine Frau mit ihrem ökologischen Gewissen die Wähler zurückgewinnt, die er durch seine Realpolitik, seine Nähe zur Auto- und Energiewirtschaft, verprellt. Sie bringt ihm Sympathie und Stimmen.

»Ich habe es immer gerne gehabt, daß Hiltrud ihre eigene Rolle spielt und nicht mit dem Henkelkörbchen hinter mir herläuft«, bekennt er noch nach der Trennung. »Und ich habe nie versucht, die Rolle meiner Frau kleiner zu halten, als sie hätte sein können. Ganz im Gegenteil: Ich habe ihre Eigenständigkeit von Anfang an unterstützt, ja, sogar gewünscht. Und dann ist sie in die Rolle hineingewachsen. Je mehr, desto größer die Kinder wurden. Ich war stolz darauf. Ich hatte auch keine Schwierigkeiten mit ihrer öffentlichen Anerkennung. Das wäre auch kein Zeichen von Selbstbewußtsein gewesen.«

Irgendwann glaubt Hiltrud Schröder, gestärkt durch die zahlreichen Berichte über sie in Zeitungen und Zeitschriften, auch selbst Anteil am Machtapparat ihres Mannes zu haben. Immer öfter platzt sie in wichtige Sitzungen hinein. Den stellvertretenden Chefredakteur der *Bild*-Zeitung, Paul C. Martin, der zum Interview in Schröders Staatskanzlei erscheint, wirft sie nach einer Stunde aus dem Raum: »Hopp, hopp, hopp, meine Herren. Jetzt bin ich hier.« Verwundert erhebt sich Martin und sucht mit Schröder einen anderen Raum, um dort das Gespräch fortzusetzen, während Hiltrud Schröder am mächtigen Schreibtisch ihres Mannes Platz nimmt, um von dort aus die Arbeit ihrer Tschernobyl-Stiftung zu leiten. Später bekommt sie ein eigenes Büro in den Räumen der Staatskanzlei. Ihre Schroffheit, die so ganz im Gegensatz zu ihrer nach außen getragenen Sanftmut steht, verletzt auch manch einen von Schröders Mitarbeitern. Eine langjährige Sekretärin Schröders gesteht ihm nach der Trennung: »Manchmal hatte ich Tränen in den Augen . . .«

Die Nähe zum Regierungsapparat ihres Mannes treibt Hiltrud Schröder zu weiteren Zielen an. »Ministerin, das könnte ich«, erklärt sie schon 1993 öffentlich. Zwei Jahre später traut sie sich sogar das Kanzleramt zu, »auch wenn das jetzt verrückt klingen mag«, wie sie der *Süddeutschen Zeitung* gesteht. Äußerungen dieser Art und ihr forscher Zugriff auf den Regierungsapparat sorgen innerhalb der niedersächsischen SPD und auch bei Schröder selbst für Unmut. Doch trotz wachsender Entfremdung spielen Hiltrud und Gerhard Schröder in der Öffentlichkeit weiter die Rolle des starken Doppels.

Im Kampf um den SPD-Parteivorsitz wird Hiltrud Schröder die größte Antreiberin ihres Mannes und – als es dann nicht klappt – seine größte Stütze. Nach Aufkündigung der Troika Scharping, Schröder, Lafontaine 1994 und nach der Entlassung Schröders als wirtschaftspolitischer Sprecher der SPD ein Jahr darauf nimmt Hiltrud Schröder ihren Mann öffentlich gegen seine zahlreichen Kritiker in Schutz. »Es ist doch so, daß, wenn es gegen Schröder geht, die vor die Mikrofone geholt werden, die sonst nicht viel zu sagen haben«, wettert sie im *Stern*. »Keine andere Frau mischt sich so selbstverständlich in die Politik ihres Mannes ein wie Hiltrud Schröder«, urteilt die *Süddeutsche Zeitung*, »die Frau an Gerhard Schröders Seite ist selbst zu einem Politikum geworden.«

Gemeinsam tingelt das Paar durch die Talk-Shows, zu Gottschalk (»Wetten, daß . . .«) und zu Küppersbusch (»ZAK«). In Hessen III kommt es in der Show »3 Zimmer Küche Holger« zu dem wohl bizarrsten Auftritt: In der Kulisse eines Badezimmers soll das Paar Szenen einer Ehe improvisieren. Thema: Einladung nach Oggersheim, in das Haus von Kanzler Kohl. Besondere Erschwernis: Herr Schröder soll Frau Schröder spielen und umgekehrt. Auszug:

Sie als er: »Du mußt dir einfach mal überlegen, wer schon alles in Oggersheim gewesen ist: Jelzin war da, Bill Clinton, Mitterrand.« Er als sie: »Du immer mit deinem verdammten Ehrgeiz. Du bist nicht so bedeutend wie Bill Clinton oder Mitterrand und wirst es im übrigen auch nie, wenn du so weitermachst, vor allem so nicht.«

Abseits von Klamauk-Auftritten dieser Art sagt Hiltrud Schröder öffentlich nie ein kritisches Wort über ihren Mann. Er ist der Beste. Basta. Und sie weiß: Sein Weg zur Macht ist auch ihr Weg zur Macht.

Zu Hause muß sich Schröder jetzt häufiger rechtfertigen für seine engen Beziehungen zur Industrie. Wer ihn kennt, merkt, wie er sich verändert. Er wird verschlossener, und in seinen herabhängenden Mundwinkeln zeigt sich Verbitterung. Doch selbst enge Freunde ahnen nichts von der Ehekrise und glauben, es seien die Auseinandersetzungen innerhalb der SPD, die ihn umtreiben. Und schwärmt er nicht öffentlich über seine Frau: »Hilu ist nicht nur schön, sondern klug«? Sollte das alles nur Fassade sein? Im nachhinein urteilt Schröder über jene Zeit: »Wenn ich etwas Gutes über Hilu gesagt habe, dann habe ich das in dem Moment auch so gemeint, unabhängig davon, daß dann ein paar Tage später schon wieder ein Streit da war.«

Und Streit gibt es häufig. Frühere Freunde kommen schon lange nicht mehr. Viele sind Opfer von Hiltrud Schröders rigoros moralischem Anspruch geworden (»mit den L.s sind wir fertig«). Der fortwährende Behauptungswille auf beiden Seiten macht das Miteinander zum Kleinkrieg. Wenn der Nachbar grillt, macht sich Schröder aus dem Staub, um wenigstens dort schnell eine Wurst zu erhaschen. Die seltenen gemeinsamen Wochenenden verbringt das Paar meist auf Reitturnieren der jüngeren Tochter. Doch die Welt der Schwarz- und Rotröcke ist nicht die seine. Er fühlt sich in die Ecke gedrängt. »Am Ende war da viel Schweigen«, sagt er über jene Zeit.

Schließlich zieht er freiwillig in die Abstellkammer, wo früher die Meerschweinchen der Kinder ihr Quartier hatten und wo heute das Gästezimmer ist. Ein paar Wochen geht das so. Dann, in einer Februarnacht, bricht es aus ihm heraus: »Ich möchte, daß mein Leben nach vorn hin ereignisoffen bleibt«, offenbart er der WDR-Radiomoderatorin Randy Krott, »das gilt im Privaten wie im Beruflichen.« Der Bonner *Spiegel*-Korrespondent Klaus Wirtgen, der das Interview am Radio mithört, ist überrascht. So kannte er Schröder bisher nicht. Am folgenden Tag fragt er in der Hannoverschen Staatskanzlei nach: »Ist da was mit Schröders Ehe?« Die Büroleiterin des Ministerpräsidenten versichert ihm: »Nein.«

Obwohl Schröder stets betont, private Entscheidungen nicht von der öffentlichen Meinung abhängig zu machen (»wer das anfängt, kann gleich einpacken«), zweifelt er lange, wann und ob er den ersten Schritt tun soll, sich von seiner Frau zu trennen. »Ohne Hilu«, hat er einmal gesagt, »würde ich verkommen.« Seinen Traum vom Kanzleramt, so glaubt er lange Zeit, würde er unmöglich ohne sie verwirklichen können. Ohne sie, das ist seine große Angst, wäre er nur noch die Hälfte wert. (Tatsächlich halbieren sich seine Beliebtheitswerte beim ZDF-Politbarometer nach der Trennung, klettern jedoch vier Wochen später wieder nach oben.)

Als der VW-Vorstandsvorsitzende Ferdinand Piëch Schröder Anfang Januar 1996 fragt, ob er eine Einladung seiner Mutter zum Wiener Opernball annehme (die Piëchs, Österreicher, mieten dort eine Familienloge), sagt Schröder zu, obwohl er zu diesem Zeitpunkt schon weiß, daß sich »privat etwas verändern« wird. Im neugekauften Frack tanzt er auf dem Wiener Parkett einen Walzer mit seiner Frau. Es ist der letzte.

Schon Wochen zuvor, am 4. Januar 1996, einem Donnerstag, hatte Schröder abends in der Lobby des Hotels »Frankfurter Hof« die blonde *Focus*-Reporterin Doris Köpf in der Stadt am Main getroffen. Er war von der Talkshow »live« aus der Alten Oper gekommen, wo er mit Wirtschaftsminister Rexrodt über das Thema Standort Deutschland diskutiert hatte. Sie hat am nächsten Morgen Termine mit der hessischen SPD. Die beiden kennen sich flüchtig von Terminen in Bonn und auf Parteitagen. An diesem Abend setzen sie sich in der Hotelbar zusammen und reden bis spät in die Nacht. Die junge Journalistin bemerkt, daß Schröder mit seiner privaten Situation unzufrieden ist. »Und wenn ich unglücklich bin«, hat er einmal gesagt, »kann ich keine gute Politik machen.«

In den folgenden Wochen sucht das neue Liebespaar nach Gelegenheiten, sich zu sehen. Überrascht registrieren die Sekretärinnen bei *Focus* eine plötzliche Zunahme an Einladungen für niedersächsische Pressetermine: ein Vortrag in Oldenburg, eine Betriebsbesichtigung in Peine. Doch dies rechtfertigt für Doris Köpf noch keine Dienstreise nach Hannover. Schließlich trifft bei *Focus* die Einladung zu einer Pressereise des niedersächsischen Ministerpräsidenten nach Norwegen ein. Auf einer Bohrinsel wolle er sich über Erdgasförderung informieren. Doris Köpf überlegt einen Moment: Eigentlich handelt es sich hierbei um ein Wirtschaftsthema. Sie beschließt, ihren Chefredakteur Helmut Markwort um Rat zu fragen. Markwort gibt sein O.K.

Anfang März reist die *Focus*-Reporterin in einem Pulk von Korrespondenten aus Hannover und dem übrigen Niedersachsen mit nach Norwegen. Das neue Paar gibt sich keine Mühe, die Affäre geheimzuhalten. Im Helikopter auf dem Flug zur Bohrinsel sitzen Schröder und die junge Reporterin nebeneinander und flüstern sich Vertraulichkeiten ins Ohr. »Frau Köpf sitzt neben mir, darauf bestehe ich«, hatte Schröder den mitreisenden Journalisten vor dem Abflug erklärt. Einige Reporter planen schon für die Zukunft und machen Fotos von dem heftig turtelnden Paar. Dann muß Doris Köpf zurück nach München und Schröder wieder nach Hannover. Er hat sich vorgenommen: »Wenn ich zurückkomme, mache ich mit Hilu reinen Tisch.«

In der Nacht nach seiner Rückkehr gesteht Schröder seiner Frau die Affäre und nennt ihr zum ersten Mal den Namen seiner neuen Geliebten. Dann packt er seine Koffer. In ihrem weißen Nissan-Geländewagen fährt ihn Hiltrud Schröder zur Staatskanzlei. Vor dem Eingang läßt sie ihn raus. Im Wintermantel sitzt Schröder in seinem sechzig Quadratmeter großen Büro und friert: Sein Regierungssitz bleibt am Wochenende aus Kostengründen ungeheizt.

Bis zuletzt hat Hiltrud Schröder nichts von der Affäre gewußt. Geahnt hatte sie es schon. Vor allem eine Äußerung ihres Mannes in der ZDF-Sendung »Was nun . . .?« beunruhigte sie. Auf die Frage von ZDF-Chefredakteur Klaus Bresser »Ihre Frau Hiltrud ist . . .« hatte Schröder geantwortet: ». . . ach, das ist auch so eine Legende«. Dann erst hatte er sich aufgerafft, ». . . eine wunderbare Frau« hinzuzufügen. Hiltrud Schröder erlebte den Auftritt am TV-Schirm: »Ich habe das gesehen, und ich habe mich gewundert. Wenn man mit jemandem lange zusammen ist, dann kennt man auch seine Gesten, seine Mimik. Und ich habe nicht verstanden, was ich da gesehen habe.«

Schröder ist zu jener Zeit schon entschlossen, seine privaten Verhältnisse zu verändern. »Ich wollte keine neuen Legenden in die Welt setzen«, sagt er. Von seinem Exil in der Staatskanzlei rettet er sich zu seinem Freund Reinhard Scheibe, dem Chef der Niedersächsischen Lottostiftung.

Einen Tag später, am Montag, dem 4. März 1996, genau zwei Monate nach dem ersten Rendezvous mit Doris Köpf, verbreitet die Nachrichtenagentur dpa um 9.34 Uhr eine dreizeilige Erklärung der niedersächsischen Staatskanzlei: »Der niedersächsische Ministerpräsident Gerhard Schröder und seine Frau Hiltrud Schröder haben sich getrennt. Sie unterhalten zwei Wohnungen. Zu den Beweggründen wird es keine Interviews und Erklärungen geben.«

Am gleichen Tag zieht Schröder ins Gästehaus der Landesregierung, weil er dem Freund nicht länger zur Last fallen will. Doch dort ist es ihm zu barock, und er findet Aufnahme bei seinem Freund, dem hannoverschen Rechtsanwalt Götz von Fromberg. Hier kann er eine Zwei-Zimmer-Einliegerwohnung von Frombergs Sohn benutzen, der auswärtig studiert.

Die völlig überraschende Trennung löst ein bisher nie dagewesenes öffentliches Echo aus. Trotz der Abmachung, keine Interviews zu geben, offenbart sich die verlassene Ehefrau in *Bild*, *Bunte* und *Gala*, und ihr Mann läßt dem *Stern* Details seiner Ehe stecken. Auch das Ausland nimmt Notiz: *New York Times* und *Le Monde*, sogar Zeitungen in Japan und Taiwan berichten über die Affäre »Dallas, Denver, Hannover« (*Spiegel*).

SAT1-Talkmaster Harald Schmidt spottet in seiner »Late-Night-Show«: »73 Prozent sagen, Hilu ist schuld, weil: Nur Körner, ab und zu ein bißchen Ratatouille, und wenn er kuscheln wollte, heißt es, erst arbeiten wir uns mal in die Bohrinsel ein!« Und: »Wenn man sich das Leben anschaut von Willy Brandt und Lafontaine, dann muß man sagen, Schröder ist eigentlich nur noch wenige Seitensprünge vom Parteivorsitz entfernt.«

Plötzlich ist die Journalistin Doris Köpf, bisher gewohnt,

über andere zu berichten, selbst Gegenstand des Medieninteresses. TV-Teams und Fotografen belagern ihre Wohnung, Reporter bombardieren sie mit Anrufen und Faxen: »Lieben Sie Herrn Schröder?« – »Stimmt es, daß Sie beim Abschied von Schröder geweint haben?« – »Sind Sie schwanger?«

Anfangs versucht Doris Köpf im Gespräch mit anfragenden Journalisten, ihre Seite der Geschichte darzustellen. Als sie merkt, daß sie trotz ihres Kooperationswillens das Geschehen nicht steuern kann und zahlreiche verleumderische Geschichten über angebliche Affären während ihrer Bonner Korrespondenten-Zeit veröffentlicht werden, nimmt sie sich einen Anwalt. Für viele ist sie das Blondchen, das eine intakte Familie zerstört hat. Jemand schreibt Hiltrud Schröder, er wolle ihr die neue Frau an der Seite ihres Mannes »vom Halse schaffen«. Sie erzählt es offen in der Zeitschrift *Gala* und fügt lachend hinzu: »Sollte ich das etwa dem Landeskriminalamt melden?«

Als Doris Köpf die Zeilen liest, ist sie entsetzt. Unbekannte bedrohen sie mit nächtlichen Anrufen. Zeitweise muß sie unter Polizeischutz leben. Doch obwohl ihr Gesicht in nahezu jeder Zeitung und Zeitschrift zu sehen ist, wissen die wenigsten etwas über die neue Frau an Schröders Seite.

Geboren wurde sie in Neuburg an der Donau. Mit sechzehn bekommt die Klosterschülerin Spaß am Schreiben und berichtet für ihr Heimatblatt über Jugendgruppen und Kleintierzüchter. Nach dem Abitur bewirbt sie sich um ein Volontariat und geht später als Korrespondentin der *Bild*-Zeitung nach Bonn. Dort arbeitet sie sich durch den Bonner Betrieb: Brezel-Frühstück in der Bayern-Vertretung, Hummel-Fest bei den Hamburgern, Nachtsitzung im Parlament. Abends geht sie häufig in die Kneipe »Provinz«, gegenüber dem Kanzleramt. Hier treffen sich zu jener Zeit linke SPD-Abgeordnete, Journalisten und Parlamentarier der Grünen. In der »Provinz« sieht sie erstmals Gerhard Schröder, zu jener Zeit Oppositionsführer in Hannover. Er fällt ihr nicht weiter auf. Sie hat einen festen Freund – Sven Kuntze, ARD-Korrespondent.

Doch Kuntze wird nach New York versetzt. Ein Jahr lang geht das gut. Dann setzt sich Doris Köpf ins Flugzeug und zieht zu ihm. Im Januar 1991 bringt sie in New York die gemeinsame Tochter Klara zur Welt. Doch es kriselt in der Beziehung. Durchwachte Nächte, Unsicherheit des Berufes: Doris Köpf verläßt New York. »Alleine in New York mit einem Kind, das hätte ich mir dann doch nicht zugetraut«, sagt sie.

Im Frühjahr 1992 geht sie zu *Focus* nach München. Sie sucht sich eine Wohnung, organisiert eine Tagesmutter. Ein Jazz-Musiker wird ihr neuer Freund. Doch das Glück ist kurz. Über ihre Beziehung zu Gerhard Schröder sagt sie: »Es war Liebe auf den zwanzigsten oder fünfzigsten Blick.«

Trotz des großen Medieninteresses schaffen es Doris Köpf und Gerhard Schröder, sich am ersten Wochenende nach Bekanntwerden ihrer Beziehung unerkannt zu treffen. Mit seinem schwarzen Audi-Turbo fährt Schröder am darauffolgenden Samstag die sechshundert Kilometer nach Bayern. Von seinen engsten Mitarbeitern leiht er sich Geld fürs Tanken. Bei Neuburg an der Donau, dem Heimatort von Doris Köpf, trifft er seine neue Gefährtin. Beim gemeinsamen Abendessen erkennt ihn ein örtlicher SPD-Politiker. Als er Schröder voller Stolz dem Bürgermeister vorstellen will, kann der ihn nur mühsam davon abbringen.

Auf der Rückfahrt nach Hannover macht Schröder halt zum Tanken. An der Kasse schlägt ihm die *Bild-am-Sonntag*-Schlagzeile entgegen: »Schröder: Ich stehe zu ihr.« Daneben ein Foto von ihm und Doris Köpf. Einen Tag später läßt Hiltrud Schröder via *Bild* ausrichten: »Da ist nichts, was mich noch tangiert.« Und doch hofft sie wohl noch auf eine Rückkehr. Für Schröder indes ist nach den langen Auseinandersetzungen die Entscheidung gefallen: Es gibt kein Zurück.

Anfangs pendelt das neue Paar zwischen Hannover und München. Ostern fahren sie gemeinsam in den Urlaub in die Provence. Dort, im südlichen Frankreich, übernachten sie in kleinen Hotels. Beim gemeinsamen Einkauf in den örtlichen Supermärkten wundert sich Schröder über die hohen Preise: »Wie machen die Franzosen das nur?«

Zurück in Deutschland verbringt Gerhard Schröder sooft es geht die Wochenenden bei seiner neuen Lebensgefährtin.

Meist fährt er freitags mittags nach Bundesratssitzungen in Bonn mit dem Intercity nach München. Dort paßt er auch schon mal auf Doris Köpfs sechsjährige Tochter Klara auf, wenn seine neue Freundin bis zum späten Abend in der *Focus*-Redaktion bleiben muß, um die neue Ausgabe abzuschließen. Montags morgens geht es dann für Gerhard Schröder wieder zurück, meist per Flugzeug nach Bonn zu Sitzungen des SPD-Präsidiums.

Bald schon stellt Doris Köpf ihren neuen Freund der Mutter und anderen Verwandten vor. Sooft sie kann, besucht sie ihn in Hannover. Manch eine Kollegin bei *Focus* ist überrascht, daß Doris Köpf die rund 800 Kilometer lange Strecke mit dem ICE fährt – und dann auch noch zweiter Klasse. »Schickt er dir etwa kein Flugticket?« sticheln sie – auch in völliger Unkenntnis der finanziellen Möglichkeiten des Ministerpräsidenten.

Die zweiwöchigen Sommerferien verbringt das Paar auf Wunsch Doris Köpfs ganz im Nord-Staat Niedersachsen. »Ich wollte gerne das Land kennenlernen«, sagt sie. Denn vor dem Umzug möchte sie sich so viel Wissen wie möglich über das neue Land aneignen. Von ihrem Feriendomizil – einem Bauernhof bei Stade – macht das Paar Ausflüge in die Umgebung. Doris Köpfs Tochter Klara ist mit dabei. Schröder bringt ihr Radfahren bei. Bei einem der Ausflüge tritt das Kind zu wagemutig in die Pedale, stürzt und schlägt sich dabei einen Schneidezahn aus.

Auch an offiziellen Veranstaltungen nehmen Schröder und Doris Köpf jetzt gemeinsam teil. Im November besuchen sie den Bonner Presseball, obwohl sich eine ihrer Organisatorinnen zuvor telefonisch bei Schröder über dessen Teilnahme beschwert hatte. Wer in solch »verlotterten Verhältnissen« lebe, solle doch zu Hause bleiben. Als das prominente Paar dennoch an dem Ballbesuch festhält, wird es von den Organisatoren allein mit Rudolf Dreßler und dessen Freundin, der RTL-Reporterin Doris Müller, an einen Tisch gesetzt. Wer wie Schauspieler und Matula-Darsteller Claus Theo Gärtner beim Festkomitee den Wunsch äußert, ebenso am Schröder-Tisch plaziert zu werden, bekommt eine abschlägige Antwort. Als sich am Ballabend die Fotografen um seinen Tisch drängen, raunt

Schröder ihnen selbstironisch zu: »Hier sitzen die verlotterten Verhältnisse.«

Wie Schröder hatte sich auch Dreßler von seiner Frau getrennt – für eine 20 Jahre jüngere Journalistin. Die schroffe Behandlung durch das Organisationskomitee bleibt nicht ohne Folgen: Im folgenden Winter verzichten Doris Köpf und Gerhard Schröder auf den Bonner Presseball – und feiern statt dessen bei niedersächsischen Medienfesten und beim Berliner Presseball.

Schröder und auch Doris Köpf kennen die Gesetze des öffentlichen Lebens. Soll ihre Beziehung eine Chance haben, von der Öffentlichkeit akzeptiert zu werden, muß das Paar behutsam in der Öffentlichkeit Präsenz zeigen. Auch wenn sein Scheidungsverfahren noch andauert und Gerhard Schröder mit Recht annehmen kann, daß Fotos, die ihn an der Seite von Doris Köpf zeigen, von seiner Noch-Ehefrau Hiltrud mißbilligend wahrgenommen werden. Sosehr Schröder die meisten Medien und deren Vertreter für sich einzunehmen weiß, sosehr kann man ihm zugestehen, daß er seinen privaten Scheidungskrieg und die neue Liebe aus den Schlagzeilen heraushalten möchte. Schröder weiß, daß dies nicht möglich ist. Also versucht er, die Berichterstattung zu seinen Gunsten zu beeinflussen.

Denn trotz des Widerstands in der Öffentlichkeit und den schwer einzuschätzenden Folgen des Rosenkriegs mit Hiltrud ist für Gerhard Schröder und seine jugendliche Gefährtin zu jener Zeit klar: Wir wollen ganz zusammen sein. Da Doris Köpf auch in Niedersachsen ihrem Beruf nachgehen will und die Arbeitsmöglichkeiten dort für Journalisten begrenzter als in München sind, erwägt sie, sich in Hamburg um eine neue Stelle zu bewerben. Ein neugegründetes Familienmagazin eines großen Hamburger Verlags sucht Redakteurinnen. Das weiß sie. Doch die Fahrerei von Hannover nach Hamburg und zurück würde täglich drei Stunden kosten; und dies wäre viel zuviel. Aus diesem Grund erwägt das Paar einen Umzug nach Lüneburg. Denn von der auf halbem Weg zwischen Hannover und Hamburg gelegenen Heidestadt aus könnte Doris Köpf gut die Redaktion erreichen, und Schröder wäre innerhalb von 45 Minuten in seiner

Staatskanzlei. Sollte er zu Nachtsitzungen in Hannover bleiben müssen, dann, so plant das Paar, könne er ja im Gästehaus der Landesregierung schlafen. Dort hat er Anspruch auf ein Zimmer.

Schließlich kommt dann doch alles anders. Mit Hilfe ihres Chefs Helmut Markwort findet Doris Köpf eine Stelle beim Niedersächsischen Privatsender »Hit Radio Antenne«. Schon Jahre zuvor, während ihres zweijährigen Aufenthaltes in New York, hatte sie für deutsche Radiosender aus der Millionenmetropole berichtet. Weil sich die Technik in den Rundfunkstudios seitdem stark verändert hat, absolviert Doris Köpf vor ihrem eigentlichen Arbeitsantritt ein vierwöchiges Praktikum bei »Antenne Bayern«, dem Münchner Zwillingssender ihres neuen Arbeitgebers. Dort macht sie sich vertraut mit der neuen Digitaltechnik und übt – obwohl sie die von ihr verfaßten Texte meist nicht selbst liest – die korrekte Radioaussprache: Immer die erste Silbe betonen ...

Im Sommer 1997 zieht Doris Köpf gemeinsam mit ihrer sechsjährigen Tochter Klara zu Schröder nach Hannover. Die 95 Quadratmeter große Dachgeschoßwohnung in der Nähe der Niedersächsischen Staatskanzlei teilen sie mit der vier Monate alten Katze »Schnurri«. Doris Köpf hatte das Tier von einem benachbarten Bauernhof ihrer Mutter aus Bayern mit nach Hannover genommen. Auf dem Lande aufgewachsen, besteht sie darauf, daß das Tier im eigenen Korb schläft und sich von den Betten fernhält. Ihren roten Renault verkauft Doris Köpf vor dem Umzug, »weil ich im VW-Land Niedersachsen doch lieber Volkswagen fahre«.

Es ist ein Jahr voller Freude für Doris Köpf, doch auch voller Anspannung. Von Beginn an steht sie im Mittelpunkt des öffentlichen Interesses. Im Supermarkt sprechen sie unbekannte Menschen an und sagen: »Wir freuen ums, daß Sie endlich in Hannover sind.« Auch wenn sich Doris Köpf damit arrangiert hat, prominent zu sein, versucht sie alles, um ihre Tochter aus den Medien herauszuhalten. Fotografen, die das Kind ablichten wollen, erfahren ihren Unmut.

Der Streß zehrt an ihr. Doris Köpf, schon von Natur aus von

graziöser Gestalt, verliert während dieses Jahres fünf Kilo und wiegt bei 1,60 Meter Größe am Ende nur noch 40 Kilogramm.

Die Anspannung setzt sich auch während des Sommerurlaubs fort. Dort, auf der Nordseeinsel Juist, ist es Schröder, der bei der Rückkehr von einem Tennismatch vom Rad fällt und sich dabei böse Schrammen an Kinn und Wange holt. »Du siehst aus wie Quasimodo«, witzelt Köpf-Tochter Klara. Und Doris Köpf pflegt die Blessuren mit Jodtinktur und Babysalbe.

Der Unfall bringt die Wahlkampfplanung durcheinander: Tiefgebräunt und gut erholt, so wollte sich Schröder gleich nach der Rückkehr in Hannover von dem Bonner Fotografen Konrad R. Müller für die Wahlkampfbroschüren der SPD ablichten lassen. Jetzt sind die Schrammen zu tief und nicht zu überschminken. Mißgelaunt muß der Ministerpräsident den lange im voraus geplanten Termin verschieben.

Zwei Tage vor der geplanten Abreise von Juist klingelt im Schröderschen Ferienappartement am Westende der Insel das Telefon: Freunde berichten von Vorab-Meldungen eines Interviews von Hiltrud Schröder im Magazin der *Süddeutschen Zeitung*. Gerhard Schröder sei feige, ein Opportunist und ein Egoist und auch nicht stark genug für sie, steht da. Auf der Insel ist das Paar in seiner Ferienwohnung ohne Faxanschluß. Es kann also nur am Telefon hören, welche Vorwürfe Hiltrud Schröder in dem Interview erhebt. Am meisten, so sagt sie in dem Stück, bereue sie, seine Sachen nicht »in den Garten getragen und mit ein bißchen Rasenmäherbenzin angezündet« zu haben – der Höhepunkt des sommerlichen Rosenkriegs.

Als das Interview schließlich erscheint, ist Schröder längst wieder zurück in seiner Staatskanzlei in Hannover. Mehr als 30 Journalisten rufen in der Staatskanzlei und auch bei Schröder zu Hause an. Zwei karge Sätze gibt er den Journalisten als Zitat: »Ich habe nicht vor, mich an diesem Sommertheater zu beteiligen.« Und: »Die Vorwürfe gegen mich sind falsch.«

Am Donnerstag darauf bringt – wie schon nach Bekanntwerden der Trennung des einstigen Traumpaares – der *Stern* eine Geschichte zur Ehrenrettung Gerhard Schröders. Darin heißt es, Schröder habe sein Konto jährlich um mindestens 30000 Mark überzogen – nur um seiner Frau die teure Garderobe und zahlreiche Extrawünsche ermöglichen zu können. Dennoch habe Hiltrud Schröder ihm Geiz vorgeworfen: »Nicht mal ein anständiges Pferd kannst du für Franca kaufen«, soll sie gesagt haben – obwohl sie schon zwei Ponys und zwei Hannoveraner Rosse auf der Weide gehabt habe. Die Geschichte – ganz offensichtlich von Schröder-Vertrauten beim *Stern* verfaßt soll die Ausgewogenheit im öffentlichen Rosenkrieg wiederherstellen. Doch Doris Köpf ist erbost, als sie davon erfährt: »Mit dieser Geschichte verlängern wir den öffentlichen Streit unnötigerweise um ein paar Wochen«, schimpft sie – zu Recht. Denn die Blätter der Yellow Press stürzen sich begierig auf die neuen Details der Scheidungsschlacht aus dem Hause Schröder und verlängern so die Berichterstattung über die Querelen um Wochen.

Die Auswirkungen sind nicht abzuschätzen. Bis zuletzt fürchten Gerhard Schröder und Doris Köpf, Hiltrud Schröder könne die Scheidung verschleppen und die öffentliche Auseinandersetzung bis in den Landtagswahlkampf des kommenden Jahres ziehen. Obwohl Schröder stets betont, die Vorwürfe seiner Frau hätten keine Auswirkungen auf seine Umfrageergebnisse, erkennt er in dem privaten Zwist unnötige Hürden für sein politisches und für sein privates Fortkommen, die er am liebsten schnell beiseite räumen will.

Da sorgt eine neue Meldung für Aufregung: Hiltrud Schröder habe den ursprünglichen Scheidungstermin am 18. September wegen Krankheit abgesagt, heißt es. Im Umfeld von Schröder sieht man dies mit Sorge. Man fürchtet, Hilu könne medienwirksam vor dem Prozeß öffentlich einen Schwächeanfall erleiden und so den Prozeß verzögern. Folge immer neuer Meldungen dieser Art ist, daß das Interesse an der Familienfehde ans Hysterische grenzt. Als es am 25. September schließlich zur Scheidung kommt, belagern 12 TV-Teams und rund 100 Reporter das Familiengericht in Lehrte. Den Ort, an dem sich Gerhard und Hiltrud Schröder 13 Jahre zuvor hatten trauen lassen. Erstmals seit der Trennung treten sie sich nun gegenüber.

Vor dem benachbarten Wirtschaftsgymnasium stehen rund 100 Schüler und beobachten neugierig die Szenerie. Die größten von ihnen können von der Schultreppe aus erkennen, wie Gerhard Schröder seinen Dienst-Mercedes etwa 200 Meter vor dem Gericht anhalten läßt. Wie meist bei öffentlichen Auftritten geht er die letzten Meter zu Fuß. Die Lippen fest zusammengepreßt, wirkt er an diesem kühlen Septembermorgen wie versteinert. Mürrisch knurrt er den wartenden Reportern zu: »Lassen Sie mich hier durch.« Das Gerichtsgebäude betritt er durch den Hintereingang. Die fünf Wachtmeister begrüßt er – ganz Landesvater – mit Handschlag: »Hallo, wie geht's?«

Hiltrud Schröder kommt mit Polizeischutz. Vier Kripo-Beamte haben sie zu Hause im benachbarten Immensen abgeholt und zum Gericht geleitet. Als sie aus dem silberfarbenen Polizei-Opel-Omega aussteigt, wird sie von Fotografen bedrängt. Den Kopf leicht gesenkt, das Haar blonder als in den Monaten zuvor, müht sie sich, geschützt durch Polizeibeamte, zum Gericht. Im Inneren des Gebäudes weist ihr ein Justizangestellter den Weg. Im Gerichtssaal nimmt sie links vom Richter Platz, Gerhard Schröder rechts. Die Arme hält er wie in Abwehrhaltung vor der Brust verschränkt. Das Paar, 13 Jahre verheiratet, guckt aneinander vorbei. Später wird Hiltrud Schröder sagen: »Ich habe ihn fast anderthalb Jahre nicht gesehen und bin überrascht gewesen, wie er aussah.« Ob besser oder schlechter läßt sie offen.

Um 11.27 Uhr, nach nur zwölf Minuten Verhandlung, erklärt Richter Heinrich Reinecke die Ehe für geschieden. Mit fester Stimme verkündet er das Urteil: »Der Versorgungsausgleich ist geklärt. Jede Partei trägt ihre Kosten selbst.« Dann wendet er sich an Hiltrud Schröder und sagt: »Mir bleibt nur, Ihnen für die Zukunft alles Gute zu wünschen. Von mir aus ist die Ehesache Schröder beendet.«

Hiltrud und Gerhard Schröder erheben sich von den Holzstühlen, fast ungläubig, daß alles so schnell vorbei ist. Auch die anwesenden Reporter sind überrascht, daß die Scheidung in letzter Minute doch so schnell möglich wurde. Kaum einer weiß: Noch am Abend zuvor hatten sich die Anwälte des verfeindeten Paares über die strittigen Fragen geeinigt. Danach übernimmt Gerhard Schröder auch die Anwaltskosten seiner Exfrau – rund 11 000 Mark und darüber hinaus mehr als 100 000 Mark als Ausgleich für verzinstes Erbe. Ein Betrag, den Gerhard Schröder noch bei Erscheinen dieses Buches abzahlt. Weiter sehen die getroffenen Vereinbarungen vor, daß Hiltrud Schröder Anspruch hat auf die Hälfte der in den gemeinsamen Ehejahren erworbenen Pensionsansprüche Gerhard Schröders – etwa 5500 Mark. Das ehemals gemeinsame Haus kann sie gegen Übernahme darauf liegender Hypotheken behalten. Und: Sobald Hiltrud Schröder sich etwa wegen Krankheit unfähig sieht zu arbeiten, muß Gerhard Schröder Unterhalt zahlen.

Nach der Scheidung fährt Hiltrud Schröder ins Fernsehstudio. Dort, im Gespräch mit RTL-Reporterin Frauke Ludowig, redet sie über die Trennung. Vor einer Kulisse, die eher an das Wartezimmer einer Zahnarztpraxis erinnert, sagt sie: »Es ist schon so, daß ich mich befreit fühle, befreit von einer Last.« Auch den der Scheidung vorangegangenen Abend beim Notar erwähnt sie: ». . . das Wichtigste hat gestern stattgefunden bei einem Notar. Als ich dort rauskam, war ich sehr gelassen. Dieses heute war nur eine Formalie.«

Gefragt, was sie noch für Gerhard Schröder empfindet, antwortet sie: »Gerhard Schröder ist Teil meines Lebens. Natürlich aber ein Teil meines Lebens, den ich jetzt hinter mich gebracht habe. Der auch hinter mir liegt. In diesen anderthalb Jahren ist die Entfernung zwischen uns beiden so groß geworden, daß ich nicht weiß, was da noch greifbar wäre.« Und auch die Kinder aus Hiltrud Schröders erster Ehe kommen zur Sprache. »Hat sich Gerhard Schröder eigentlich bei den Kindern gemeldet«, fragt Frauke Ludowig. Hiltrud Schröder antwortet ihr: »Es hat keinen Kontakt gegeben.« Für die Kinder, genau wie für sie selbst, sei »etwas abgeschlossen, was zu unserem Leben nicht mehr dazugehört«.

Doris Köpf, die Hiltrud Schröders Interview zu Hause in ihrer neuen Wohnung in Hannover am Fernsehen verfolgt, steigen Tränen der Wut in die Augen. Sie weiß, daß dies ganz offensichtlich nicht stimmt. Denn mehrmals hatte Gerhard Schröder den Kontakt zu Franca, der jüngeren Tochter, aufrechterhalten und sich mehrmals mit ihr getroffen.

Nach der Scheidung fährt Gerhard Schröder gemeinsam mit

seinen Anwälten und mit Doris Köpf, die in der Staatskanzlei auf ihn gewartet hatte, zu seinem Lieblings-Italiener »Roma« in Hannovers City. Bei Tomaten- und Mozarella-Salat und Spaghetti all'Artabiata reden Schröder und die Anwälte über Bekannte und Freunde aus gemeinsamen Anwaltstagen. Die Scheidung ist schon bei Tisch kein Gesprächsthema mehr.

Doris Köpf ist die Stillste der Runde. Für sie steht fest: Schon bald soll Hochzeit sein. Und dies obwohl Gerhard Schröder und sie nie förmlich über eine Heirat gesprochen haben. Doch auch er denkt wie sie. Fast beiläufig wirkt dann auch Gerhard Schröders Heiratsantrag. »Am 17. Oktober nachmittags hätte ich Zeit«, sagt er eine Woche nach der Scheidung zu Doris Köpf. Eilig ruft sie ihre Mutter und ihren Bruder an, die sie bei der Feier unbedingt an ihrer Seite haben möchte. Beide sagen ihr Kommen zu – und werden zu höchster Geheimhaltung verpflichtet.

Nicht noch einmal will sich Gerhard Schröder dem Vorwurf aussetzen, seine Ehe vermarktet zu haben. Nach der Aufregung und dem Medienauftrieb um die Scheidung hofft das Paar auf eine Hochzeit ohne große Schlagzeilen.

Am Morgen der Hochzeit, nur 22 Tage nach der Scheidung von Hiltrud, muß Schröder nach Bonn. Turnusmäßig wird er dort zum Bundesratspräsidenten gewählt. Die Braut verbringt den Morgen an ihrem neuen Arbeitsplatz, beim Sender »Hit-Radio Antenne« in Hannover. Mittags eilt sie nach Hause, um dort für die Hochzeit in einen grauen Hosenanzug zu wechseln. Behutsam steckt sie die Schatulle eines Münchner Juweliers in ihre Handtasche. Es sind die Hochzeitsringe, aus Sorge vor vorzeitigen Entdeckungen sind sie noch ungraviert. Die Heimlichkeiten um die Hochzeit haben ein bisweilen bizarres Ausmaß: Den Brautstrauß aus bunten Astern und Chrysanthemen versteckt Doris Köpf in der Einkaufstüte eines Schuhgeschäfts. Dann fährt sie mit ihrer Mutter in die Staatskanzlei, um dort Schröder abzuholen. Zu Fuß laufen Mutter und Tochter vom Landtag durch die City Hannovers. Unterm Arm trägt Doris Köpf die Plastiktüte. Passanten sollen glauben, es handele sich um einen Einkaufsbummel.

Als Schröders künftige Schwiegermutter beim Standesbeamten eintrifft, warten schon die Trauzeugen. Schröder hat Götz von Fromberg bestellt, den Anwaltskollegen aus jungen Jahren, seinen Freund. Zu ihm hatte sich Schröder in den ersten Tagen nach der Trennung von Hiltrud Schröder gerettet. Doris Köpf hat ihren Bruder Alfred zum Trauzeugen benannt. Auch ihre Tochter Klara ist dabei. Aus Sorge, die Sechsjährige könne sich verplappern, hat Doris Köpf ihrer Tochter erst kurz vor der Hochzeit von ihren Plänen berichtet. Doch rechtzeitig genug für die kleine Klara, um der Mutter ein Bild als Geschenk zu malen. Es zeigt ihr neues Zimmer in bunten Farben.

Nach der Trauung stößt die Hochzeitsgemeinschaft mit Champagner an. Die Frau Götz von Frombergs hatte die Flasche zur Tarnung unter ihrem Mantel ins Haus geschmuggelt. Die anschließende Feier findet in der »Windmühle« statt, einem Ausflugslokal in Buchholz bei Hannover. Unter den Gästen ist auch Schröders 84jähige Mutter Erika Vosseler. Schröder und sein Freund von Fromberg rauchen Zigarren. Es wird viel gelacht. Einer der Kellner erinnert sich: »Es war eine lustige Runde.« Gegen zwei Uhr morgens ist die Feier vorbei. Doris Schröder-Köpf unterschreibt die Rechnung zunächst mit »Köpf«. Dann stutzt sie und sagt lachend: »Jetzt muß ich wohl mit meinem neuen Namen unterschreiben.« Oberkellner Rolf Engern sieht den schlichten goldenen Ehering an der rechten Hand Schröders und sagt: »Dann darf man wohl gratulieren.«

Obwohl als Journalistin den Umgang mit Mächtigen gewohnt, erschließt sich für Doris Schröder-Köpf durch ihre Beziehung zu Gerhard Schröder eine neue Welt: Plötzlich ist sie Tischdame von Gunter Sachs bei Thomas Gottschalk und debattiert mit dem wohlhabenden Industriellen über dessen Interessensgebiet Astrologie. Sie trifft Boris Becker und Udo Lindenberg, Kanzler Kohl und Oskar Lafontaine. Der SPD-Vorsitzende und Rivale ihres Mannes ist es auch, der sie Glauben machen will, ihm liege nichts an der Kanzlerkandidatur. Bei einem Abend bei Lafontaines in Saarbrücken im Sommer 1997 sitzen Oskar Lafontaine und Doris Schröder-Köpf allein am Tisch. Schröder sucht auf der Terrasse mit Tochter Klara nach Malsachen, die das Kind dort vergessen hatte, Lafontaines Ehefrau Christa Müller ist in der Küche. Da nimmt Lafontaine die Hand von Doris Schröder-Köpf. Dann sagt er: »Weißt du, ich will's doch gar nicht. Der Gerd soll es machen.« Der Gerd soll es machen.«

Was er meint, ist beiden klar: die Kanzlerkandidatur. Als Doris Köpf dies später Schröder erzählt, mahnt dieser: »Ich glaube, er wird es sich noch überlegen.«

Doris Schröder-Köpf ist voller Achtung vor Schröder: »Ich habe nie einen Menschen getroffen, auf dessen Wort ich mich so verlassen kann«, sagt sie. Öffentliche Einmischung in die Politik ihres Mannes lehnt sie ab. Undenkbar, daß sie wie ihre Vorgängerin in Kabinettssitzungen stürmen würde, um ihren Mann zum Schutz der Reiher, Raben oder Fledermäuse aufzufordern (»Gerd, da mußt du was machen . . .«). Auch würde sie nicht wie Lafontaine-Ehefrau Christa Müller mit ihrem Mann über die Wirtschaftspolitik Bill Clintons streiten. Die wenigen gemeinsamen Stunden sind ihr dafür zu kostbar. Freunde beschreiben sie als zielstrebig und pragmatisch. Zur Hochzeit schenkte sie Gerhard Schröder einen dunkelgrauen Tweed-Anzug: Den kann er jetzt, als Bundesratspräsident immerhin zweiter Mann im Staate, gut gebrauchen.

Und er lobt: »Die Form von Aufgehobensein, die ich bei Doris habe, ist enorm hilfreich.« Nach seiner Ehe mit der Vegetarierin Hitrud Schröder sind jetzt für ihn auch Steaks und Würstchen erlaubt. Alkohol vor 18 Uhr ist jedoch nach dem Willen Doris Schröder-Köpfs tabu. Auf die Frotzeleien ihres Mannes weiß sie zu reagieren: »Ich wechsle alle 12 Jahre. Dazwischen bin ich treu«, witzelt er einmal in Bierlaune über seine zahlreichen Ehen. Ihre schlagfertige Antwort: »Das nächste Mal brauchst du jemanden, der dich im Rollstuhl schiebt.« Schröder lacht. Er liebt starke Frauen.

»Ich war noch nicht soweit«

Erster Anlauf in Hannover

»Es war ein Schlag in die Fresse«, so kommentierte Hermann Oetting, damaliges Mitglied im niedersächsischen SPD-Landesvorstand, die eigenmächtige Bewerbung Gerhard Schröders um die Spitzenkandidatur für die Landtagswahlen 1986.

Hingelangt hat Schröder im Oktober 1983. Gerade erst haben ihn die Delegierten des mächtigen SPD-Bezirks Hannover mit 215 von 246 Stimmen zum Vorsitzenden gewählt. Damit ist er – gerade neununddreißig Jahre alt – Chef des fünftgrößten Parteibezirks der Bundesrepublik, der sich von Göttingen bis Hamburg-Harburg erstreckt. Selbst Willy Brandt, zu jener Zeit noch SPD-Parteivorsitzender, kommt zum Gratulieren. Beim anschließenden Siegesumtrunk in der Kantine des Gaswerks von Hannover, dem Tagungsort, sagt der frühere Juso-Vize Gerd Andres zum ehemaligen Juso-Chef Schröder: »Jetzt bist du der natürliche Nachfolger von Karl Ravens.« Schröder antwortet: »Das sehe ich auch so.«

Der aus Bonn abgesandte ehemalige Bundesbauminister Karl Ravens ist zu jener Zeit SPD-Fraktionschef in Hannover. Zweimal in Folge hat er die Landtagswahlen gegen Ernst Albrecht verloren und sein Amt schon innerlich aufgegeben. Die Lage für die niedersächsische SPD ist düster. Von 1946 bis 1955 und von 1957 bis 1976 an der Macht, ist sie nun schon im siebten Jahr in Folge fern jeder Regierungsbeteiligung. Die letzte Landtagswahl im Jahre 1982 hat Albrecht mit absoluter Mehrheit (50,7 Prozent) gewonnen. Die Ravens-SPD landete abgeschlagen mit 36,5 Prozent auf Platz zwei.

Angeschlagen erklärt Ravens ein Jahr später, daß die Partei bei der Landtagswahl in drei Jahren mit einem anderen an der Spitze antreten solle. Damit verstößt er gegen eine Grundregel der Politik: Erkläre deinen Abschied nie weit vor der Zeit. Bald schon kolportieren Reporter wie der *Stern*-Autor und Schröder-Vertraute Heiko Gebhardt: »Die Fraktionssitzungen leitet Ravens wie einen Seniorenabend.« Und: »Am liebsten vergräbt sich Ravens in seinem Zimmer und liest in seiner Heimatzeitung, dem *Achimer Kreisblatt.*«

Für die SPD ist Ravens zur lähmenden Last geworden. Verheerend sei gewesen, so erklärt Schröder, daß Ravens nicht mehr habe vermitteln können, »was man inhaltlich und personell denn neu machen will«. Im Erich-Ollenhauer-Haus, der Bonner SPD-Zentrale, beginnt die Suche nach einem möglichen Nachfolger für den amtsmüden SPD-Chef in Hannover. Als einer der aussichtsreichsten Bewerber gilt Hans Apel, unter Kanzler Schmidt Finanz- und später Verteidigungsminister, seit dem Machtwechsel aber nur noch stellvertretender Fraktionsvorsitzender in Bonn. Als Schröder von der Nachfolgersuche erfährt, bringt er sich schnell selbst ins Gespräch. »Als dritter oder vierter genannt zu werden, das ist nie gut«, erkennt er. Um seine Bewerbung als neuer Spitzenkandidat der niedersächsischen SPD kundzutun, wählt er die Form eines Interviews – nicht das letzte Mal in seiner politischen Karriere. Von einem Reporter der *Hessischen Niedersächsischen Allgemeinen (HNA)* läßt er sich fragen, ob er nach seinem Bezirkssieg auch als Spitzenkandidat seiner Partei in die nächste Landtagswahl ziehen wolle. Schröder antwortet: »Wer das in Niedersachsen werden will, der braucht viel Mut und die Bereitschaft zu arbeiten. Beides ist bei mir vorhanden.« Und: »Auf gar keinen Fall werde ich mich nicht bewerben.«

Der glücklose Spitzenkandidat Karl Ravens, damals sechsundfünfzig Jahre alt, zeigt sich durch das Vorpreschen des burschikosen neununddreißigjährigen Ex-Juso-Chefs »in tiefem Maße verletzt und betroffen«. Trotzig verkündet er: »Voreiligkeit in Personalfragen hat sich in der SPD noch nie ausgezahlt.« Doch es gibt auch Unterstützung für Schröder. Hannovers Oberbürgermeister Herbert Schmalstieg erklärt, er traue Schröder zu, »Albrecht auseinanderzunehmen«. Und der mächtige Ostfriese Johann (Joke) Bruns, Vorsitzender des einflußreichen SPD-Bezirks Weser-Ems, sagt: »Wenn ein Vakuum da ist, dann muß man sich nicht wundern, wenn jemand von außen beherzt zugreift.«

Nach dem Schröder-Vorstoß meldet auch der niedersächsische SPD-Abgeordnete und Landtagsvizepräsident Helmuth Bosse (damals vierundfünfzig Jahre alt) seine Ansprüche auf den Spitzenplatz bei der Landtagswahl an. Hans Apel aber zieht, aufgeschreckt durch den Kampf der Kandidaten an der Leine, seine Bewerbung zurück und wird statt dessen im April 1984 glückloser Spitzenkandidat der Berliner SPD.

Schröder aber verfolgt weiter sein Ziel, obwohl die Chancen, gegen Albrecht zu gewinnen, gering scheinen, für welchen Kandidaten auch immer. Denn Albrecht, zu jener Zeit gerade dreiundfünfzig Jahre alt, regiert Niedersachsen schon im achten Jahr, seit im Februar 1976 der sozialdemokratische Ministerpräsident Alfred Kubel nach halber Amtszeit die Regierung abgegeben hatte. Anfangs wegen seines bubenhaften Aussehens als »Ernstchen« verniedlicht, gewinnt Albrecht schnell an Ansehen und Autorität. Bald schon sprechen seine Parteifreunde respektvoll vom »Monarchen« oder gar vom »Führer«. Viele Niedersachsen verehren ihn als Landesvater. So unantastbar scheint seine Stellung, daß er sich Gedanken über die Alleinherrschaft machen kann. »Wenn es gelingt«, schreibt Albrecht gleich nach seinem Amtsantritt 1976 in dem Buch »Der Staat – Idee und Wirklichkeit«, »überdurchschnittliche Menschen an die Herrschaft zu bringen, so vermögen Alleinherrschaft und Wenigenherrschaft eine bessere Ordnung zu errichten als die Volksherrschaft, aber nur dann.« Selbst Schröder sieht in dem meist lächelnden ehemaligen Bahlsen-Manager »keinen Keksonkel und keinen Grinsemann, sondern einen der kältesten, aber auch intelligentesten CDU-Politiker«.

Warum also wagt es Schröder, gegen den Fast-Monarchen Albrecht anzutreten? Zum einen erfüllt ihn die lähmende Harmonie zwischen Regierung und Opposition im Landtag mit Verdruß. »Die eigenen Genossen stehen auf, wenn Albrecht kommt«, schimpft er. Auch daß SPD-Abgeordnete und CDU-Minister gemeinsam auf Einladung Albrechts zum Jagen in den Harzer Staatsforst gehen, stößt Schröder ab.

Doch der eigentliche Grund sind seine mangelhaften Karriereaussichten in Bonn. Nach dem Sturz von Kanzler Helmut Schmidt 1982 ist, das erkennt Schröder schnell, für junge, ehrgeizige Sozialdemokraten in Bonn »tote Hose«. Selbst der erfahrene Fraktionschef Herbert Wehner orakelt von den zwölf Jahren, die die SPD in der Opposition zu überstehen habe. Manche Genossen versteigen sich in Auswanderungsphantasien, andere träumen davon, Antiquitätengeschäfte oder Weinhandlungen zu eröffnen. Schröder aber will regieren.

Gerade weil Albrecht in Niedersachsen so populär ist, scheint sein Wechsel in die Bundespolitik zu jener Zeit möglich. Schon 1980 war er als CDU-Kanzlerkandidat im Gespräch. Im Herbst 1983, ein Jahr nach der bundespolitischen Wende hin zur CDU/CSU-FDP-Koalition Helmut Kohls und Hans-Dietrich Genschers, scheint für Albrecht eine Zukunft als Bundesminister gewiß. Manch einer sieht in ihm – Richard von Weizsäcker ist noch nicht gewählt – sogar den kommenden Bundespräsidenten.

Obwohl Schröder als junger Abgeordneter schon für Aufsehen gesorgt hat, mißfällt ihm der Bonner Betrieb. »Hier gibt es zu viele Großwesire«, gesteht er *Spiegel*-Reporter Jürgen Leinemann. Und der erkennt: »Die genormte Sprache, die hierarchischen Ordnungen, die unspontane Bürokratie – dem Einzelkämpfer und Möchtegernstar Schröder hat die Rolle im Glied nie behagt.«

Aufgeschreckt von soviel Ehrgeiz und Umtriebigkeit, ersinnt die niedersächsische SPD-Führung um den Vorsitzenden Ravens einen Plan mit dem Ziel, die Kandidatur Schröders zu verhindern. Auf Initiative von Ravens und dem früheren Bundesarbeitsminister Herbert Ehrenberg wird Anke Fuchs, vormalige Bundesministerin für Jugend, Familie und Gesundheit und Tochter des ehemaligen Hamburger Bürgermeisters Paul Nevermann, für die niedersächsische Spitzenkandidatur vorgeschlagen.

Ravens und Ehrenberg locken Anke Fuchs mit der Vorhersage nach Niedersachsen, Schröder sei leicht zu schlagen. Ihre Einflüsterungen haben Erfolg. Fuchs sagt zu. Am 16. Dezember 1983 stimmt der Landesvorstand mit zwölf zu acht für die ehemalige Bonner Ministerin als neue Spitzenkandidatin für die kommende Landtagswahl. Doch endgültig soll erst auf dem Parteitag im folgenden Juli in Osnabrück über die Kandidatenfrage entschieden werden. Der Wahlmodus ist einfach: Wer die Mehrheit der Stimmen holt, hat gewonnen.

Nachdem der SPD-Landesvorstand, besetzt mit Gefolgsleuten von Ravens, für Fuchs gestimmt hat, versucht Schröder, die Basis für sich zu gewinnen. Mit seinem roten VW-Passat fährt er durch Niedersachsen und stellt sich den Mitgliedern aller SPD-Ortsvereine vor. »Eine Ochsentour«, erinnert er sich. Offensiv geht er gegen seine neue Konkurrentin vor. »Die Leute haben doch die Schnauze voll von der Bonner Kinderlandverschikkung«, wettert er. Daß er selbst noch Bundestagsabgeordneter ist und mindestens zwei Wochen pro Monat in Bonn verbringt – davon kein Wort.

In Kreisen der Bonner SPD sorgt Schröders eigenwilliger Machtanspruch für Unmut. Führende SPD-Politiker wollen die Wahl des jungen Niedersachsen verhindern und statt dessen Anke Fuchs durchsetzen. Sie drängen den Parteivorsitzenden Brandt, Schröder von der Kandidatur abzubringen. Brandt verspricht: »Ich werde mit ihm reden«, und bestellt Schröder in sein Büro.

Schröder erinnert sich an das Gespräch in der Bonner SPD-Zentrale: »Brandt sagte: ›Ich habe gelesen, daß du Spitzenkandidat werden kannst.‹ Schröder: ›Ja.‹ Brandt: ›Einigermaßen überraschend. Karl Ravens und andere waren bei mir und haben gesagt, das muß die Anke werden. Hähöhöhö. Ich wollte dir das nur mitteilen.‹ Schröder: ›Ja.‹ Brandt: ›Ja, ich finde das in Ordnung, daß du das versuchst. Du mußt aber wissen: Ich kann das nicht unterstützen.‹ Schröder: ›Hast du denn was dagegen?‹ Brandt: ›Das nicht.‹« Schröders Resümee: »Damit gab Brandt zu erkennen: ›Meine offizielle Unterstützung kannst du nicht verlangen. Als Parteivorsitzender muß ich Karl Ravens loyal gegenüber sein. Doch ich finde es gut, daß du es versuchst.‹«

Auch Anke Fuchs reist durch das Land, um die Mehrheit der 221 Delegierten des Parteitags im Juli 1984 für sich zu gewinnen. Wo sie auch auftritt, wirbt sie: »Ich halte mich für die Beste« und erklärt gönnerhaft: »Vielleicht wird Schröder einer meiner Minister.« Doch sie macht Fehler: Wiederholt spricht sie von der atomaren Wiederaufbereitung in Dragau statt Dragahn – damals eines der umstrittensten Großprojekte in Niedersachsen.

Als es Schröder gelingt, die Basis für sich zu gewinnen (am 22. März 1984 stimmen 53 von 58 Mitgliedern im Bezirksbeirat von Hannover für Schröder), merkt auch der einflußreiche SPD-Mann Johann Bruns: »Das geht nicht gut mit der Anke.« Heimlich trifft sich der erdverbundene Traditions-Sozialdemokrat mit dem linken Ex-Juso-Chef in der Bahnhofsgaststätte von Oldenburg. Bei Grünkohl, Bier und Korn kungeln die beiden ungleichen Männer den Weg zum Wahlsieg aus: Schröder soll Spitzenkandidat werden, im Gegenzug würde Bruns Landesvorsitzender. Bruns hatte, so erzählt es Schröder später, »gerechnet und gerechnet« und war zu dem Schluß gekommen: »Mit den Delegierten für Anke wird das wohl nichts.«

Das Ende für Anke Fuchs kommt bei der Abstimmung im Bezirksausschuß Weser-Ems. Obwohl dies die politische Heimat ihres Unterstützers Ehrenberg ist und somit eigentlich eine ihrer Hochburgen hätte sein müssen, stimmen von 70 Mitgliedern des Ausschusses nur 38 für sie und 31 für Schröder (einer enthält sich der Stimme). Gerade hier hatte Anke Fuchs fest eine eindeutige Mehrheit für sich eingeplant. »So froh war ich noch nie über eine Niederlage«, frohlockt Schröder. Mit den 96 Delegierten aus seinem Bezirk Hannover und neugewonnenen aus dem Bezirk Weser-Ems hat er jetzt genügend Stimmen zusammen. Klar ist: Er wird der neue Kandidat. Enttäuscht gibt Anke Fuchs auf. Und auch Karl Ravens findet: »Es hat nun keinen Zweck mehr für sie.«

Am 7. Juli 1984 – draußen scheint seit Wochen erstmals wieder die Sonne – wählen die Delegierten auf dem SPD-Landesparteitag in Osnabrück Schröder in einer Kampfabstimmung gegen Helmuth Bosse mit 169 zu 42 Stimmen zu ihrem neuen Spitzenkandidaten. Der Gewinner erhält einen Strauß roter Gerbera. Schröder-Partner Johann Bruns wird neuer Landesvorsitzender. Der Handel ist aufgegangen. Schröders Antrittsrede ist eine Anklage gegen den Vorgänger: »Von Hinrich-Wilhelm Kopf bis Alfred Kubel haben sich die SPD-Ministerpräsidenten stets als Teil des Volkes verstanden, dem sie gedient haben. Nähe zum Volk und nicht arrogante Ferne haben sie ausgezeichnet.« Wenige Tage nach dem Parteitag läßt der neue SPD-Kandidat landesweit fünfzigtausend Plakate mit seinem Porträt kleben: »Der neue Kopf für Niedersachsen« – eine Anspielung auch auf den langjährigen Regierungschef des Landes Hinrich Kopf, der durch seine Bürgernähe überzeugte und an dem Schröder sich messen lassen will.

Mit seiner Wahl zum Spitzenkandidaten hat Schröder ein wichtiges Etappenziel erreicht. Jetzt gilt sein Streben der Eroberung der Staatskanzlei und der Festigung seiner Position innerhalb der SPD Niedersachsens. Nicht jeder, der ihm seine Stimme gegeben hat, will ihn auch wirklich an der Spitze sehen. »Die haben gedacht: ›Den mauern wir ein und machen weiter wie bisher‹«, weiß Schröder. Er reduziert seine Arbeit als Bonner Abgeordneter, reist durchs Land und beginnt, am Bild Albrechts als gütiger Landesvater zu kratzen. Der Mann, der das Schöne, Wahre und Gute liebt, mit Ehefrau Heidi-Adele und sechs Kindern Laienspiele aufführt, sei, so die Schröder-Botschaft, nicht mehr in der Lage, die wahren Probleme der Zeit zu erkennen, nämlich Arbeit, Umwelt, Bildung, und unfähig, eine Antwort auf die Krise zu finden. Dies zu vermitteln, das weiß Schröder, wird schwer: Selbst SPD-eigene Umfragen bescheinigen Albrecht Popularität und Durchsetzungsfähigkeit.

Bis zu den Wahlen bleiben Schröder knapp zwei Jahre. Der »Marathonlauf auf dem Hochseil« (Schröder) beginnt. Im August 1985 startet er seine erste Sommerreise durch Niedersachsen. »Schröder auf Touren« ist das Motto. Das »Schaulaufen durch Niedersachsen« (*Spiegel*) beginnt am 10. August in Verden an der Aller und endet am 31. August in Goslar mit einem Familientag für jung und alt. Auf ungezählten Schildern wirbt die SPD: »Lernen Sie Gerhard Schröder persönlich kennen.« Und die Menschen kommen. Ob zum Salzkottenfest in der Gemeinde Bodenfelde an der Oberweser oder zu Strandfesten, Kinderparties, Grillabenden. Das Programm ist stets das gleiche: Musik, Unterhaltung, Getränke, Bratwurst. Im Festzelt von

Bodenfelde (das Glas Bergbräu-Pils gibt es für eine Mark) erklärt Schröder den neugierigen Niedersachsen, daß Landespolitik nicht vom grünen Tisch zu machen ist: »Ich kann nicht in Hannover sitzen und Akten studieren und aufgrund dieser Aktenlage entscheiden, was die Leute bedrückt. Manche unscheinbar erscheinende Erscheinung, die ein Regierungsbeamter in Hannover mit einem Federstrich erledigt, bringt für einen Haufen Leute vor Ort unglaublich viel Ärger und Probleme mit sich. Also kann sich, wer immer Ministerpräsident im Lande wird, nicht in der Staatskanzlei einbunkern. Wer regieren will, muß raus zu den Leuten.«

So tingelt Schröder übers Land, nach Achim bei Bremen, wo sich eine Bürgerinitiative gegen eine Panzerstraße wehrt, nach Holzminden, wo Anwohner eine Stadtumgehung der B 64 fordern, und nach Rinteln, wo auf Vorschlag des SPD-Ortsvereins zu prüfen ist, ob der vorhandene Wanderweg an den Rand eines Wäldchens verlegt werden kann. Bei seiner Fahrt über die Dörfer sammelt er Stimmen und fängt Stimmungen ein. Zweifler zieht er zum Bier an die Theke. Scherzhaft sagt er, daß es in Niedersachsen wohl darauf ankommt, das Land nicht mit dem Kopf, sondern mit der Leber zu regieren.

Wo er öffentlich auftritt, liegt eine kleine Broschüre aus – zum besseren Kennenlernen des Kandidaten. Willy Brandt nennt Schröder darin einen »sozialdemokratischen Hoffnungsträger« und einen »Politiker mit Herz und Verstand«. Auch daß Schröder in dritter Ehe verheiratet ist, steht in dem Heft. Er selbst hat auf dem Absatz bestanden, »damit sich niemand den Mund darüber zerredet«.

Ehefrau Hiltrud erwirbt sich schnell die Gunst der niedersächsischen Medien, als sie ihren Mann auf einigen Etappen seiner Sommerreise begleitet. Die Journalisten, an die distanzierte Behandlung durch Heidi-Adele Albrecht, gewöhnt, schwärmen von Hiltrud Schröders Natürlichkeit. Ein Reporter der *Wümme-Zeitung* schreibt nach einer ersten Begegnung: »Sie könnte von ihrer Ausstrahlung und ihrem Charme her jede amerikanische Politikerehefrau in den Schatten stellen.« Und selbst das links-alternative Hannoveraner Stadtmagazin *Schädelspalter* ist entzückt über »die neue Jacqueline Kennedy an der Seite des jungen SPD-Kopfes«.

Schröders Tour durch Niedersachsen kommt an. Reporter sind beglückt über seine Vertraulichkeiten und Frotzeleien, seinen Charme und seine Schlagfertigkeit, seine Zugänglichkeit und seinen Freimut. Innenpolitikchef Friedrich Karl Fromme folgert: »Als einer, der sich seinen Weg hat selbst suchen müssen, beherrscht Schröder sowohl seine Offenheit wie seine Verschlossenheit.« Zu jener Zeit macht Schröder fast alles, was ihm öffentliche Aufmerksamkeit bringt. Und das aus gutem Grund: In Niedersachsen, dem nach Bayern zweitgrößten Flächenstaat der Republik, ist er damals trotz seines aufsehenerregenden Putsches gegen die Spitze der Landes-SPD noch weitgehend unbekannt.

Also melkt er, immer von Reportern umringt, Kühe, erwirbt das ostfriesische Tee-Diplom, hebt Korn per Trinkleine, becirct Rentnerinnen bei Kaffee und Kuchen. Gleich halbe Zeitungsseiten bringt ein Auftritt in Badehose. Für eine Prieltaufe, einen Friesen-Jux ähnlich der Äquatortaufe, läßt er sich im Nordseewatt vor Cuxhaven einseifen, mit Watte einschmieren und untertauchen. Dafür erhält er den Spaßnamen »Störbeißer«. Lokal- und Landeszeitungen berichten in mehrspaltigen Artikeln. Trotz des großen Medienechos bleibt dies Schröders einziger Wahlkampfauftritt unter Wasser. Wann immer er später einen Strand des Küstenlandes besichtigt, fleht er: »Bitte nicht schon wieder ins Watt.«

Auch *Stern* und *Spiegel* nehmen Notiz von dem neuen SPD-Mann in Hannover, schreiben über seinen »Kampf allein gegen alle« *(Stern)* oder den »Frühstart im Wahlkampf« *(Spiegel)*. Für die Illustrierte *Bunte* greift Schröder selbst zur Feder. »Wir freuen uns auf Weihnachten«, bekennt er in einem ganzseitigen Artikel zwei Wochen vor dem Fest.

Innerhalb eines halben Jahres schafft es Schröder, die Partei neu zu motivieren. Begeistert stellt er fest: »Die Leute kommen aus ihren Ecken.« Nach dem Vorbild der Kanzlerwahlkämpfe Willy Brandts organisiert Hela Rischmüller-Pörtner, Mitglied (Sozia) in Schröders Anwaltskanzlei, einen Unterstützerkreis namhafter Künstler. Mit dabei sind die Schriftsteller Günter Grass und Lew Kopelew, TV-Moderatorin Désirée Nosbusch sowie die Maler Uwe Bremer und Horst Janssen. Beim ersten Treffen, am 23. Juni 1985 in Gümse bei Dannenberg, begrüßt Janssen den ebenfalls angereisten Willy Brandt: »Wir sind ja beide Alkoholiker. Ich zutiefst und du am Rande.«

Die Mehrheit von Schröders neugewonnenen Künstler-Freunden will ein rot-grünes Bündnis. Schröder selbst hatte schon im September 1984 erklärt, im Falle eines Wahlsiegs 1986 zu einer Koalition mit der Umweltpartei bereit zu sein. Zugleich schwärmt er jedoch von einer Technologiepolitik nach dem Muster des baden-württembergischen CDU-Ministerpräsidenten Lothar Späth.

Nach seiner Sommerreise geben Umfragen der SPD bis zu 49 Prozent der Wählerstimmen. Schröder träumt von der absoluten Mehrheit. Die Grünen spotten: Größenwahn. Doch dann, für viele völlig überraschend, leitet Schröder am 30. September 1985 abrupt einen Schwenk weg von den Grünen ein. In einem Interview mit Radio Luxemburg sagt er: »Ich glaube nicht, daß die Grünen bündnisfähig sind.« Der RTL-Reporter hakt nach: »Habe ich Sie richtig verstanden, daß Sie eben gerade der Koalition mit den Grünen eine Absage erteilt haben?« Schröder antwortet: »Sie haben mich richtig verstanden.«

Viele seiner Wahlhelfer sind verstört. Gerade erst hatte Schröder doch in seinem konservativen Landesverband für ein Reformbündnis mit den Alternativen geworben. Nur mit ihnen seien die Probleme der letzten beiden Jahrzehnte des 20. Jahrhunderts zu lösen, hatte er gesagt. Doch kaum haben Oskar Lafontaine und Johannes Rau ihre Landtagswahlen im Saarland und in Nordrhein-Westfalen gewonnen (beide mit absoluter Mehrheit), erklärt Schröder: »Ich brauche die Grünen nicht.« Das gefällt zwar zahlreichen traditionell eingestellten niedersächsischen Sozialdemokraten, darunter auch dem Landesvorsitzenden Johann Bruns, der die »Mischung aus Chaos und Idylle« bei der Umweltpartei ablehnt. Seine Wahlhelfer jedoch, darunter zahlreiche Lehrer und Universitätsdozenten, sind enttäuscht und gehen auf Distanz zu ihrem Kandidaten. Öffentlich üben der linke Parteiflügel, Jungwähler und Grün-Alternative Kritik am neuen Schröder-Kurs.

Einen Aufruf, der den SPD-Kandidaten einen unverbrauchten Politiker nennt, will kaum noch einer unterzeichnen. Bei Schröder zu Hause führt die Absage an die Grünen zu einem heftigen Streit mit Ehefrau Hiltrud. Im Gegensatz zu ihm ist sie von der Richtigkeit eines links-alternativen Bündnisses überzeugt. Und noch nach der Wahl sagt Tochter Wiebke (damals fünfzehn), sie hätte Schröder sowieso nicht gewählt wegen seines unklaren Kurses in der Atomfrage.

Trotz der Kritik seiner Freunde und Vertrauten bleibt Schröder zunächst bei seiner Ablehnung der Öko-Partei. Die Grünen selbst machen es ihm durch die auf ihrem Hannoveraner Parteitag beschlossenen Thesen einfach, den Bruch mit ihnen zu rechtfertigen. Ihre Forderungen nach Entwaffnung der Polizei, Abschaffung des Verfassungsschutzes, sofortigem Ausstieg aus der Kernenergie und Austritt aus der Nato kann Schröder guten Gewissens ablehnen. »Ich kann doch nicht sagen: So, ich und der niedersächsische Wähler treten jetzt aus der Nato aus. Das ist doch, auch wenn es Aufsehen erregen würde, total unglaubwürdig«, sagt er und sieht sich in seiner Ablehnung eines rot-grünen Bündnisses bestätigt.

In den folgenden Tagen kritisiert Schröder öffentlich die rot-grünen Koalitionsverhandlungen in Hessen. Gleichzeitig versucht er jedoch, heimlich Otto Schily zum Übertritt in die SPD zu bewegen. Beiderlei Bemühungen enden erfolglos. Joschka Fischer wird im Kabinett des hessischen SPD-Ministerpräsidenten Holger Börner erster grüner Umweltminister der Republik, und Otto Schily bleibt noch weitere vier Jahre bei den Grünen, bevor er schließlich im November 1989 zur SPD wechselt.

Schröders Absage an die Grünen hat weitreichende Folgen. Seine Umfrageergebnisse verschlechtern sich rapide. Bis heute rätseln Parteifreunde, warum er diesen abrupten Wechsel vollzogen hat. »Das war eine Mischung aus Feigheit und Kalkül«, urteilt er selbst. »Denn nachdem Johannes Rau am 15. Dezember 1985 zum Kanzlerkandidaten nominiert worden war und seine Strategie gegen ein Bündnis mit den Grünen in Bonn ausgerichtet hatte, mußte ich fürchten, mit einer Wahlaussage zugunsten einer rot-grünen Koalition zerrieben zu werden. Raus erklärtes Ziel war es, eine eigene Mehrheit zu holen. Ich mußte nun eine Strategie entwickeln, die wenigstens mit seiner kompatibel war. Sonst wäre ich ständig mit der Aussage konfrontiert gewesen: Sie sind für Rot-Grün, aber Ihr Kanzlerkandidat in Bonn ist dagegen. Die Feigheit lag darin, daß ich nicht den Mut hatte, diese Konfrontation auszuhalten. Ich war auch zu unsicher über das, was wirklich wichtig war zu jener Zeit. Doch ich gebe zu: Es war ein schwerer politischer Fehler, weil ich ein Stück Mangel an Konsequenz erkennen ließ.«

Aus den Wirren des Wahlkampfs bricht Schröder am 1. Dezember für eine Woche nach Kuba auf, zu Fidel Castro. Hans Matthöfer, der damalige SPD-Schatzmeister, hat den Besuch vorbereitet. Schröder: »Irgendwann hatte ich ihm gesagt: ›Nachdem Mao tot ist und auch Ho Chi Minh nicht mehr lebt, möchte ich wenigstens einmal Fidel Castro sehen.‹ Matthöfer antwortete: ›Das kann ich organisieren.‹«

Wenige Wochen später gibt Matthöfer grünes Licht. Der Besuchstermin liegt ein halbes Jahr vor dem Wahlkampf. Schröder scheut die Negativschlagzeilen: Ex-Juso-Chef trifft Kubas Castro. Matthöfer stichelt: »Wenn du zu feige bist, sage ich es eben wieder ab.« Feigheit will sich Schröder dann doch nicht vorwerfen lassen. Und die Neugier, dem Revolutionshelden zu begegnen, ist zu groß. Er fährt.

Um vier Uhr morgens empfängt ihn der Diktator in seinem ZK-Büro in Havanna. Freimütig gibt Castro seinem Gast im hellen Leinenanzug Ratschläge für den Wahlkampf »Sie müssen alles der CDU zuschieben«, rät er Schröder. »Reduzieren Sie die Steuern und die Miete, und Sie gewinnen; Sie können ruhig als Antikommunist auftreten, immer drauf auf Kuba; wenn Sie verlieren, machen Sie vierzehn Tage Urlaub bei uns am Strand.« Schröder nachher: »Daß dieser Mann mir Pimpel die Hand schüttelt – wer hätte das je gedacht . . . «

Wenige Tage nach seiner Rückkehr, am 17. Dezember 1985, bricht Schröder zu einem Besuch Erich Honeckers nach Ostberlin auf. Zur Begrüßung überreicht er dem SED-Chef ein von Tochter Franca gemaltes Wachsstift-Bild, das eine bunte Friedenstaube und eine Sonne zeigt. Hiltrud Schröder hat sich das Präsent ausgedacht.

Fast zwei Stunden dauert die Unterredung des Staatsratsvorsitzenden der DDR mit dem Spitzenkandidaten der niedersächsischen SPD. Themen sind der Verlauf der Elbgrenze, die mögliche Einrichtung einer Städtepartnerschaft sowie die Abschaffung der Erfassungsstelle Salzgitter, in der die Gewaltakte an der innerdeutschen Grenze registriert werden. Willy Brandt hatte den Besuch in Ostberlin eingefädelt. Schröder ist erstaunt über Honeckers Unterredungsstil: »Ein echtes Gespräch war das nicht, eher das Verlesen von Verlautbarungen.«

Nach dem Wahlsieg über seine innerparteiliche Konkurrentin Anke Fuchs verschlechtert sich der Kontakt Schröders zur Bonner SPD. Im Februar 1986 muß er sich in der inzwischen von Helmut Schmidt herausgegebenen *Zeit* vorhalten lassen, er sei zu früh gestartet und hätte sich »den stählenden politischen Wind« noch etwas länger um die Nase wehen lassen sollen. Schröder sieht sich von der Bonner SPD-Führung geschnitten. Um die für Prestige und Popularität wichtigen Redetermine im Bundestag buhlt er oft vergeblich. »Im Fernsehen«, klagt er Parteifreunden, »kommt erst mal der Rau, und dann noch mal der Rau, und dann der Brandt. Die in Bonn könnten auch mich reindrücken, wenn sie nur wollten.« Er fühlt sich gelähmt, »so als würde mir mitten beim Start eine Turbine ausgeschaltet, und wupp, schon hat dich wieder einer beim Fuß«.

Als er bei der Debatte um den sogenannten Streikparagraphen 116 – neben Arbeitslosigkeit und Sozialpolitik eines der Kernthemen in Schröders Wahlkampf – wieder nicht im Bundestag reden darf, weil angeblich kein Platz auf der Rednerliste ist, wirft er voller Wut in seinem Büro in Hannover eine Kaffeekanne gegen den Heizkörper.

Zum Auftakt der heißen Phase des Wahlkampfes, am letzten Wochenende im April 1986, rücken die Genossen dann doch zusammen. Bei einer volksfesthaften Wahlkampfveranstaltung in Hannover präsentieren sich Schröder, Brandt und der SPD-Spitzenkandidat für die kommende Bundestagswahl, Johannes Rau, den zehntausend SPD-Anhängern Seit an Seit. Die Plakate zeigen einen fröhlichen Schröder und werben: »Ein Lachen, das Mut macht.« Ein anderes – es zeigt Schröder mit Ehefrau Hiltrud – mahnt: »Politik ist nicht alles. Aber am 15. Juni geht es um viel.«

Um sehr viel. Sollte Schröder Ministerpräsident werden, so hätte die Union keine Mehrheit mehr im Bundesrat. In einem hochmodernen Multimedia-Bus (eine Leihgabe von Raus Wahlkampfteam) fährt Schröder in den verbleibenden Wochen erneut übers Land, schreibt Autogramme und hält Reden. Seine Themen sind meist auf Bonn bezogen. Er spricht von der menschlichen Gesellschaft und davon, daß von Bonn, seitdem dort die Konservativen regieren, unsoziale Politik ausgehe.

Zum Schluß spricht Schröder stets vom Frieden und kritisiert die Bonner Regierung, die das Bündnis mit den Amerikanern zu einer »Gefolgschaft in der Rüstungspolitik« verbiege. Seine von Rau übernommene Botschaft lautet: »Es geht darum, Brot für diese Erde zu schaffen und nicht Waffen im Weltraum.« Es sind allgemeingültige Politphrasen. Doch der Applaus ist ihm sicher.

Zu einem weiteren zentralen Wahlkampfthema entwickelt sich das Reaktorunglück von Tschernobyl vom 26. April 1986. Schröders Botschaft: Jetzt müsse sofort nach sanfteren Energien gesucht werden. In Bonn reagiert Kanzler Kohl mit der Einrichtung eines Umweltministeriums, in dem der Frankfurter Oberbürgermeister Walter Wallmann an die Spitze tritt.

Trotz seiner Absage an die Grünen und der verhaltenen Reaktion seiner Wahlhelfer glaubt Schröder fest an seinen Sieg. Doch die Umfragen zeigen ein anderes Bild: Acht Wochen vor der Wahl liegt die CDU wieder vor der SPD (wenn auch knapp), die FDP fällt unter fünf Prozent, und die Grünen liegen deutlich über sechs Prozent. Plötzlich kalkuliert Schröder wieder mit den Grünen. Kokett erklärt er: »Ich wäre ja verrückt, wenn ich sagen würde, nur weil ein paar Grüne mich wählen könnten, kandidiere ich nicht.« Sein Kalkül: Gäbe es nach der Wahl weder eine absolute Mehrheit für Albrecht noch für Schröder, müßten die Grünen den SPD-Mann mitwählen, um Albrecht zu verhindern.

In diesem Fall, so gibt Schröder zu, würde er sich von den Grünen an die Macht wählen lassen.

Sein Zickzackkurs gegenüber der Umweltpartei bringt Schröder viel Spott ein. »Schröder-Kurs, was ist das? Der sucht sich doch selbst«, höhnt der ehemalige sozialdemokratische Ministerpräsident Alfred Kubel. Doch nach einer kurzen Phase der Selbstbesinnung (»Ich hab' Scheiße gebaut«) bleibt Schröder beharrlich bei der einmal eingeschlagenen Richtung. In steter Steigerung hält er die Grünen für »nicht koalitionsfähig«, »nicht bündnisfähig«, schließlich nicht einmal mehr für »politikfähig«.

Die Wähler verstehen die Doppeldeutigkeit seiner Aussagen (nicht mit den Grünen, doch wenn sie mich wählen, soll's mir recht sein) nicht und zahlen es ihm heim. Schröders Quoten stürzen in den Keller. Die Verärgerung des Spitzenkandidaten entlädt sich in Attacken auf seine Wahlkampfhelfer: »Albrecht sitzt vor Millionenpublikum bei ›Dalli Dalli‹, und ihr schickt mich zum Treffen mittelständischer Friseure.« Gerade zu Raus Wahlkampfstrategen – Wolfgang Clement und Bodo Hombach gelten nach erfolgreich gewonnenen Landtagswahlen in Nordrhein-Westfalen als Erfolgsduo – hat er ein gespaltenes Verhältnis. Er spricht gern mit scharfer Zunge. Rau und seine Helfer dagegen propagieren Harmonie. » Sülzen «, sagt Schröder, »können die Konservativen besser.«

Die zunehmende Zurückhaltung bringt Schröder öffentliche Kritik. »Der Kandidat verärgert Freunde und linke Genossen zunehmend durch ein ungewöhnliches Maß an Vorsicht«, bemängelt der *Spiegel* im Mai 1986, acht Wochen vor der Wahl, und fährt fort: »Die Balance zwischen dem spontanen und dem angepaßten Schröder ist gestört.« Nie mehr sehe man Schröder in Jeans, selten ohne Krawatte. »Er nimmt zu, ein bonnüblicher Körperpanzer macht ihn starr«, kritisiert *Spiegel*-Reporter Leinemann. Seine Sprache werde glatt: »Gerd, ›Scheiße‹ darfst du aber nicht sagen, mahnen die Genossen auf dem Lande. Seine Auftritte verlieren vor lauter Anstrengung, nur niemandem auf die Füße zu treten, ihre kämpferische Würze.«

Schließlich kommt der Tag der Wahl, der 15. Juni 1986, zugleich Schröders zweiter Hochzeitstag. Am Nachmittag fährt er im privaten VW-Passat vom Haus in Immensen in Hannovers Innenstadt. Mit Unbehagen starrt er auf die Plakate am Straßenrand. Sie zeigen sein Konterfei. »Der neue Ministerpräsident« steht darauf. »Der sieht morgen ganz schön alt aus«, schwant Schröder.

In seinem Wahlkampfbüro wartet an diesem Nachmittag rund ein Dutzend seiner engsten Mitarbeiter und Freunde. Eine halbe Stunde vor Schließung der Wahllokale sagt Schröder plötzlich: »In etwa einer Stunde werde ich folgende Erklärung abgeben: ›Wir haben gewonnen, aber weil wir siegen wollten, haben wir auch verlorenen.« Seine Freunde und Mitarbeiter halten den Atem an.

Schon um 18.10 Uhr, also zehn Minuten nach Schließung der Wahllokale, ist nach ersten TV-Prognosen klar, daß die FDP über die Fünf-Prozent-Hürde gekommen ist und damit einer Neuauflage der schwarz-gelben Koalition nichts im Wege steht. Schröder hat hinzugewonnen, gesiegt aber hat Ernst Albrecht. Bewegungslos sitzt der geschlagene SPD-Mann in seinem Bürosessel. In der einen Hand die Zigarre, in der anderen die Bierflasche. Auch Hiltrud Schröder ist da. Matt sagt sie: »Die letzten Wochen waren schrecklich« – eine Anspielung auf die »Sudelkampagne« (Schröder) der Union. Besonders die öffentlichen Sticheleien des CDU-Abgeordneten Anton Teyssen gegen die »zeitweilig dritte Frau Schröder« haben Hiltrud Schröder und ihren Kindern zu schaffen gemacht. Weinend und verstört seien die beiden Töchter nach Hause gekommen, berichtet der Kandidat. Zärtlich streicht Schröder seiner Frau über den Nacken, nimmt sie dann in die Arme. Es wirkt, als wolle er sich an ihr festklammern.

Bevor Schröder in den Landtag aufbricht, telefoniert er mit Willy Brandt. Der Parteivorsitzende rät ihm, angesichts des Stimmenzuwachses von 5,6 Prozent nicht allzu enttäuscht zu sein. Schröder entgegnet grimmig: »So fühl' ich mich aber, enttäuscht. Ich wollte hier Ministerpräsident werden.« In seiner bis dahin schwersten politischen Niederlage ist *Spiegel*-Reporter Leinemann bei ihm. Er berichtet: »›Los, wir gehen jetzt‹ (ruft

Schröder). Er will das Eingeständnis hinter sich bringen, öffentlich. Die Spitzengenossen der Partei steigen in einen Mercedes. Schröder geht zu Fuß. Es folgt ein Dutzend seiner Freunde. Er schlendert, immer schneller werdend, durch Hannovers Innenstadt dem Landtag zu. Aus den Straßencafés folgen ihm viele Blicke. Keiner klatscht Beifall, aber es spottet auch niemand. Gerhard Schröder, seine immer noch fast versteinerte Frau Hiltrud neben sich, scheint zu wachsen auf diesem Weg. Er läuft sich frei ... Schröder gewinnt Format in seiner Niederlage, alles Verkrampfte, Pseudo-Staatsmännische, das ihn zeitweilig zu einer Helmut-Schmidt-Parodie zu machen drohte, fällt von ihm ab ... « Und der Maler Uwe Bremer, sein Freund, der für ihn eine Bürgerinitiative organisiert hat, staunt: »Politiker brauchen so was wohl, um zu reifen.«

Am Ende fehlt Schröder eine Stimme im Landtag, um im Bündnis mit den Grünen die Regierung Albrecht auszuhebeln. 25 000 Wählerstimmen mehr hätten den Sieg gebracht. Bei den Bonner Genossen ist die Stimmung eher verhalten: Johannes Rau gratuliert Schröder zu seinem großen Erfolg, Willy Brandt spricht von einem »schönen Gesellenstück«.

Bei den Bundes-Grünen dagegen herrscht Untergangsstimmung. Die meisten hatten mit einem rot-grünen Erfolg gerechnet. »Wenn Tschernobyl die Machtverhältnisse nicht verändert, wäre das der fatalste Ausgang für mich, die Hoffnungen wären futsch«, hatte Joschka Fischer vor der Wahl geklagt. Und Otto Schily, damals noch grüner Parteifreund Fischers, hatte sogar gedroht: »Wenn der Albrecht gewinnt, wandere ich aus.« Am Ende bleibt Schily doch in Deutschland, und Fischer, ganz Polit-Profi, kriegt noch am Wahlabend die Kurve: »Ich habe an Schröders Sieg nie geglaubt.«

In der Nacht der Niederlage geht Schröder mit seinen engsten Helfern in die hannoversche Bierpinte »Pümecke« und dankt ihnen für die Unterstützung bei seiner »Gratwanderung zwischen politischer Loyalität und Anpassung«. Einer versucht ihm Mut zu machen: »Das hier ist die schönste Niederlage seit Alexis Sorbas.« Trotz seines vergeblichen Griffs nach der Macht steht für Schröder fest: »Ich bleibe in Niedersachsen.«

Nur drei Tage nach seiner knappen Niederlage und einen Tag vor seiner Wahl zum SPD-Fraktionsvorsitzenden im niedersächsischen Landtag nimmt er Abschied von Bonn. In seiner Stammkneipe, dem linksalternativen Treff »Provinz« gegenüber dem Kanzleramt, trinkt er ein letztes Bier als Bonner Abgeordneter. Als der Grüne Realo Hubert Kleinert ihn am Tresen fragt: »Warum hat's denn nun nicht ganz gelangt?« giftet Schröder zurück: »Die anderen brauchten doch bloß eure Parteitagsbeschlüsse unter die Leute zu bringen.«

Am Tag darauf, am 19. Juni 1986, wählen die 65 SPD-Abgeordneten im niedersächsischen Landtag Gerhard Schröder zu ihrem neuen Fraktionsvorsitzenden. Drei stimmen gegen ihn – enttäuschte Widersacher, die es ihm nicht verziehen haben, daß er sich selbst auf den Posten gehoben hat, und die im traditionell konservativen Niedersachsen nichts von seinem politischen Stil der wenn auch widersprüchlichen Annäherung an die Grünen halten.

»Im nachhinein war es wohl gut so, daß ich 1986 nicht gewonnen habe«, sagt Schröder im Mai 1996. »Ich hätte es nicht gekonnt, so wie ich es 1990 dann gekonnt habe oder heute kann. Ich war noch nicht soweit, etwa Konflikte, die da kommen, durchzustehen und zu entscheiden. Ich glaube fest, daß ich den Job schlechter gemacht hätte als 1990 oder 1994. Vielleicht ist es ein Stück Rationalisierung. Doch im Endeffekt ist es so gewesen.«

Im Juli wählen die Abgeordneten im Hannoverschen Landtag Ernst Albrecht mit 78 Stimmen erneut zum Ministerpräsidenten. Schröder bekommt 66, die Kandidatin der Grünen, Charlotte Garbe, elf Stimmen. Schröder ist noch immer so enttäuscht, daß er dem CDU-Innenminister Wilfried Hasselmann den versöhnenden Handschlag verweigert. In ihm sieht er den Urheber jener schäbigen Hetze, mit der ihn die CDU während des Wahlkampfes überzogen hat. Als »Dreckschleuder« und »Kommunist« haben sie ihn beschimpft und selbst seine Familie nicht unbehelligt gelassen. Trotzdem gelingt es ihm bald, die Niederlage zumindest äußerlich abzuschütteln. Offensiv erklärt er: »Ich habe ein Stückchen Führung in der deutschen Sozialdemokratie wahrgenommen.«

Und er schafft es, seine Niederlage in einen Gewinn innerhalb der Bundes-SPD umzusetzen. Auf dem SPD-Parteitag in Nürnberg, am 28. August 1986, wird er in den Parteivorstand gewählt. Ein Jahr später wird er Mitglied der Programmkommission. Damit bleibt sein Fuß auch nach dem Wechsel nach Hannover in der Tür der Bonner SPD.

»Hier mögen mich die Leute«
Ministerpräsident

Es ist seine letzte Chance, und er weiß es. Nach vier harten Jahren der Opposition wählen die Niedersachsen am 13. Mai 1990 Gerhard Schröder zu ihrem neuen Ministerpräsidenten. Mit 44,2 Prozent werden die Sozialdemokraten stärkste Partei, die Grünen holen 5,5 Prozent – das reicht für eine rot-grüne Koalition. Für Schröder ist ein Lebenstraum in Erfüllung gegangen. Jahrelang hat er auf diesen Tag hingearbeitet, angetrieben von eigenem Ehrgeiz und angespornt durch die spröde Herablassung, mit der ihm sein Widersacher Ernst Albrecht begegnet war. Glücklich hört er die Jubelrufe seiner Anhänger, die sich in der Landtagslobby versammelt haben: »Gerd is' auf'm Pferd! Gerd is' auf'm Pferd!«

»Auf dieses Ergebnis habe ich seit vierzehn Jahren gewartet«, ruft der ehemalige niedersächsische Kultusminister Peter von Oertzen begeistert. Unter den Gästen der Siegesfeier im Fraktionssaal ist auch der frühere SPD-Ministerpräsident Alfred Kubel. Achtzig Jahre alt, muß er von Schröders designiertem Kultusminister Rolf Wernstedt gestützt werden. Kubels überraschender Rücktritt inmitten der Legislaturperiode hatte 1976 zum Bruch der sozialliberalen Koalition geführt. Vierzehn Oppositionsjahre waren die Folge.

Doch jetzt ist die Durststrecke vorbei. Spontan steigt Schröder auf einen Tisch und ruft in den überfüllten Saal hinein: »Es ist der Sieg von Oskar Lafontaine [dem damaligen Kanzlerkandidaten] und die Niederlage von Helmut Kohl.« Er hat den Satz kaum beendet, da reicht ihm ein Mitarbeiter ein Funktelefon. Am anderen Ende ist Lafontaine. Halblaut, fast verschwörerisch raunt Schröder: »Hat geklappt, ne?« Dann ruft er den Parteifreunden zu: »Herzliche Grüße von Oskar. Hat mir ein gutes Essen versprochen.«

Die »Toskana-Fraktion« ist am Ziel. Nach den Erfolgen der Brandt-Enkel Lafontaine im Saarland und Engholm in Kiel hat nun auch der Brandt-Zögling Schröder endlich seinen eigenen großen Triumph. In Siegerlaune ruft er: »Als erstes schmeiß' ich Albrechts Möbel raus.« Und wirklich: Die gediegene Herrenhaus-Atmosphäre mit schwerem Eichenschreibtisch und antikem Glasschrank voller Fürstenberger Porzellan im Ministerpräsidentenbüro ersetzt Schröder durch sachlich-elegante neudeutsche Wohnkühle: schwarzer Schreibtisch, weiße Wände und eine Ledergarnitur in Hellgrau, Farbton Gletscher.

Nach vierzehn Jahren im Amt fällt dem Monarchen Albrecht der Abschied von den Insignien der Macht schwer. Obwohl er vor der Wahl öffentlich vom möglichen Rückzug ins Private gesprochen hat, scheint er während der letzten Monate erneut Freude am Regieren gefunden zu haben. Diese Unentschlossenheit kommt auch darin zum Ausdruck, daß er gemeinsam mit Rita Süssmuth als Spitzenkandidat antritt. Die Menschen sollen ihm die Stimmen geben, irgendwann während der Legislaturperiode werde er zurücktreten und für Rita Süssmuth das Feld räumen. Obwohl das Ansehen der damaligen Bundesfamilienministerin schon zu jener Zeit in weiten Teilen der Bevölkerung hoch ist, schlägt die Tandem-Lösung fehl. Zu unklar bleibt den Niedersachsen, wann sich Albrecht wirklich aus der Politik zurückziehen und seine Nachfolgerin einsetzen werde. »Das hat Albrecht den Sieg gekostet«, urteilt Schröder rückblickend. Tatsächlich hatten bei einer Infratest-Umfrage 63 Prozent der Befragten (und sogar 52 Prozent der befragten CDU-Anhänger) der Meinung zugestimmt, man wisse nicht genau, ob und wann Frau Süssmuth nach Niedersachsen komme. Das ganze sei ein Wahlkampfmanöver der CDU.

Mit der verlorenen Wahl ist die Niedersachsen-CDU plötzlich führungslos: Der Landesvorsitzende Wilfried Hasselmann gibt sein Amt auf. Rita Süssmuth nimmt ihr Landtagsmandat erst gar nicht an, und Ernst Albrecht erklärt seinen endgültigen Rückzug aus der Politik, um sich auf seinem Landsitz bei Hannover der Familie und seinen Heidschnucken zu widmen. Ehe er am Sonntagabend nach der Wahlschlacht von den Fernsehstudios nach Hause fährt, setzt Albrecht einen Brief an Schröder auf. »Da ich Sie bei dem großen Trubel nicht erreichen kann, gratuliere ich Ihnen auf diesem Weg. Ich scheide persönlich ohne Groll und wünsche mir, daß das bei Ihnen auch so ist.« Doch Schröder scheidet nicht. Er fängt erst an.

Den Wahlsieg feiert die SPD mit mehr als zweitausend Gästen im Hannoveraner Kino Capitol. Als Schröder gegen 22 Uhr gemeinsam mit Ehefrau Hiltrud den Saal betritt, jubelt die Menge. Rote und grüne Luftballons schweben über den Köpfen. »Rot-grün, rot-grün«, rufen die Feiernden.

Schon zwei Jahre zuvor hatte sich Schröder dem Ministerpräsidentenposten ganz nahe gefühlt: Im Dezember 1988, als CDU-Innenminister Wilfried Hasselmann wegen einer Falschaussage in der Spielbankenaffäre zurücktreten mußte, hatte er einen Mißtrauensantrag gegen die Koalitionsregierung gewagt. Doch einer aus den eigenen Reihen hatte gegen ihn und für Albrecht gestimmt. Wer es war, blieb im dunkeln.

Durch das gescheiterte Mißtrauensvotum und zahlreiche Angriffe aus den eigenen Reihen ist Schröder angeschlagen, seine Karriere hängt am seidenen Faden. Eine weitere Niederlage kann er sich nicht leisten. Schon orakelt Björn Engholm bei gemeinsamen Wahlkampfveranstaltungen: »Gnade Gott, Gerd, wenn du es nicht schaffst ...« Bei einem gemeinsamen Moskau-Besuch gesteht Schröder im Herbst 1989 Willy Brandt: »Wenn es diesmal nicht klappt, höre ich auf.«

Und es sieht nicht gut aus. Trotz zahlreicher Affären seiner Landesregierung ist Albrecht nahezu unbeschadet geblieben. Auch Schröders Versuche, die CDU/FDP-Koalition im Parlament unter Druck zu setzen, bleiben erfolglos. Bei wichtigen Debatten läßt Albrecht zur Sicherung seiner knappen Mehrheit selbst schwerkranke Abgeordnete in den Landtag bringen. So mußten am 30. Januar 1987 die CDU-Abgeordneten Andreas Luiken (Beinbruch), Werner Weiß (Herzinfarkt) und Fritz Saacke (Hüft-Operation) mit Hubschrauber und Notarztwagen herbeitransportiert werden – Albrecht gewinnt die Abstimmung.

Anfang 1990 scheint zudem die Begeisterung für die bevorstehende deutsche Einheit alles andere aus dem Wahlkampf zu verdrängen. Nicht Lernmittelfreiheit, Kindergarten oder Arbeitsplätze sind zentrales Thema, sondern die Einheit. Der Strom der Übersiedler aus der DDR, der Zusammenbruch des SED-Regimes, der Ruf nach dem »einig Vaterland« ziehen alle Aufmerksamkeit auf sich, landespolitische Themen sind uninteressant. »Albrechts Skandale gerieten in Vergessenheit«, schreibt die *Frankfurter Rundschau.*

Das scheint der Partei Helmut Kohls zu nützen und nicht Schröders SPD. Großflächig plakatiert die CDU einen Schröder-Spruch aus Juso-Zeiten: »Einheit ist eine Lebenslüge. Gerhard Schröder, SPD.« Und genüßlich zitierte CDU-Fraktionschef Jürgen Gansäuer aus alten *Vorwärts*-Artikeln über einen Besuch Schröders bei Honecker: »Hiltrud Schröder hat die symbolträchtige Plastik selbst als Geschenk ausgesucht, weil sie nicht irgendein nichtssagendes Buch mitbringen wollte.« Die Skulptur, die Schröder Honecker überreicht, trägt den hintersinnigen Titel »Vertrauen«: Sie besteht aus zwei Figuren, die Rücken an Rücken stehen.

Obwohl Schröder die Chancen für die Einheit Deutschlands im ersten Sommer nach dem Mauerfall realistischer beurteilt als in Zeiten seiner politischen Jugend, bleibt er bis zuletzt kritisch gegenüber dem Zusammenschluß beider deutscher Staaten. Daran ändert auch ein Besuch in Magdeburg an der Seite Willy Brandts im Anschluß an den Berliner Parteitag im Dezember 1989 nichts. Brandt redet dort auf einer Wahlveranstaltung vor hunderttausend Menschen. »Als ich das gesehen habe, als ich die Hoffnung gespürt habe, die diese Leute in Willy Brandt und damit in uns setzten, habe ich geweint«, erzählt Schröder.

Doch in seinem Wahlkampf ist für derlei Sentimentalitäten kein Platz. Während die Vorgänge um die nahende Einheit immer stärker die Schlagzeilen bestimmen, überzeugt Oskar Lafontaine ihn, daß die SPD nur gewinnen könne, wenn sie aus der Einheit ein sozialpolitisches Thema mache. Fortan stellt Schröder die Kosten der deutschen Einheit in den Vordergrund seiner Reden. Wo Albrecht von den Chancen spricht, warnt er vor den Risiken. Seine Hauptforderung lautet, die deutsche Einheit müsse sozial gerecht gestaltet werden. »Ich will nicht haben, daß die Millionäre an der Einheit verdienen und die Millionen sie bezahlen. Die in der DDR investieren, sollen die Infrastrukturen selber finanzieren, nicht die kleinen Leute«, sagt er nun bei nahezu jedem seiner öffentlichen Auftritte.

Aufmerksam beobachtet er, daß er an diesen Stellen den meisten Applaus bekommt. Verwirrt registriert die CDU nach der Wahl, daß ihre Verluste im Grenzgebiet zur DDR besonders groß sind. CDU-Fraktionschef Gansäuer rätselt: »Unsere Einschätzung war zuvor genau umgekehrt.« Eine Erklärung liefern die Wahlforscher Dieter Oberndörfer und Gerd Mielke von der Arbeitsgruppe Wahlen an der Universität Freiburg: »Die Deutschlandpolitik ist von einem positiv besetzten, eher symbolischen Thema zu einer ›normalen‹, aber auch mit fiskalischen und steuerlichen Überlegungen verbundenen Kraft geworden. Die Wähler reagieren darauf je nach Einschätzung der wirtschaftlichen und sozialen Folgen mit Zustimmung, Indifferenz und Skepsis.«

Für den weiteren Wahlkampf setzt Schröder stark auf die Unterstützung Lafontaines. Der Saarländer hat sich eigens in Hannover zum SPD-Kanzlerkandidaten ausrufen lassen und für den Landtagswahlkampf zahlreiche Auftritte vorgesehen, zwanzig allein zwischen dem 2. und 13. Mai. Das schwere Attentat am Abend des 25. April 1990, als die geistesgestörte Adelheid Streidel Lafontaine am Rande einer Wahlkundgebung in Köln-Mülheim niedersticht (anstelle von Johannes Rau, den sie ursprünglich als Opfer ausgesucht hatte), macht diese Pläne zunichte. Nur knapp entkommt Lafontaine dem Tod. Die Attentäterin hat seine Halsschlagader nur um Millimeter verfehlt. Eine Woche muß er in der Klinik bleiben. Dann wird er nach Hause entlassen.

Kurz darauf besuchen Gerhard und Hiltrud Schröder den noch immer stark Geschwächten in Saarbrücken. Bei Spaziergängen mit Lafontaine und dessen Lebensgefährtin Christa Müller wird Schröder schnell klar, daß der Kanzlerkandidat noch Wochen brauchen wird, um das Attentat zu verwinden. Bei aller Sorge um seinen langjährigen Gefährten hadert Schröder auch mit dem eigenen Schicksal: »Warum immer bei mir?« fragt er sich. Denn eins ist klar: Im Landtagswahlkampf ist er nun auf sich selbst gestellt.

Sein 1990er Wahlkampf unterscheidet sich stark von dem vier Jahre zuvor. War er damals noch selbst im eigenen VW-Passat von Termin zu Termin gehetzt, läßt er sich nun im getunten Oettinger-Bus zu seinen Auftritten bringen – meist auf der Überholspur. Er wirkt schlanker. Das Abgeordneten-Übergewicht hat er abtrainiert. In TV-Werbespots zeigt er sich als leidenschaftlicher Tennisspieler und als Staatsmann im grauen Anzug mit rotweißer Krawatte. Er hofft, die Fernsehwerbung werde mit dem Bild der vermufften SPD aufräumen und das Gegenteil von Spießigkeit und geistiger Enge vermitteln, nämlich Offenheit, Toleranz und Modernität.

Seine Parteifreunde im heimatlichen Wahlkreis Lehrte zeigen für die Tennis-Leidenschaft ihres Spitzenkandidaten kein Verständnis. Sie sind so erbost über Schröders Selbstdarstellung, daß sie sich weigern, in seinem Wohnort Plakate von ihm zu kleben. Doch der SPD-Kandidat ist von der Richtigkeit seiner Kampagne überzeugt. Mit Albrecht, Süssmuth und Hasselmann habe die CDU drei von Grund auf verschiedene Charaktere in ihrer Wahlkampfspitze – den Elder statesman (Albrecht), die fürsorgliche Sozialpolitikerin (Süssmuth) und den bodenständigen Possenreißer (Hasselmann). Schröder: »Bei uns muß das alles ich machen«, gibt Schröder zu bedenken.

Er macht es, und er gewinnt. Doch trotz seines Spitzenergebnisses bei der Landtagswahl kann er sich bis zuletzt seines Sieges nicht sicher sein. Als ihn am 21. Juni der Landtag in Hannover zum neuen Ministerpräsidenten wählen soll, hängt über dem Plenarsaal drohend die Erinnerung an den Dezember 1988, als Schröder mit seinem konstruktiven Mißtrauensantrag gegen Albrecht an einer Gegenstimme aus seiner eigenen Partei gescheitert war.

Am Morgen des 21. Juni 1990 besuchen die Fraktionen von SPD und CDU gemeinsam einen ökumenischen Gottesdienst in der Hannoveraner Marktkirche. Landesbischof Horst Hirschler gibt das Geleit: »Gott sind die letzten ebenso lieb wie die ersten.« Fünf Stunden später ist klar, wer erster ist: Mit allen 79

Stimmen von SPD und Grünen wird Schröder zum neuen Ministerpräsidenten gewählt. 72 Abgeordnete votieren gegen ihn, zwei Stimmen sind ungültig, zwei Abgeordnete enthalten sich. Nachdem er seine neue Regierungsmannschaft vorgestellt hat, steuert er seinen gewohnten Platz auf der Oppositionsbank im Plenum an. Lachend weisen ihn die SPD-Abgeordneten zurück. Von nun an gehört Gerhard Schröder auf die Regierungsbank.

Zwei Tage zuvor hatten er und sein Landesvorsitzender und Fraktionschef Johann Bruns gemeinsam mit den Grünen-Vertretern Thea Dückert, Kurt Dockhorn und Jürgen Trittin bei strahlendem Sonnenschein im Innenhof des Landtags den rotgrünen Regierungspakt unterzeichnet. Damit ist die dritte rotgrüne Koalition in der Geschichte der Bundesrepublik nach Hessen und Berlin perfekt. Zur Feier des Tages erscheint Schröder mit roter Krawatte und die grüne Fraktionschefin Dückert in ihrer Lieblingsfarbe lila. Nicht zwei, sondern mindestens vier Jahre solle das Bündnis halten, versichern sich die fünf, während sie ihre rechten Hände zum Treueschwur aufeinanderlegen.

Den Grünen war die Zustimmung zum Koalitionsvertrag nicht leichtgefallen. Noch neun Tage vor der Unterzeichnung hatten die Unterhändler der Öko-Partei bei einem Treffen mit etwa fünfzig Vertretern aus den Kreisverbänden Nachverhandlungen gefordert. Kern der Kritik ist die als völlig unzureichend empfundene Vergabe von nur zwei von zwölf Ministerposten an die Grünen – für Frauen sowie für Bundesrats- und Europaangelegenheiten. Die links-alternative *tageszeitung* spottet: »Die Grünen zum Spartarif.« Streit hatte es vor allem um die Besetzung des Umweltministeriums gegeben, für das Schröder die ehemalige Greenpeace-Vorsitzende Monika Griefahn vorgesehen hat, mit vierunddreißig Jahren die Jüngste in seinem Kabinett. Dabei hat er das Beispiel Oskar Lafontaines fest im Blick. Dieser hatte fünf Jahre zuvor den populären Umweltschützer Josef (Jo) Leinen zum saarländischen Umweltminister gemacht und damit den Einzug der Grünen ins Landesparlament vereitelt. Mit mageren 2,5 Prozent waren sie draußen vor der Tür geblieben.

Auch den Grünen in Niedersachsen sind die möglichen Folgen eines Verzichts auf das Umweltressort bewußt. Lange streiten sie um das Amt – ohne Erfolg. Schon vor Beginn der Koalitionsverhandlungen hat Schröder das Umweltministerium als nicht verhandelbar erklärt. Erfolglos fordern die Öko-Aktivisten im Tausch gegen das von ihnen beanspruchte Umweltressort wenigstens eines der klassischen Ministerien, etwa Justiz oder Wirtschaft. Am Ende dürfen sie dann je einen Staatssekretär ins Umwelt- bzw. Kultusministerium abordnen, und dem von der Grünen-Politikerin Waltraud Schoppe übernommenen Frauenministerium werden zusätzlich die Bereiche Jugend und Sport zugeordnet. Verhandlungsführer Trittin: »Mehr war bei unserem Wahlergebnis von 5,5 Prozent nicht drin.«

Trotz einer Reihe von »Kröten« (Trittin), die man habe schlucken müssen, einigen SPD und Grüne sich auf einen umfangreichen Maßnahmenkatalog. Kernpunkt ist die Koalitionsvereinbarung »Ausstieg aus der Atomenergie«, die die Verhandlungskommissionen beider Parteien am 1. Juni 1990 beschlossen haben. Im ersten Absatz des Zwölf-Punkte-Katalogs heißt es: »Die Koalitionspartner teilen die gemeinsame Auffassung, daß die Nutzung der Atomenergie zur Energieversorgung sich spätestens nach dem Reaktorunfall in Tschernobyl mit seinen katastrophalen Folgen als unverantwortbares Risiko erwiesen hat. Zudem ist bis heute die Frage der Bearbeitung und Lagerung des entstehenden Atommülls ungelöst. Das bisher verfolgte Entsorgungskonzept hat sich als untauglich erwiesen. Die Koalitionspartner werden das politische Mandat nutzen und im Rahmen des geltenden Rechts alle Möglichkeiten ausschöpfen, um den Ausstieg aus der Atomwirtschaft in Niedersachsen zu erreichen.«

Damit sind gleich zwei wichtige Sicherungen eingebaut, die klarstellen, daß die neue Regierung nicht von sich aus alle Kernkraftwerke einfach abstellen kann, sondern das politische Mandat nutzen muß, um im Rahmen des geltenden Rechts zu handeln. Denn auch eine rot-grüne Landesregierung kann nur begrenzt eigenständig handeln, wenn es um Fragen der Reaktorsicherheit geht. Gleiches gilt für das Problem der Endlagerung radioaktiver Materialien im Schacht Konrad bei Salzgitter und in Gorleben. Hier stellen die Koalitionspartner schon zu Beginn ihrer Amtszeit fest, daß »der Landesregierung keine atomrechtlichen Einwirkungsmöglichkeiten zur Verfügung stehen«.

In den zwölf Punkten zum Ausstieg aus der Atomenergie gibt die SPD weitgehend nach, während die Grünen ihre Forderungen nach Abschaffung des Verfassungsschutzes und der Auflösung kasernierter Polizeiverbände aufgeben müssen. Weitere Kernpunkte des Koalitionsvertrages sind der Verzicht auf die Verbrennung von Abfall mit Ausnahme giftiger Stoffe, der Ausbau öffentlicher Verkehrsmittel, die Einführung des Stimm- und Wahlrechts für Ausländer und die im Zuge eines Frauengleichstellungsgesetzes bevorzugte Einstellung von Frauen im öffentlichen Dienst. Zudem setzen die Grünen ihre Forderung durch, für Gemeinden mit mehr als 10000 Einwohnern eine hauptamtliche Frauenbeauftragte zu bestellen.

Schröder hat sich als »ebenso konsequenter wie geschickter Verhandlungspartner der SPD erwiesen«, urteilt die *Süddeutsche Zeitung*. Mit nur wenigen Abstrichen kann er seine ursprünglichen Vorstellungen umsetzen. Seine Ministerliste orientiert sich weitestgehend an seinem Schattenkabinett. Überraschend ist nur die Absage des Landesvorsitzenden Johann Bruns für den Posten des Finanzministers, der statt dessen von dem ostfriesischen Landrat Hinrich Swieter übernommen wird.

Vor der Wahl hatte Schröder auch den SPD-Bundestagsabgeordneten Peter Struck gefragt, ob er nicht Finanzminister in seinem Kabinett werden wolle. Struck wollte. Doch nach der Wahl wartet er vergebens auf Schröders Anruf. Als er schließlich aus dem Radio erfährt, daß an seiner Stelle Hinrich Swieter Finanzminister werden soll, stellt er Schröder zur Rede. Dieser schaut einen Augenblick überrascht drein. Dann beginnt er zu lachen. Und Struck lacht mit.

Schröders erstes Kabinett besteht überwiegend aus bodenständigen und im niedersächsischen Raum verwurzelten Politikern – für den neuen Regierungschef eine Garantie für die Gestaltung echter Landespolitik. So stammt Landwirtschaftsminister Karl Heinz Funke aus dem Oldenburgischen und bewirtschaftet den ererbten Hof noch selbst. Bildungsminister

Rolf Wernstedt hat in Göttingen studiert, war Studienrat und später Lehrbeauftragter an der Universität Hannover. Wirtschaftsminister Peter Fischer war Wirtschaftsdezernent der Landeshauptstadt. Justizministerin Heidrun Alm-Merk stammt zwar aus Bayern, war jedoch seit 1973 als Beamtin in Hannover tätig. Sozialminister Walter Hiller, aus Baden-Württemberg stammend, hat sich in dreißig Jahren bei VW zum Gesamtbetriebsratsvorsitzenden hochgearbeitet. Innenminister Gerhard Glogowski war Oberbürgermeister von Braunschweig.

Der aus Hamburg stammende Volkswirt hat gemeinsam mit dem Fraktionsvorsitzenden Bruns den meisten Einfluß unter den sozialdemokratischen Landtagsabgeordneten. Auch deshalb macht ihn Schröder zum Stellvertretenden Ministerpräsidenten. In der SPD ist er von Kindesbeinen an verwurzelt: Glogowskis Vater war Fahrer der SPD-Vorsitzenden Kurt Schumacher und Erich Ollenhauer in Bonn. Bei Wehners zu Hause hatte der Sohn hin und wieder Schularbeiten gemacht.

Zwei Frauen aus seinem Schattenkabinett opfert Schröder. Die Göttinger Sozialwissenschaftlerin Bärbel Kern, für das Frauenressort vorgesehen, muß zugunsten der Grünen ebenso verzichten wie die langjährige parlamentarische Geschäftsführerin der SPD-Bundestagsfraktion, Brigitte Schulte, die gern Bundesratsministerin geworden wäre. So kann Schröder seine Ankündigung, die Hälfte der Kabinettsmitglieder werde von Frauen besetzt, nicht wahr machen. Nur vier von elf Ministern sind Frauen. Kritikern hält er vor, es seien immer noch mehr als bei der letzten Regierung Albrecht, die mit Finanzministerin Birgit Breuel nur eine einzige weibliche Spitzenpolitikerin im Kabinett hatte.

Selbstbewußt tritt Schröder sein neues Amt an. Mit Ehefrau Hiltrud werde er Niedersachsen moderner repräsentieren als das Ehepaar Albrecht, kündigt er an: »Ihr Verständnis ist eher eines von Landesvater und Landesmutter. Unser Verständnis ist eher eines von einem aufgeklärten Manager und einer dazu passenden Frau.«

Trotz des neuen Amtes zieht die Familie nicht in die ihr zustehende Dienstvilla in Hannover, sondern bleibt in Immensen östlich der Landeshauptstadt auf dem Land wohnen. Aus Sicherheitsgründen plaziert die Polizei einen Container für die Wachmannschaften neben dem Schröder-Haus. Beamte des Landeskriminalamtes lassen die Fensterscheiben durch grünliches Panzerglas ersetzen und Überwachungskameras zur Kontrolle des Eingangs installieren. Das Vorhaben der Polizei, das Gebäude auch nachts mit Scheinwerfern anzustrahlen, kann Hiltrud Schröder verhindern. Sie will auch weiterhin normal leben können, so gut es geht. Eines Tages wird ihr die veränderte Lage brutal bewußt. Als sie und ihr Mann nicht zu Hause sind, klingelt es an der Haustür. Die Töchter öffnen. Ein offenbar geistig verwirrter Mann steht vor ihnen und will Schröder sprechen. Geistesgegenwärtig schließen die Töchter die Tür. Daraufhin beschließt die Polizei den Bau eines kugelsicheren Wintergartens vor Schröders Haus, aus dem heraus Besucher gemustert werden können.

Es ist ein hoher Preis, doch er scheint es wert zu sein. Endlich kann Schröder seine politischen Vorstellungen umsetzen und dabei auch die eigenen Fähigkeiten überprüfen. »Ich glaube schon, daß ich das kann«, sagt er, gerade Ministerpräsident geworden. »Ich habe das immer geglaubt. Aber jetzt kann ich es beweisen – anderen, aber auch mir selbst.« Die Grünen unterstützen ihn dabei. Auf ihrem Landesparteitag in Hannover billigen sie mit 77 zu 54 Stimmen den Koalitionsvertrag. Verhandlungsführer Trittin hat schon bei Beginn der Debatte deutlich gemacht: »Wir können fliegen oder weiter am Rande des Abgrunds hüpfen.« Die meisten wollen fliegen.

Doch schon bald steht die neue Regierung vor ihrer ersten Bewährungsprobe: Soll Niedersachsen dem Staatsvertrag mit der DDR im Bundesrat zustimmen oder nicht? Die Mehrheit der SPD ist dafür, doch die Grünen und auch Schröder argumentieren dagegen. In den Koalitionsverhandlungen waren die Verhandlungsführer übereingekommen, nur dann im Bundesrat die Stimmen Niedersachsens abzugeben, wenn beide Partner in der Abstimmungssache einer Meinung sind. Wo immer dies nicht der Fall ist, müsse Niedersachsen sich des Votums enthalten. Dieser Passus ist von großer Bedeutung, denn mit Schröders

Sieg in Niedersachsen hat die SPD auch eine Mehrheit von 23 zu 18 Stimmen im Bundesrat.

Kernpunkt des umstrittenen Staatsvertrages mit der DDR ist die Währungs- und Wirtschaftsunion – die Einführung der D-Mark auf dem Gebiet der damals noch bestehenden DDR. Am 7. Februar 1990 hatte die Bundesregierung beschlossen, unverzüglich in Verhandlungen darüber einzutreten. Eine eigene DDR-Währung, so kalkulierte Kanzler Kohl, werde sich nach dem Fall der Mauer nicht mehr lange behaupten. Die Menschen würden zur D-Mark ziehen, weitere Übersiedlungen wären die Folge.

Der Sachverständigenrat zur Begutachtung der gesamtwirtschaftlichen Entwicklung äußert schwere Bedenken gegen das Vorhaben. Auch Bundesbankpräsident Karl Otto Pöhl ist dagegen: Der Transferbedarf der DDR werde weit über die Schätzungen der Bundesregierung hinausgehen und jeden finanzpolitischen Rahmen sprengen, mahnt der Bankier.

Der ungeklärte Transferbedarf ist einer der Gründe, warum Schröder und die Grünen den Staatsvertrag ablehnen. Energischster Gegner des Vertragswerks ist SPD-Kanzlerkandidat Lafontaine. Wochenlang hat er mit dem SPD-Vorsitzenden Hans-Jochen Vogel über die Grundsatzhaltung der SPD gestritten und sogar mit dem Rücktritt als Kanzlerkandidat gedroht. Nach Lafontaines festem Willen soll die Partei den Vertrag im Bundestag ablehnen, um ihn erst im Bundesrat passieren zu lassen. Damit würde die SPD ein deutliches Zeichen gegen das seiner Meinung nach mangelhafte Vertragswerk setzen. Zugleich fordert er Nachbesserungen, etwa bei Umweltfragen, und verlangt mehr Schutz für DDR-Produkte und Unternehmen vor westlicher Konkurrenz.

Doch Parteichef Vogel und mit ihm die meisten Mitglieder der SPD-Bundestagsfraktion sind gegen den Lafontaine-Plan. Und sie setzen sich durch. Am 14. Juni 1990 nimmt der SPD-Parteirat bei fünf Gegenstimmen und fünf Enthaltungen eine Resolution an, der auch der Parteivorstand mit einer Enthaltung (Klaus von Dohnanyi) zustimmt. Um ihren Kanzlerkandidaten nicht öffentlich zu beschädigen, begründet die SPD ihr Ja zum

Staatsvertrag mit folgenden Argumenten: 1. Die sozialdemokratische Initiative zu Nachbesserungen habe zu substantiellen Veränderungen im Vertrag und zur Minderung der Risiken für die Menschen in der DDR geführt. 2. Wegen des beispiellosen Zeitdrucks, unter den Helmut Kohl das Verfahren gesetzt habe, hätten weitere vermeidbare Risiken nicht verhindert werden können. 3. Allein die Tatsache, daß eine Verzögerung des Währungsumtausches Hoffnungslosigkeit und Verzweiflung in der DDR auslösen würde, veranlasse die SPD, dem unvermeidbaren und notwendigen Inkrafttreten des Vertrags zuzustimmen. Dies bedeute aber nicht, daß sie den von Kanzler Kohl eingeschlagenen Weg und den Inhalt des Vertrages in allen seinen Bestandteilen billige.

Ungeachtet dessen bringt die niedersächsische Koalitionsregierung einen Entschließungsantrag ein, in dem dargelegt wird, welche Probleme man mit dem Staatsvertrag habe. Doch am folgenden Tag stimmt der Bundesrat mit siebenunddreißig gegen acht Stimmen für den Staatsvertrag. Nur Niedersachsen und das Saarland votieren dagegen. Noch nach der Abstimmung bekräftigt Lafontaine, ihm wäre ein Nein der SPD im Bundestag und ein Ja im Bundesrat lieber gewesen.

Knapp eine Woche später, am 27. Juni 1990, gibt der neue niedersächsische Ministerpräsident seine erste Regierungserklärung ab. Sie dauert zwei Stunden, das Redemanuskript ist einundneunzig Seiten dick. Sein Nein zum Staatsvertrag sei kein Nein zur deutschen Einheit, sondern »die Ablehnung eines Instrumentes, das wir für untauglich hielten und halten«, sagt Gerhard Schröder. Die Sorge um das Wohl der Menschen in Niedersachsen stehe für seine Regierung im Vordergrund. Wer dies vernachlässige, erhalte auch nicht die Akzeptanz der Menschen für großzügige Hilfe an die DDR.

Die Regierungserklärung hält sich sowohl in ihrem thematischen Aufbau – sie beginnt mit Frauen- und Umweltpolitik – als auch in ihren Forderungen eng an das mit den Grünen ausgehandelte Koalitionspapier. Als zentrale Absicht der Umweltpolitik nennt Schröder eine Korrektur der Fehlentscheidungen in der Atompolitik. Seine Regierung werde alle Möglichkeiten ausschöpfen, um das Atomkraftwerk Stade abzuschalten, das Endlager Gorleben nicht zuzulassen und das Projekt Schacht Konrad nicht weiterzuverfolgen.

Mit dem Wahlsieg kommen neue Pflichten: Der niedersächsische Ministerpräsident wird Mitglied in den Aufsichtsräten von VW – das Land ist mit zwanzig Prozent größter Einzelaktionär –, der Norddeutschen Landesbank (Nord-LB) und der Deutschen Messe AG, Veranstalter der weltgrößten Industrieschau Hannover-Messe und der Computermesse Cebit.

Am 19. Juli 1990 nimmt Schröder erstmals an einer Sitzung des VW-Aufsichtsrates teil. Am Rande der Hauptversammlung in Berlin stellt er sich den Mitgliedern vor. »Die anderen Aufsichtsratsmitglieder haben mich sehr zurückhaltend betrachtet«, erinnert er sich. Eine Blöße will er sich nicht geben. »Obwohl das Land ja zwanzig Prozent der Aktien hält, habe ich immer darauf geachtet, nicht den Eindruck zu erwecken, wir würden eine Eigentümerhaltung einnehmen. Und ich habe auch darauf Wert gelegt, stets sehr gut vorbereitet zu sein.«

Fortan läßt Schröder kaum eine Gelegenheit aus, sich um die Belange der Autoindustrie zu kümmern und sich als »Automann« zu präsentieren. »Automobile sind die Kohle Niedersachsens«, sagt er, um zu verdeutlichen, wie stark das Land von Wohl und Wehe seines größten Fahrzeugbauers abhängt. Dafür wettert er gegen die SPD-Forderung nach einem allgemeinen Tempolimit und kritisiert später Pläne zur Einführung einer ökologischen Steuerreform. Seine Erkenntnis: Die SPD brauche wenigstens ein Massenthema, und das sei das Auto.

Als der US-Konzern General Motors (GM) im Mai 1993 Strafantrag gegen den neuen VW-Einkaufschef und ehemaligen GM-Manager José Ignacio López stellt – der Baske soll geheime Papiere von seinem alten Arbeitgeber aus den USA mit nach Wolfsburg genommen haben – weist Schröder scharf zurück: »Volkswagen ist Zielscheibe einer Kampagne ausländischer Konkurrenten. General Motors und dessen Töchter wollen Europas größten Automobilhersteller treffen. Gelingt dies, wird die gesamte deutsche Industrie geschwächt. Deutschland wäre der Verlierer, Amerika, Frankreich und vor allem Japan die Gewinner.« Gleichzeitig appelliert er an die deutschen Automobilhersteller, mehr Solidarität mit dem neuen VW-Topmanager zu zeigen. »Eigentlich müßten die anderen deutschen Automobilhersteller die durchsichtigen GM-Motive doch erkennen«, sagt er dem *Handelsblatt*.

Kurz darauf greift er die gegen López ermittelnde Staatsanwaltschaft Darmstadt scharf an, beklagt die mangelnde Fairneß des Verfahrens und bezichtigt die Behörde der Befangenheit, da sie auch Untersuchungsergebnisse verwende, die von Opel-Detektiven zusammengetragen worden seien. Keine Woche später antwortet die Rüsselsheimer Adam Opel AG, Deutschlands GM-Tochter: Schröders Attacken gegen die Staatsanwaltschaft Darmstadt ließen den Verdacht entstehen, er benutze seinen Einfluß als Ministerpräsident dazu, im Interesse von VW Druck auf eine unabhängige Ermittlungsbehörde auszuüben. »Ich habe die Verärgerung und Verbitterung bei GM unterschätzt«, räumt Schröder rückblickend ein.

Unberührt von den Rechtsstreitigkeiten um seine Person setzt López das bei VW begonnene Kostensenkungsprogramm fort. Als Einkaufschef hat er die Aufgabe, die Kosten bei den Zulieferbetrieben zu senken. Streit bleibt nicht aus, und schon bald werfen die Teilehersteller – viele davon in Niedersachsen angesiedelt – dem Basken öffentlich vor, mit rüder Einkaufspolitik viele der insgesamt dreitausend deutschen Zulieferer in den Ruin zu treiben.

Im Mai 1993 kommt es auf Betreiben der Präsidentin des Verbandes der Automobilindustrie (VDA), Erika Emmerich, in Hannover zu einem Treffen zwischen VW-Vorstand Ferdinand Piëch und vierzig führenden Vertretern der Zuliefererbranche. Auf Wunsch der VDA-Vorsitzenden leitet Schröder das Gespräch. »Dieses Verfahren ist einmalig in der Geschichte unseres Verbandes. Einen Ministerpräsidenten hatten wir noch nie um Vermittlung gebeten«, sagt VDA-Geschäftsführer Martin Herzog, im Verband für die Zulieferer zuständig. Bei dem dreistündigen Gespräch werden die unterschiedlichen Auffassungen deutlich: VW besteht auf Kostensenkung, die Teilehersteller fürchten um ihre Gewinne. Eine Lösung läßt sich nicht finden.

Die Verhandlungspartner kommen überein, sich in sechs Monaten erneut zu treffen. Schröder aber hat sich als Vertrauensperson der Automobilindustrie profilieren können.

Trotz aller Vermittlungsversuche schwelt die López-Affäre unterdessen weiter. Im Sommer 1996 treiben die beiden Kontrahenten General Motors/Opel und Volkswagen scheinbar unaufhaltsam auf eine juristische Schlacht vor amerikanischen Gerichten zu. VW, so wird in Wolfsburg spekuliert, droht im Falle einer Niederlage ein Schaden in Milliardenhöhe und nicht abzusehender internationaler Ansehensverlust. In letzter Minute gelingt es Walther Leisler Kiep, Mitglied des VW-Aufsichtsrates und früherer niedersächischer CDU-Finanzminister, Emissäre der beiden Konzerne in London an einen Tisch zu bringen. In einem abgelegenen Firmen-Gästehaus am Stadtrand von London unternehmen Vertreter von GM und VW am 16. September 1996 den letzten Versuch, doch noch einen Kompromiß zu finden, mit dem sich der drohende ruinöse Rechtsstreit vermeiden läßt. Die Verhandlungen erweisen sich als äußerst schwierig. Schließlich verlangen die GM-Manager, daß Schröder als Vertreter der VW-Eigentümer nach London kommt. Ohne Wissen selbst seiner engsten Mitarbeiter fliegt er gegen Mittag mit einem Firmen-Jet in die britische Hauptstadt.

Wenige Stunden später ist der Durchbruch geschafft. Schröder stimmt zu, daß VW 155 Millionen Mark an GM zahlt und darüber hinaus in den nächsten sieben Jahren für weitere eineinhalb Milliarden Autoteile beim Konkurrenten kauft. General Motors zieht im Gegenzug alle zivilrechtlichen Klagen gegen Volkswagen zurück.

Als Schröder an diesem Abend mit zweistündiger Verspätung auf einem Empfang in Bonn eintrifft, wehrt er alle Fragen nach dem Grund seines späten Erscheinens ab. Ein niedersächsisches Unternehmen habe »da ein paar Probleme« gehabt, sagt er nur lachend – »aber alles wieder im Griff«. Die Unterhändler in London haben strikte Geheimhaltung vereinbart.

Aufsehen erregt nicht nur Schröders Engagement für VW. Zugunsten eines Projektes von Daimler-Benz hatte er sogar einen Konflikt mit seinem Koalitionspartner riskiert.

Aufsehen erregt auch sein Engagement für Daimler Benz. Mitten im emsländischen Papenburger Moor verschafft er dem Stuttgarter Konzern eine Auto-Teststrecke – 870 Hektar groß, 12,8 Kilometer lang, geeignet für Autotests bis 250 km/h Spitzengeschwindigkeit. Seit Mitte der siebziger Jahre hatte das Unternehmen versucht, eine solche Strecke für die Neuwagenentwicklung zu errichten, zunächst im badischen Boxberg, wo das Projekt nach Bauernprotesten scheiterte, dann im Ausland.

Obwohl Schröder mit den Grünen eine Politik der Verkehrswende vereinbart hat (»vom motorisierten Individualverkehr zum Gemeinschaftsverkehr«) und im Koalitionsvertrag festgeschrieben ist, »eine Prüfstrecke durch das Land Niedersachsen nicht zu fördern«, nötigt er seinen Koalitionspartner nach nur einem Jahr, dem Teststreckenprojekt zuzustimmen. Andernfalls, so droht er, lasse er die Regierung platzen. Daraufhin werfen die Grünen einen Parteitagsbeschluß um und geben nach – »was sie fortan öfter taten, nachdem sie sich einmal als erpreßbar erwiesen hatten«, kommentiert die *Frankfurter Rundschau*.

Während die Fraktionsvorsitzende der Grünen, Thea Dükkert, die Entscheidung für die Teststrecke als »politische Niederlage« wertet, sieht Schröder darin die Einlösung »eines der wichtigsten Versprechen der Reformkoalition: Ökologie und Ökonomie miteinander in Einklang zu bringen«. Denn zum Ausgleich des Pistenbaus verpflichtet sich Daimler-Benz, auf dem Baugelände 580 Hektar Moorfläche für den Artenschutz herzurichten. Der Bau der Teststrecke sei also auch »ein Beitrag zum Umweltschutz«, argumentiert Schröder. Zudem brauche Deutschland »umweltfreundlichere, sicherere Autos. Diese produzieren zu helfen, dazu scheint eine Teststrecke nun allerdings vernünftiger als nächtliche Bremstests auf der Autobahn – wie sie Mercedes derzeit noch durchführt«, schreibt er in seinem Buch »Reifeprüfung«. Am Ende erkennt sogar Schröders grüne Verhandlungspartnerin Thea Dückert ein Ergebnis, das sich ökologisch sehen lassen kann. Und Schröder urteilt: »Diese politische Probefahrt hat gezeigt, daß es möglich ist, mit Wirtschaftsunternehmen konstruktiv zusammenzuarbeiten.«

Damit ist das Projekt zwar genehmigt, doch noch nicht gebaut. Erst Anfang 1995, nachdem Umweltschützer jahrelang in Hüttendörfern gegen die Teststrecke Papenburger Moor demonstriert haben, beginnen die Rodungsarbeiten: 350 Polizisten räumen das Gelände, Bagger reißen die achtzehn Hütten nieder. In Hamburg demolieren Sympathisanten der vertriebenen Besetzer die Mercedes-Niederlassung in Altona.

Die Art und Weise, wie es Schröder gelingt, trotz Beteiligung der Grünen an seiner Landesregierung Mercedes die Genehmigung für die Teststrecke zu verschaffen, macht in Unternehmerkreisen Eindruck. »Viele hatten doch behauptet, daß mit Beginn unserer rot-grünen Regierung für die Wirtschaft die Lichter ausgehen«, empört sich der Landeschef. Das Gegenteil ist der Fall. Das Bündnis überrascht mit unternehmerfreundlichen Entscheidungen, deren ökologischer Sinn sich erst bei genauerer Prüfung erschließt. Die Ausbaggerung der Ems für den Bau des 246 Meter langen und 450 Millionen Mark teuren Kreuzfahrtschiffes »Century« auf der Meyer-Werft in Papenburg ermöglicht Schröder ebenso wie eine neue Erdgaspipeline durch das Wattenmeer für den norwegischen Energiekonzern Statoil. Proteste von Umweltschützern erstickt er mit dem Hinweis auf Arbeitsplätze. Erst als er sich, ohne seine Koalitionspartner oder die eigene Fraktion zu informieren, bei der Bundesregierung für den Export von U-Booten nach Taiwan stark macht, bekommt er die volle Verärgerung von Grünen und SPD zu spüren und muß sich sogar vor einem Untersuchungsausschuß rechtfertigen – ohne Folgen.

Ist Schröder, wie oft behauptet wird, ein »Genosse für Bosse«? Sonnt er sich im Glanz der Vorstandsvorsitzenden von Siemens, BMW und VW, die in einem Monat verdienen, was er im ganzen Jahr nicht nach Hause bringt? Zweifellos genießt er es, von den Spitzenmanagern der Republik respektiert zu werden. Mühsam hat sich der Ex-Juso in Wirtschaftsthemen eingearbeitet. Jetzt drängen sich Unternehmer bei seinen Vorträgen. Wenn er wie in Hamburg vor fast dreihundert Managern des Unilever-Konzerns dann auch noch ruft: »Wir sind nicht schlechter geworden, sondern die anderen sind besser geworden«, und fordert: »Man sollte ganz unbefangen sagen, daß jedes

Land Eliten braucht«, ist ihm der Applaus gewiß. Wenn er dann auch noch seine Partei mit einem niedersächsischen Schafstall vergleicht (»Wenn man sich nähert, riecht's ein bißchen. Aber wenn man drinnen ist, ist's schön warm«), dann schlagen sich die Unternehmer vor Begeisterung auf die Schenkel. »Wir haben den richtigen Sozialdemokraten eingeladen«, schwärmt Konzernchef Manfred Stach.

Heinz Ruhnau, langjähriger Vorstandsvorsitzender der Lufthansa, erklärt, was Wirtschaftsführer an Schröder schätzen: »... daß er den Eindruck vermittelt: ›Ich habe euch verstanden‹, daß er zuverlässig zu seinem Wort steht, daß er bereit ist, die Wähler mit den Notwendigkeiten zu konfrontieren«.

Ob Handelskammer, ob CDU-Wirtschaftskreis – stets sind die Säle voll, wenn Schröder spricht, und die Begeisterung ist groß. »Daß er von Wirtschaft keine Ahnung hat«, wie die *Frankfurter Allgemeine Zeitung* einmal böse bemerkt, »merken die wenigsten«. Doch solche Verrisse und auch die Kritik, ein »wirtschaftspolitisches Konzept ist hinter den diversen Vorschlägen und Aktionen Schröders nirgendwo erkennbar« *(Der Tagesspiegel)* lassen ihn kalt. Wichtiger ist ihm der Respekt der Unternehmer und Arbeitnehmer. Mindestens einmal pro Woche besucht er Betriebe in Niedersachsen. Mit Wirtschaftsvertretern bereist er Exportländer wie Korea, Singapur und Südafrika.

Für Schröder steht fest: »Wahlen kann man in Deutschland nur gewinnen, wenn man wirtschaftliche Kompetenz hat.« Und die reklamiert er durch pragmatische Lösungsvorschläge in ideologisch verfahrenen Debatten. Bei der stark emotional geführten Diskussion um die Nutzung der Kernenergie macht er auch vor früheren Grundsätzen nicht halt. Gemeinsam mit dem späteren baden-württembergischen Umweltminister Harald B. Schäfer hatte er im August 1986 auf dem SPD-Parteitag in Nürnberg den Antrag zum Ausstieg aus der Kernenergie eingebracht und durchgesetzt. In dem von den Delegierten angenommenen Initiativantrag 1 zur Energiepolitik hieß es: »Wir werden von uns aus alles tun, damit innerhalb des Zeitraumes von zehn Jahren eine Energieversorgung ohne Atomkraft für die Bundesrepublik Deutschland verwirklicht wird. Wenn die Akteure in

Staat, Wirtschaft und Gesellschaft zusammenwirken, werden wir weniger als ein Jahrzehnt benötigen, um in einem geordneten Rückgang das letzte Atomkraftwerk abzuschalten.« Um dieses Ziel schnell durchzusetzen, beschlossen die Delegierten ein Sofortprogramm für die nächsten zwei Jahre, darunter die Änderung des Atomgesetzes mit dem Ziel der Stillegung aller Atomkraftwerke, ein Verbot der Erteilung von Bau und Betriebsgenehmigungen für weitere Atomkraftwerke sowie Ablehnung der Wiederaufarbeitung, Verzicht auf die wirtschaftliche Nutzung von Plutonium und Unterbindung des Exports von Kernkraftwerken.

Tatsächlich ist die SPD jedoch in den folgenden Jahren ihrem Ziel nicht nähergekommen, selbst in Ländern nicht, in denen sie regiert. So muß sie sich eingestehen, daß Atomgesetze Bundesgesetze sind und nur im Zusammenwirken mit der Bundesregierung zu ändern sind. Das sieht auch die Bonner Regierungskoalition so, die ihrerseits auf die Mitwirkung der Opposition angewiesen ist, um die langfristige Sicherung der Energieversorgung zu gewährleisten.

Zur Klärung der Fragen hinsichtlich der Nutzung der Kernenergie, der heimischen Steinkohle und der Atommüllentsorgung laden Bundesumweltminister Klaus Töpfer (CDU) und Wirtschaftsminister Günter Rexrodt (FDP) im Frühjahr 1993 Vertreter von SPD, FDP, CSU, Grünen sowie von Umweltverbänden und Energieunternehmen zu Gesprächen über einen möglichen nationalen Energiekonsens nach Bonn. Verhandlungsführer für die SPD ist Gerhard Schröder. Bei den Expertentreffen, die Ende Oktober 1993 ergebnislos abgebrochen, später aber erneut aufgenommen werden, geht es im Kern um drei Problemfelder: das Offenhalten des Baus neuer Kernkraftwerke, die Restlaufzeit der einundzwanzig am Netz hängenden deutschen Atommeiler und die Entsorgung des radioaktiven Mülls.

Schröder hat seine Kompromißbereitschaft auf dem sensiblen Feld der Atompolitik schon zuvor unter Beweis gestellt. Mit dem später tödlich verunglückten VEBA-Chef Klaus Piltz hatte er ein Papier ausgehandelt, das er als Beweis für einen neuen energiepolitischen Konsens zwischen Sozialdemokraten und

Energiewirtschaft deutet. Kernpunkte der Übereinkunft sind die Fortschreibung einer Restlaufzeit für die noch im Betrieb befindlichen Kernkraftwerke (nach Schröders Auffassung fünfundzwanzig Jahre); die Vereinbarung, diese Kraftwerke nicht durch Leichtwasserreaktoren zu ersetzen, sondern – wenn überhaupt – durch einen neuartigen »inhärent sicheren« Atommeiler, bei dem selbst beim größten anzunehmenden Unfall eine Verstrahlung der Umwelt nicht möglich wäre. Gleichzeitig erzielen Schröder und Piltz eine Einigung in der Entsorgungsfrage, darunter den Ausstieg aus Wiederaufarbeitung und Plutoniumwirtschaft. Wichtigster Punkt im Verhandlungspapier ist die Übereinkunft, daß ein Wiedereinstieg in die Kernenergie bei der Entwicklung neuer Reaktoren und bei einer »breiten politischen Mehrheit« möglich bleibt. Schröder interpretiert diesen Passus als »Zweidrittelmehrheit des Bundestages«, wiewohl davon konkret nicht die Rede ist. Ein ähnliches Modell hält er auch bei den Bonner Gesprächen für durchsetzbar.

Nach zweijährigen Verhandlungen stehen Regierung und SPD – die Grünen sind mittlerweile ausgeladen – im Juni 1995 kurz vor einem Kompromiß. In dem auch von Schröder gebilligten Vorschlag heißt es im trockenen Vertragsdeutsch: Unter der Bedingung, daß »konkrete Neubauten [von Kernkraftwerken – Anm. d. Autoren] die Zustimmung der SPD voraussetzen, toleriert die Partei Maßnahmen, eine KKW-Neubau-Option ausübbar zu halten.« Im Klartext: Ohne Zustimmung der SPD gibt es keine neuen Atomkraftwerke. Dafür lehnen die Sozialdemokraten aber den Neubau von Kernkraftwerken nicht mehr grundsätzlich ab.

Für den Pragmatiker Schröder bedeutet diese Formulierung den Einstieg in den Ausstieg der Kernenergienutzung. Doch für SPD-Vize Oskar Lafontaine und den damaligen Parteivorsitzenden Rudolf Scharping ist sie nicht mit dem Parteitagsbeschluß zum Ausstieg aus der Atomenergie vereinbar. Sie lehnen den Vorschlag ab. »Der Verzicht auf die Kernenergie darf nicht mit dem Wiedereinstieg verbunden werden«, mahnt Scharping. Zwar ist man sich über das Ziel einig (Ausstieg aus der Atomenergie), doch gibt es fundamental verschiedene Auffassungen über den Weg zum Ziel. Während Schröder eine langfristige, pragmatische Haltung vertritt, bestehen Lafontaine und – nach längerer Unentschlossenheit – auch Scharping auf ihrer eindeutigen Ablehnung der Kernenergie. »Warum sollte man sich den Einstieg offenhalten, wenn man ohnehin den Ausstieg will?« fragen sie. Entnervt erklärt Schröder: »Wenn der Kompromiß zu hundert Prozent die Beschlußlage der Partei widerspiegeln soll, dann wird es schwierig.«

Trotz des Scheiterns der Energiekonsens-Gespräche erzielt Schröder als Chefunterhändler der SPD bundespolitisch hohe Aufmerksamkeit, sein Bekanntheitsgrad wächst. Seit 1986 ist er Mitglied im SPD-Parteivorstand, seit 1989 auch im Präsidium. Seine Stimme hat Gewicht. Journalisten suchen seine Meinung – vor allem, wenn sie von der gängigen Parteilinie abweicht.

Auch in der Debatte um eine Änderung des Asylrechts – in den Jahren 1992 und 1993 das bestimmende Thema der öffentlichen Diskussion – sorgt Schröder für Schlagzeilen. Hintergrund der Debatte sind die rasant gestiegenen Asylbewerberzahlen. Hatten 1989 noch 120000 Menschen in der Bundesrepublik Asyl beantragt, so sind es drei Jahre später schon 440000. Kommunen und Gemeinden klagen über die Pflicht, Asylsuchende – in Turnhallen, Schulen und in eigens errichteten Behelfsunterkünften – unterbringen zu müssen. Die Bonner Parteien sehen sich zum Handeln gezwungen.

Tagelang ringen die Fraktionsvorsitzenden von CDU/CSU, FDP und SPD – Wolfgang Schäuble, Hermann Otto Solms und Hans-Ulrich Klose, unterstützt von elf weiteren Mitgliedern ihrer Parteien – um die Neugestaltung des Asyl-Artikels 16 im Grundgesetz. Mit am Verhandlungstisch für die SPD sitzt Gerhard Schröder, einer der schärfsten Gegner jeder Einschränkung des Asylrechts. Mehrmals droht er, die Gespräche platzen zu lassen, so daß SPD-Fraktionschef Klose in Vieraugengesprächen mit Schäuble die Situation entschärfen muß.

Im *Spiegel* hatte Schröder zuvor seine Haltung zur geplanten Asylrechtsänderung deutlich gemacht: »Innenpolitische Erwägungen dürfen bei der Asylgesetzgebung keine Rolle spielen – das einzige Kriterium hat die Sicherheit politisch verfolgter

Menschen zu sein. So will es die Verfassung. Sie hat sich dann zu bewähren, wenn es schwierig wird. Und die, die sie verteidigen, auch. Sonst wird die Verfassung zur Betriebsanleitung für die Durchsetzung des gesunden Volksempfindens, und die Politiker werden zu dessen Vollstreckern.«

Grund für Schröders öffentliche Erregung ist auch: Er muß das Verhandlungsergebnis von CDU/CSU, FDP und SPD in seiner rot-grünen Regierung vertreten. Würde er dem Vorhaben kritiklos zustimmen, wäre eine schwere Regierungskrise die Folge. Doch schließlich vermag auch sein Widerstand nicht mehr, den Kompromiß zwischen Regierung und Opposition aufzuhalten. Asyl kann danach in Deutschland nicht mehr fordern, wer über einen sogenannten sicheren Drittstaat eingereist ist – dazu gehören alle Nachbarländer. Das verspricht die Zahl der Asylbewerber drastisch zu senken, da neunzig Prozent aller Asylsuchenden auf diesem Weg nach Deutschland eingereist sind.

Obwohl sich der Kompromiß abzeichnet, behält Schröder sein Mandat im Verhandlungsausschuß bei. Viele fragen, warum er sein Amt nicht unter Protest niedergelegt hat. »Dies hätte einen hohen Preis bedeutet«, glaubt er. »Ausscheiden aus dem SPD-Präsidium, aber auch Rücktritt vom Amt des niedersächsischen Ministerpräsidenten. Dieser Preis erschien mir zu hoch. Man mag das für feige halten, ich habe es jedenfalls vorgezogen, um die Substanz zu kämpfen, die noch geblieben war.«

Nachdem ein SPD-Sonderparteitag in der Bonner Beethovenhalle den Asylkompromiß im November 1992 mit großer Mehrheit gebilligt hat, stimmen ein halbes Jahr später auch Bundestag und Bundesrat mit der jeweils erforderlichen Zweidrittelmehrheit für die Änderung des Grundgesetzes. Im Bundesrat votieren nur das rot-grüne Niedersachsen und das von einer rot-grün-gelben Regierung geführte Bremen dagegen. Brandenburg und Hessen enthalten sich. Bei Schröder ist die Rücksicht auf den grünen Koalitionspartner ausschlaggebend für die ablehnende Haltung im Länderparlament. Seine schwankende Haltung bei der Behandlung des Asylrechts, vor allem sein zeitweiliges Einlenken auf die Regierungslinie trägt ihm scharfe

Kritik aus Teilen der SPD ein. »Sein Schwenk hat ihm bei den Linken in der Partei den Ruf des Verräters eingetragen – obwohl er in der Sache eindeutig recht hatte«, sagt Gerd Andres, Sprecher des gewerkschaftsnahen Seeheimer Kreises und SPD-Bundestagsabgeordneter in Bonn.

Schröder selbst rechtfertigt sein Umschwenken mit der Tatsache, daß er erst spät erfahren habe, was die wahren Nöte der Bevölkerung bei der Asylrechtsfrage gewesen seien. Sogar zu Hause in Immensen bekomme er Besuch von Delegationen aus dem Wahlkreis, von aufgebrachten Bürgern, die sich beklagten, daß alle Sporthallen plötzlich mit Asylbewerbern belegt seien.

Gestärkt durch das öffentliche Interesse an seiner Person geht er den Landtagswahlen 1994 entgegen. Am 13. März will er ein neues Mandat als Ministerpräsident erringen und diesmal allein, ohne die Grünen, mit absoluter Mehrheit regieren. Nur einmal zuvor hatte es die SPD in Niedersachsen geschafft, die absolute Mehrheit zu holen – 1975 aus der Regierung heraus, mit einem hauchdünnen Vorsprung von nur wenigen tausend Stimmen vor der CDU. Damals waren die kleinen Parteien unter der Fünf-Prozent-Hürde geblieben.

Neunzehn Jahre später wirbt Schröder auf Parteiveranstaltungen und Wahlabenden: »Koalitionen sind ja sowieso nur die zweitbeste Lösung.« Die »Mädels und Jungs«, mit denen er bisher paktiert habe, möge er ja. Doch besser regiere es sich allein. Seit langem glaubt er zu wissen, als »der große ideelle Gesamtrotgrüne« *(Der Spiegel)* politisch nicht überleben zu können. Um seine Regierungsfähigkeit und seine Unabhängigkeit unter Beweis stellen zu können, muß er allein regieren. Die Grünen erkennen die Gefahr. »Verhindert den absoluten Schröder«, warnen sie.

Bei 120 Auftritten auf 120 Bühnen wirbt Schröder für eine Alleinregierung der SPD. 120mal die gleiche Rede, die gleichen drei Witze: den ersten über die Sparmaßnahmen von Bundesgesundheitsminister Horst Seehofer (»Wenn die Leute nichts zu beißen haben, brauchen sie auch kein Gebiß zum Kauen«); den zweiten über den Wirtschaftsminister und die FDP (»Nach Bangemann, Haussmann, Möllemann kam kein Fachmann, sondern

Rexrodt«); den dritten über die Energiepolitik der Grünen (»Bei denen kommt der Strom wohl doch aus der Steckdose«).

Seinen vierunddreißig Jahre jungen Gegner, den Osnabrükker Rechtsanwalt Christian Wulff (Wahlmotto: »Ehrlich oder gar nicht«), ignoriert er so, wie es Ernst Albrecht einst mit ihm gemacht hat. Trotz Zwanzig-Stunden-Tag und redlichen Mühens bleibt Wulff im Wahlkampf ein blasser Herausforderer. Höhnisch berichtet die *Frankfurter Allgemeine Zeitung* über einen seiner Wahlkampfauftritte, daß »der Gipfel der Begeisterung erreicht ist, wenn drei Leute mit dem Kopf nicken«.

Scharf greift Wulff bei seinen Reden den SPD-Ministerpräsidenten an – »ein Fehler«, wie Schröder glaubt, »den auch ich bei Albrecht begangen habe. Aber die Leute wollen das nicht.« Wulff ist es egal. Detailliert beschreibt er die Versäumnisse des Regierungschefs. Der habe in den »fetten Jahren nach der Wiedervereinigung« die üppig fließenden Steuereinnahmen für rotgrüne Prestigeprojekte verpraßt und die Förderung des Mittelstands vernachlässigt. In der Rezession fehle dem Land jetzt das Geld für ein Konjunkturprogramm. Standortvorteile biete es vor allem für Radikale und Kriminelle. Auf CDU-Plakaten hält der junge Kandidat dem Amtschef entgegen: »Schröder redetredet-redet. Wir handeln.«

Und doch ist es der Ministerpräsident, der Handlungsfähigkeit demonstriert und eine der schwersten Krisen des Landes noch vor der Wahl in einen Gewinn für sich und seine Partei ummünzen kann. Als bei dem Flugzeugbauer Deutsche Aerospace (DASA), einer Daimler-Tochtergesellschaft, Pläne bekannt werden, 16000 der rund 80000 Arbeitsplätze abzubauen und sechs Werke zu schließen, darunter auch das in Niedersachsen gelegene Werk Lemwerder mit 1136 Beschäftigten, erklärt Schröder die Angelegenheit sofort zur Chefsache.

Bei einer Betriebsversammlung am 27. Oktober 1993 appelliert er an Daimler-Chef Edzard Reuter und an den DASA-Vorstandsvorsitzenden Jürgen E. Schrempp, sich »in der Krise nicht einfach davonzumachen«. Den Arbeitern und Unternehmern bietet er an, daß sich die Landesregierung finanziell engagiere. Die Bundesregierung ruft er auf, die Wartung von Transall-Maschinen der Bundeswehr nicht wie geplant nach Süddeutschland zu verlagern. Als er in einem VW-Bus der Werksfeuerwehr wieder davonfährt, klatschen die Arbeiter und Angestellten Beifall. Durch seine kämpferische Rede hat er klargemacht, daß er sich um die Belange der Arbeitnehmer kümmert (was er mit Bildung einer Auffanggesellschaft auch tut) und daß die Schuld für die Krise nicht bei ihm zu suchen ist.

»Hier mögen mich die Leute«, denkt er, während er noch einmal aus dem Wagenfenster blickt. Und tatsächlich: Bei den Wahlen am 13. März 1994 erreicht Schröder 44,3 Prozent – die absolute Mehrheit der Sitze, da die FDP an der Fünf-Prozent-Hürde scheitert. Die Zuneigung und das Vertrauen der Menschen im Land gilt es nun durch die SPD-Alleinregierung nicht zu enttäuschen. Angesichts der zahlreichen Skandale zu Beginn der zweiten Legislaturperiode ist dies keine leichte Aufgabe: So rechnet Landwirtschaftsminister Karl-Heinz Funke 405,70 Mark Bewirtungs-Spesen unrechtmäßig über die Landeskasse ab und muß sich den Vorwurf des versuchten Betrugs gefallen lassen. Dennoch hält ihn Schröder im Amt. Auch die Chaostage vom August 1995, als eine Horde aufgebrachter Punker bei einem Sommertreffen ganze Straßenzüge der Landeshauptstadt verwüstet, bringen Schröder schlimme Schlagzeilen. Doch die Gewalttätigkeiten bleiben ohne Folgen für den zuständigen Innenminister Glogowski, dessen Polizeitaktik der Deeskalation die Ausschreitungen nicht eindämmen konnte.

Für den größten Skandal während Schröders zweiter Amtszeit sorgt Umweltministerin Monika Griefahn. Sie muß sich gegen Vorwürfe wehren, als Mitglied im Aufsichtsrat der in Hannover geplanten Weltausstellung Expo 2000 versucht zu haben, dem Umweltinstitut EPEA ihres Ehemannes Michael Braungart Aufträge im Wert von 620 Millionen Mark zugeschanzt zu haben (»Familienfilz-Affäre«). Die Opposition im Landtag beantragt einen Untersuchungsausschuß. Nach 81 Sitzungen und der Befragung von 108 Zeugen steht für den Ausschußvorsitzenden Bernd Busemann (CDU) fest: Es liegt versuchte Begünstigung, zum Teil fortgesetzt, in zumindest zwei Fällen vor. Thomas Schröder (Grüne) sagt, der Ausschuß habe keine Entlastung

Griefahns gebracht, und resümiert: »Zweifelsfrei nachzuweisen sind beharrliche Bemühungen der Ministerin, ihrem Mann einen erheblichen Reputationsgewinn zu verschaffen.« Griefahn habe die Grenzen des politischen Anstandes eindeutig weit überschritten. Dennoch hält Schröder weiterhin an Griefahn fest.

Zudem tun sich Milliardenlöcher in Schröders Haushalt auf. Für 1997 fehlen mindestens 2,3 Milliarden Mark. Der CDU-Fraktionsvorsitzende Christian Wulff nennt Niedersachsen das »Absteigerland Nummer eins«. Es habe die zweithöchste Arbeitslosigkeit nach dem Saarland, die zweitniedrigste Investitionsquote, sei Schlußlicht bei den arbeitsmarktpolitischen Maßnahmen und Spitzenreiter beim Wachstum der Pro-Kopf-Verschuldung seit 1990. Zukunftsbezogene Wirtschafts- und Technologiepolitik finde in Niedersachsen nicht mehr statt. Und selbst Schröder-Genossen kritisieren intern Maßnahmen, niedersächsische Landesbeteiligungen – wie etwa die Harzwasserwerke – zu verkaufen, um so einen Teil der Schulden abzutragen: »Schröder verfeuert das Bordgestühl.« Damit lasse sich allenfalls der 97er Haushalt retten. Für 1998 sehe es düster aus.

Schröder verwahrt sich gegen Versuche, »das Land kaputtzureden«. In Wirklichkeit habe Niedersachsen seit 1990 im Dienstleistungssektor einen überdurchschnittlich hohen Zuwachs an Arbeitsplätzen zu verzeichnen. Bei den Industriearbeitsplätzen betrage der Verlust nur 4,5 Prozent gegenüber 10,2 Prozent im westdeutschen Durchschnitt. Das sei nicht zuletzt den Förder- und Stützungsmaßnahmen der Landesregierung zu verdanken. Die Haushaltsplanung der Bundesregierung sei chaotisch und Niedersachsen in seiner Planung »allen anderen Ländern und dem Bund voraus«.

»Vielleicht hatte die SPD ja recht . . .«
Mißglückte Kandidatur für den Parteivorsitz

Am Vormittag des 1. Mai 1993, einem Samstag, meldet die Bonner Nachrichtenagentur ddp um 10.49 Uhr: »In Bonn verdichten sich die Hinweise auf einen bevorstehenden Rücktritt des SPD-Vorsitzenden und Kanzlerkandidaten Björn Engholm.« Am kommenden Montag, so heißt es weiter, wolle Engholm seine politischen Ämter niederlegen. Für einen kleinen Kreis führender Sozialdemokraten kommt die sensationelle Nachricht nicht überraschend. In den Wochen zuvor hatte der *Spiegel* ständig neue Details über die Barschel-Pfeiffer-Affäre enthüllt: Engholm, so heißt es, sei 1987 doch früher über die Intrigen gegen seine Person informiert gewesen, als er vor dem Kieler Untersuchungsausschuß zugegeben habe.

Und es stimmt: Engholm hatte nicht, wie behauptet, erst am 13. September 1987, dem Tag der schleswig-holsteinischen Landtagswahl, von den Aktionen Reiner Pfeiffers erfahren, sondern war am späten Abend des 7. September von seinem Rechtsanwalt Peter Schulz über die Vorgänge unterrichtet worden. Als sich der SPD-Chef jetzt trotz immer neuer Vorwürfe über seine Verstrickung in die Affäre beharrlich weigert, Schulz von der anwaltlichen Schweigepflicht zu entbinden, wird der Bonner Parteiführung klar: Der Vorsitzende ist nicht mehr zu halten.

Vor allem der rheinland-pfälzische Ministerpräsident Rudolf Scharping hält die Kieler Vorgänge seit Monaten fest im Auge. Seit Anfang des Jahres hat der Kieler Bundestagsabgeordnete und stellvertretende SPD-Fraktionsvorsitzende Norbert Gansel, ein enger Vertrauter Engholms, die Bonner Parteispitze über den Stand der Affäre auf dem laufenden gehalten. Schröder dagegen hat sich kaum um die Vorgänge in Schleswig-Holstein gekümmert. Im nachhinein erinnert er sich: »Es hat mich nur stutzig gemacht, daß Engholm seinem Anwalt keine umfassende Aussagegenehmigung geben wollte.« Daß das politische Ende des SPD-Chefs und Kanzlerkandidaten unmittelbar bevorsteht, davon ahnt Schröder selbst in den letzten Apriltagen noch nichts.

Engholm ist bereits seit seinem Osterurlaub fest entschlossen aufzugeben. In Gesprächen mit Johannes Rau und anderen Mitgliedern der Parteiführung macht er aber nur vage Andeutungen über seine Absichten oder hinterläßt gar den Eindruck, er habe sich umstimmen lassen und werde weitermachen. Die Hoffnung, die er damit weckt, erweist sich als trügerisch. Unterwegs zu ihren traditionellen Auftritten bei den Kundgebungen zum 1. Mai, verfolgen die Mitglieder des SPD-Präsidiums die Rundfunkmeldungen über die schwere Krise, auf die die Partei zusteuert. Wo auch immer Scharping, Rau oder Lafontaine an diesem sonnigen Samstagnachmittag auftreten – überall die gleichen Fragen: Was jetzt? Wie geht es weiter?

Schröder spricht auf einer Kundgebung im niedersächsischen Oldenburg. Obwohl ihn Dutzende Reporter mit der Frage bedrängen, ob er für das Amt des SPD-Vorsitzenden kandidieren werde, lehnt er, wie auch sein Regierungssprecher Uwe-Karsten Heye, jede Stellungnahme ab. Heye verweist jedoch darauf, daß es in der niedersächsischen SPD die Erwartung gebe, Schröder werde antreten. Daraus macht eine freie Mitarbeiterin der Nachrichtenagentur AP die Meldung: »Regierungssprecher Heye bestätigt: ›Schröder wird antreten!‹«

Als die Ankündigung über Rundfunk und Fernsehen verbreitet wird, ist das Bonner Partei-Establishment zufrieden: Schröder hat genau den Fehler gemacht, den Scharping, Lafontaine und der nordrhein-westfälische Ministerpräsident Johannes Rau von ihm erwartet und im stillen vielleicht sogar erhofft haben. Sich öffentlich als erster zu bewerben, und das auch noch, bevor der Amtsinhaber aufgegeben hat, kann nur als eine krasse Illoyalität gegenüber der Partei und ihren Gremien gewertet werden. Was die Partei von Schröders Vorpreschen hält, macht Rau zwei Tage später unmißverständlich klar: »Es gibt da den einen oder anderen, der mit den Hufen scharrt, obwohl der Startschuß noch nicht gefallen ist.«

Schröder hat – wieder einmal – seinen Hut als erster in den

Ring geworfen. Über die voreilige Ankündigung der Kandidatur durch seinen Pressesprecher ist er zwar »grenzenlos verärgert«. Aber was kann er anderes tun, als den Anspruch jetzt auch offensiv zu vertreten? Schließlich ist es ja richtig: Er will SPD-Vorsitzender und auch Kanzlerkandidat werden. Später erinnert er sich: »Für mich persönlich war das eine folgerichtige Entscheidung: Wenn der Engholm hinschmeißt, dann will ich sein Nachfolger werden.«

Schröder hat nie Zweifel daran aufkommen lassen, was er von Engholm persönlich und politisch hält. Und in seinem im Frühjahr 1993 erschienenen Buch »Reifeprüfung« hat er es auch öffentlich gemacht, als er von »introvertierten Pfeifenrauchern« an der SPD-Spitze schreibt. Gemeint ist damit neben dem Parteivorsitzenden auch Fraktionschef Hans-Ulrich Klose.

Engholms zur Schau gestellte Skepsis gegenüber der Macht hält Schröder für Schwäche. »Mir war von vornherein klar, daß sein Durchsetzungsvermögen nicht ausreichte, um dieses Amt auszufüllen«, resümiert er später. »Wer eine Partei führen will, muß nach außen das Signal geben: ›Ich will das unbedingt.‹ Und nicht: ›Wat mutt, dat mutt.‹«

Die gesamte SPD-Führung hatte sich in den letzten Monaten von Engholms laschem Führungsstil mehr und mehr lähmen lassen. Für Schröder ist dies ein Grund mehr zu glauben, die Nachfolge werde nun automatisch auf ihn zulaufen. Parteifreunde wie der einflußreiche Bundestagsabgeordnete und Vorsitzende der IG Chemie, Hermann Rappe, bestärken ihn: »In dieser schwierigen Lage wird einer gebraucht, der nicht in die Schlacht getragen werden muß, der anpackt und nach vorne zeigt.« Daß sich seine innerparteilichen Gegner in Bonn das Drehbuch gänzlich anders vorstellen, begreift Schröder erst, als es längst zu spät ist.

Wenige Stunden bevor Engholm am Montag, dem 3. Mai, vor der Bundespressekonferenz in Bonn seinen Rücktritt offiziell bekanntgibt, trifft sich vormittags um 11 Uhr ein kleiner Kreis führender Sozialdemokraten ein paar hundert Meter entfernt in der nordrhein-westfälischen Landesvertretung zu einem vertraulichen Gespräch. Im Kern geht es um die Frage: Was muß getan werden, damit der nächste Vorsitzende nicht

Gerhard Schröder heißt? Die Runde – Engholm, Parteivize Johannes Rau, Oskar Lafontaine, Fraktionschef Hans-Ulrich Klose und Bundesgeschäftsführer Karlheinz Blessing – analysiert die Lage der Partei und kommt zu dem Schluß: Die schnelle Regelung der Nachfolgefrage durch einen Sonderparteitag ist riskant. Schließlich sei nicht auszuschließen, daß Schröder die Mehrheit der Delegierten auf seine Seite bringen würde. Deswegen müsse Zeit gewonnen und ein anderer Modus gefunden werden – die Idee einer direkten Beteiligung der Parteimitglieder nimmt Gestalt an.

Nur Klose, obwohl selbst in der Vergangenheit nicht von Attacken aus Hannover verschont, warnt vor einer zu offensichtlichen Parteinahme gegen Schröder. An Rau gewandt, bemerkt er, es sei ja eigentlich Scharping gewesen, der am heftigsten gegen Engholm Stimmung gemacht habe – nur eben nicht öffentlich, sondern im Schutze von Gesprächen im kleinen Kreis. Als Rau an Lafontaine die Frage richtete, ob das denn stimme, erhält er als Antwort ein Kopfnicken. Eine Woche später zitiert der *Spiegel* Klose mit dem Satz »Frühe Vögel kriegt die Katze«, der allgemein als süffisante Spitze gegen Schröder gedeutet wird. Gemeint ist aber wohl eher Rudolf Scharping.

Als um 13 Uhr, zwei Stunden nach der geheimen Runde in der NRW-Vertretung, das SPD-Präsidium zu einer Sondersitzung zusammentritt, herrscht zunächst Ratlosigkeit. Hamburgs Bürgermeister Henning Voscherau trifft die Stimmung, als er warnt: »Unsere Generation muß aufpassen, daß sie nicht zur Fußnote der SPD-Geschichte wird.« Engholm erläutert seine Entscheidung zum Rücktritt und bittet um Verständnis für diesen Schritt. Dann verläßt er die Sitzung, um seinen Amtsverzicht vor der Bonner Presse öffentlich mitzuteilen.

Gleich zu Beginn der nun einsetzenden Debatte über das weitere Vorgehen muß Schröder feststellen, daß sich für seinen Wunsch nach einem baldigen Sonderparteitag zur Wahl des neuen Vorsitzenden keine Mehrheit findet. Herta Däubler-Gmelin schlägt statt dessen eine Mitgliederbefragung vor und findet sofort Unterstützung für das Vorhaben. Auch Johannes Rau warnt vor einem überstürzten Sonderparteitag: »Ich bin dagegen, die notwendigen Entscheidungsprozesse mit Eile durchzuziehen.« Schröder erinnert sich: »Ich habe dann schnell begriffen, daß das Ding gegen mich läuft.«

Im weiteren Verlauf der Sitzung meldet auch die Vorsitzende des SPD-Bezirks Hessen-Süd, Heidemarie Wieczorek-Zeul, ihre Kandidatur für den Parteivorsitz an. Scharping zögert noch. Er geht als letzter der drei Kandidaten erst eine Woche später ins Rennen.

Drei Bewerber, drei verschiedene Konzepte: Schröder macht von vornherein klar, daß er SPD-Vorsitz *und* Kanzlerkandidatur anstrebt. Heidemarie Wieczorek-Zeul dagegen bewirbt sich ausschließlich um den Parteivorsitz und macht sich für eine Trennung der beiden Ämter stark, während Scharping bewußt offenhält, ob er sich nur als SPD-Chef oder auch als Spitzenkandidat für die Bundestagswahl 1994 bewirbt.

Gegenüber Schröder ist Scharping von Beginn an im Vorteil: Das bewußte Offenlassen der Frage nach der Kanzlerkandidatur und seine demonstrative Zurückhaltung sichern ihm die Unterstützung der beiden mächtigsten Männer im Parteipräsidium: Oskar Lafontaine, selber an der Kanzlerkandidatur interessiert, hofft darauf, gemeinsam mit Scharping eine Doppelspitze bilden zu können. Und Johannes Rau honoriert Scharpings Loyalität gegenüber der Parteihierarchie damit, daß er die nordrhein-westfälische SPD für ihn mobilisiert.

Zwar gehen die Kandidaten öffentlich freundlich miteinander um, doch hinter den Kulissen wird kräftig geholzt. In Scharpings Umfeld kursiert das Urteil: »Der Gerd hat zu viele charakterliche Defizite.« Schröder lästert im kleinen Kreis über Scharping als »Förster aus dem Westerwald«. Vom Saarland aus streut Lafontaine: »Der Schröder steht keinen Bundestagswahlkampf durch. Nach drei Wochen hat der sich kaputtgequatscht.« Und Lafontaines Fraktionschef Reinhard Klimmt gibt die Parole aus: »Jede Stimme für Scharping ist eine Stimme für den Kanzlerkandidaten Lafontaine.«

Auch die Medien mischen kräftig mit. Am 4. Mai läßt die Rau wohlwollend gesonnene *Westdeutsche Allgemeine Zeitung* unter der Überschrift »Gegen Schröders Drängelei wächst Widerstand« nordrhein-westfälische SPD-Funktionäre zu Wort kommen, die Schröders Vorgehen scharf kritisieren. Jetzt ist die Zeit, alte Rechnungen zu begleichen. Vor allem Rau und mit ihm die mächtige SPD in Nordrhein-Westfalen haben noch nicht vergessen, wie sich Schröder 1987 in den Bundestagswahlkampf eingemischt hat. »Mit diesem Kanzlerkandidaten gibt es nur eine Linie: Augen zu und durch«, hatte Schröder damals gesagt. Der Kanzlerkandidat hieß Johannes Rau. Jetzt, sechs Jahre später, war Gelegenheit zur Revanche.

Nach welchem Verfahren der neue Parteivorsitzende auch immer bestimmt würde – Schröder ist sich darüber im klaren, daß die Konstellation mit drei Kandidaten seine Chancen zwangsläufig schmälern muß. Als erklärte Vertreterin des linken Parteiflügels und einzige Frau im Kandidaten-Trio würde Heidemarie Wieczorek-Zeul, so Schröders Überlegung, vor allem junge und weibliche Parteimitglieder für sich gewinnen können. Es fragte sich nur, zu wessen Lasten diese Stimmen gehen würden.

Während eines langen Telefongesprächs versuchen Schröder und Wieczorek-Zeul, sich auf eine gegenseitige Unterstützung zu einigen. Wieczorek-Zeul schlägt dem Konkurrenten eine ähnliche Tandem-Lösung vor, wie sie auf der anderen Seite mit Scharping und Lafontaine zu erwarten ist: »Wir sind hier der Meinung, daß die Ämter des Parteivorsitzenden und Kanzlerkandidaten getrennt werden sollten.« Wenn er damit einverstanden sei, fährt sie fort, werde sie für den Parteivorsitz kandidieren und ihm die Kanzlerkandidatur überlassen.

Doch Schröder ahnt, daß eine solche Absprache in die sichere Niederlage führen muß, und lehnt das Angebot ab: »In dieser Konstellation geht das nicht. Du kannst stellvertretende Parteivorsitzende werden. Aber wenn du Vorsitzende wirst, reißt das auch kein Kanzlerkandidat mehr raus.« Damit ist klar: Die SPD mußte sich tatsächlich zwischen drei Kandidaten entscheiden.

Schröder beurteilt seine Chancen dennoch weiterhin optimistisch. Immerhin kann er auf Meinungsumfragen verweisen, die ihn eindeutig als Favoriten im Wettlauf an die SPD-Spitze sehen. So veröffentlicht der *Spiegel* am 10. Mai eine Emnid-Umfrage, derzufolge 26 Prozent der Befragten einem Kanzlerkandidaten

Schröder die meisten Chancen für die Bundestagswahl 1994 einräumen. Auf den weiteren Plätzen folgen Rau (23%) und Lafontaine (12%), Scharping landet mit neun Prozent erst auf dem vierten Rang.

Doch die Mehrheiten in der SPD-Führung sehen anders aus. Das zeigt sich spätestens, als der Parteivorstand am 10. Mai in einer siebenstündigen Marathonsitzung im Erich-Ollenhauer-Haus die Grundzüge des Verfahrens festlegte, mit dem die Führungskrise beendet werden soll. Die Stimmung in dem vierzigköpfigen Gremium ist von Beginn an gegen Schröder gerichtet. Lafontaine wirft ihm vor, er habe sich »illoyal und unsolidarisch« gegenüber Engholm verhalten. Welche personellen Entscheidungen auch immer gefällt würden – wenn Schröder dabei sei, werde er nicht mitarbeiten. »Gerhard, das ist nicht persönlich gemeint!« Schröder nickt: »Ich habe das begriffen.«

Als dann auch noch Scharping erklärt, er könne mit Schröder »nicht zusammenarbeiten«, sind die Fronten klar: Für die den Niedersachsen bevorzugende Variante eines Sonderparteitages läßt sich ebensowenig eine Mehrheit finden wie für seine Forderung, gleichzeitig über Parteivorsitz und Kanzlerkandidatur zu entscheiden. Also willigt Schröder ein und stimmt einer Mitgliederbefragung zu. Denn die Diskussion im Vorstand habe ihm klargemacht: »Wenn hier über den neuen Vorsitzenden abgestimmt worden wäre, dann hätte ich vielleicht fünfzehn Prozent bekommen.« Zudem glaubt er fest daran, auch eine Mitgliederbefragung gewinnen zu können. Dem neben ihm sitzenden Fraktionschef Klose flüstert er zu: »Komm, Ulli: Wir setzen uns zusammen, und dann nehmen wir den Laden gemeinsam in die Hand.«

Der Rest ist Formsache. Zwar diskutieren Parteipräsidium und -vorstand eine Woche später noch einmal das Für und Wider einer Mitgliederbefragung, wobei sowohl Lafontaine als auch Schröder und Klose erneut ihre Bedenken gegen eine solche Urabstimmung deutlich machen. Doch die Befürworter der Mitgliederbefragung können mittlerweile darauf verweisen, daß über das Thema in der Öffentlichkeit bereits lebhaft debattiert werde und man deswegen nicht mehr zurückkönne.

Interims-Parteichef Rau stellt nach stundenlanger Diskussion fest, daß »die Bandbreite der Meinungen im Präsidium weiterhin so groß ist wie vor einer Woche«. Nachdem jedoch bereits »Erwartungen an die Mitgliederbefragung geweckt worden sind, kann man sie nicht mehr absagen«. Die Strategie von Scharping und Rau geht auf.

Schließlich wird abgestimmt. Mit 28 gegen 8 Stimmen (zwei Enthaltungen) beschließt der Parteivorstand eine Mitgliederbefragung – auch Schröder votiert dafür. Aber noch zwei weitere Fragen müssen entschieden werden: Sollen Parteivorsitz und Kanzlerkandidatur grundsätzlich getrennt werden? Und: Sollen die Mitglieder bei der Urabstimmung auch über den Kanzlerkandidaten entscheiden? Beides wird mit klaren Mehrheiten abgelehnt. Nun ruft Sitzungsleiter Rau zur Schlußabstimmung. Mit 25 gegen vier Stimmen von Vertretern des linken Parteiflügels wird das Gesamtverfahren angenommen: Am 13. Juni sollen die SPD-Mitglieder über ihren neuen Vorsitzenden abstimmen. Ein anschließender Sonderparteitag wird danach das Ergebnis der Urabstimmung offiziell bestätigen.

Als die Vorstandsmitglieder weit nach Mitternacht die SPD-Baracke verlassen, ist Schröder nachdenklich geworden. Auf Fragen von Journalisten antwortet er: »Es hätte besser laufen können, aber so geht es auch. Gewonnen hat die Partei.«

Noch bevor der innerparteiliche Wahlkampf um die Engholm-Nachfolge offiziell beginnt, hat Schröder einen entscheidenden Fehler gemacht. Er ist seiner Philosophie aus Juso-Tagen treu geblieben. Damals lautete das Motto der Anti-Revisionisten: »Wir setzen auf die Massen und nicht auf die Kader.« Doch die Kader, Präsidium und Parteivorstand, bleiben in der Krise jederzeit Herr des Verfahrens. Und als die Parteimitglieder am »Tag der Ortsvereine« schließlich zur Abstimmung gerufen werden, haben die Gremien dafür gesorgt, daß die Umstände des Votums den Wunschkandidaten begünstigen.

Dabei geht es nicht nur um Personen, sondern auch um die politische Linie. Denn das Votum über den neuen Parteivorsitzenden muß auch Klarheit über die Frage bringen, ob die SPD mit einer Koalitionsaussage zugunsten der Grünen in den

Bundestagswahlkampf ziehen würde. Schröder läßt keinen Zweifel daran, daß er als Kanzlerkandidat an seinem rot-grünen Kurs festhalten würde, mit dem er 1990 die Landtagswahl in Niedersachsen gewonnen hatte. In seinem Buch »Reifeprüfung« schreibt er Anfang 1993: »Wer den Regierungswechsel will, muß auch sagen, in welchen Konstellationen er ihn herbeizuführen gedenkt.« Auch Heidemarie Wieczorek-Zeul will ein rot-grünes Bündnis anstreben und dies auch offen aussprechen.

Anders Scharping: Er stellt von vornherein klar, daß eine Koalitionsaussage von ihm nicht zu erwarten sei. Seine Äußerung: »Über Koalitionen redet man nicht, man macht sie« umreißt jenen Pragmatismus, den er schon nach der rheinland-pfälzischen Landtagswahl 1991 an den Tag gelegt hat: Damals verhandelte er mit FDP und Grünen gleichzeitig und bildete schließlich mit den Liberalen eine Regierung.

Die Entscheidung über die neue Parteiführung entwickelt sich somit auch zur Konfrontation zwischen den Traditionalisten in der SPD, die einer Koalition mit den Grünen grundsätzlich skeptisch gegenüberstehen, und dem linken Flügel, der Rot-Grün als einzig logische Option betrachtet.

Es ist kein Zufall, daß die im Seeheimer Kreis zusammengeschlossenen SPD-Rechten in diesen Tagen besonders kräftig gegen die Grünen wettern. In einer von dem Bundestagsabgeordneten Gerd Andres, dem Sprecher der Seeheimer, am 10. Mai veröffentlichten Presseerklärung heißt es: »Erst nach den Wahlen wird über mögliche Koalitionen entschieden.«

Schröder glaubt dennoch, mit seiner Festlegung auf Rot-Grün zu gewinnen. In Erwartung eines sicheren Sieges bei der Mitgliederbefragung stellt er vorab schon ein Schattenkabinett für die Bundestagswahl auf: Hermann Rappe, Bundestagsabgeordneter aus Hannover und Vorsitzender der IG Chemie, soll Arbeitsminister werden, der parteilose Münchner Unternehmensberater Roland Berger Wirtschaftsminister. Auch für Lafontaine findet sich ein Ressort – das Finanzministerium. Den Parlamentarischen Geschäftsführer der SPD-Bundestagsfraktion, Peter Struck, bittet Schröder, nach einem Sieg bei der Urabstimmung Bundesgeschäftsführer zu werden. Struck sagt zu, obwohl er Schröders Chancen eher skeptisch beurteilt.

In den letzten Maitagen beginnen die drei Kandidaten ihren innerparteilichen Wahlkampf. Auftritte bei regionalen SPD-Parteitagen zwischen Hamburg-Wandsbek und München, Kundgebungen in bayerischen Bierkellern, vorgezogene Partei-Sommerfeste. Schröder absolviert, verglichen mit seinen Konkurrenten, die wenigsten Veranstaltungen. Er konzentriert sich auf Niedersachsen und macht nur wenige Abstecher nach Leipzig, Essen und Ingolstadt. Bei seinen Auftritten trägt er häufig eine silberne Krawattennadel mit einem angriffslustig dreinschauenden Wolfskopf. Schröder, der einsame Kämpfer, den die anderen zum Buhmann machen – so lautet die Botschaft.

Als er bei der Veranstaltung »Diskutieren mit Gerhard Schröder« im Essener Messezentrum auf die ihm zugeschriebenen Schwächen angesprochen wird, lautet die verblüffende Antwort: »Da gibt es welche, die sagen neuerdings, ich hätte charakterliche Defizite. Und wißt ihr was: Das stimmt sogar.« Das Publikum ist irritiert. Dann sagt Schröder: »Wenn im Parteivorstand darüber abgestimmt würde, ob ich ein Bösewicht bin, gäbe es dafür bestimmt eine Mehrheit – allein schon deshalb, weil ich selbst mit Ja stimmen würde.« Der Witz kommt an, die sechshundert Zuhörer im Messezentrum sind begeistert.

Der Auftritt in Essen ist ein Erfolg – trotz gegenteiliger Planung durch die Führung der nordrhein-westfälischen SPD. Schröder, so hatte SPD-Bezirkschef Franz Müntefering kalkuliert, soll sich in einer halbvollen Grugahalle mit der Parteibasis auseinandersetzen. Scharping dagegen darf wenige Kilometer entfernt in Dortmund vor Parteifunktionären reden.

Daß gerade aus der Spitze der nordrhein-westfälischen SPD heftig Stimmung gegen seine Kandidatur gemacht wird, bemerkt Schröder natürlich. Als »ungeeignete Führungsfigur«, ja sogar als »politisches Risiko« hat ihn NRW-Umweltminister Klaus Matthiesen, ein enger Vertrauter von Ministerpräsident Johannes Rau, hingestellt und den Rivalen Scharping gleichzeitig gelobt: »Ein hochintelligenter, perspektivisch denkender Mensch.«

In Essen gibt Schröder auch auf solche Attacken eine Antwort: »Wer everybodys darling sein will, läuft Gefahr, ganz schnell jedermanns Armleuchter zu werden.« Und auch für den Fall der Niederlage hat er schon eine Erklärung parat: »Dann wäre ich traurig und enttäuscht, aber kein bißchen sauer. Viel schlimmer wäre es, wenn ich die Kandidatur gar nicht erst gewagt hätte.«

Die Vorstellungstour der Kandidaten als Rollenspiel. »Der Wölfische, der Wackere und das Weib an sich« titelt die *Frankfurter Rundschau* einen Bericht über das Schaulaufen für den SPD-Vorsitz: Schröder der Machtbesessene, Scharping der ehrliche Diener seiner Partei, Heidemarie Wieczorek-Zeul die Power-Frau. Und so kommen sie in diesen Tagen auch beim Publikum an. Mit seinem kämpferischen »Ich will alles oder nichts« bekommt Schröder fast überall den meisten Beifall, während Scharping seine Zuhörer in stille Nachdenklichkeit versetzt.

Im Wettlauf um die beste Publicity lassen sich die Kandidaten auch in ihr Privatleben blicken. Heidemarie Wieczorek-Zeul öffnet für *Bild am Sonntag* ihren Kleiderschrank, Rudolf Scharping läßt sich daheim in Lahnstein beim Kochen fotografieren. Und Gerhard Schröder stapft vor laufenden Kameras mit seinem Neufundländer über nasse Wiesen rund um Immensen. Selbst bei Schröders Mutter Erika Vosseler taucht unangemeldet ein *Stern-TV*-Kamerateam auf. Die Neunundsiebzigjährige erzählt den Journalisten, sie habe gerade einen Aufnahmeantrag für die SPD unterschrieben: »Damit ich am 13. Juni für meinen Jungen stimmen kann.« Als Hiltrud Schröder von dem Besuch bei der Schwiegermutter erfährt, schimpft sie: »Man kann einen fünfzigjährigen Mann doch nicht auf die Lebensleistung seiner Mutter reduzieren.«

Die Spannung steigt, je enger die Umfragewerte der drei Kandidaten beieinanderliegen. Drei Tage vor der Mitgliederbefragung betont Oskar Lafontaine in einem Zeitungsinterview noch einmal, er stehe auf jeden Fall als Kanzlerkandidat zur Verfügung, gleich, wer Parteivorsitzender werde. Schröder reagiert gereizt: Mit ihm als SPD-Chef werde es keinen Kanzlerkandidaten Lafontaine geben. Und im übrigen könne er auf die »großherzigen Offerten aus dem Saarland verzichten«. In Hannover steigt die Nervosität. Denn immer deutlicher zeigt sich, daß Scharping mächtig aufgeholt hat.

In einer Umfrage des Meinungsforschungsinstituts Forsa, die *Bild am Sonntag* am 12. Juni, einen Tag vor der Befragung, vorab über die Nachrichtenagenturen veröffentlicht, liegt Schröder bei der Frage nach dem aussichtsreichsten Kanzlerkandidaten zwar noch immer in Front – 30 Prozent der Befragten halten ihn für den besten Kohl-Herausforderer. Doch verglichen mit früheren Umfragen sind die Abstände zu den Konkurrenten stark geschmolzen. Scharping folgt mit 27 Prozent auf Platz zwei, Lafontaine mit 23 Prozent knapp dahinter. Noch bedenklicher sind die Ergebnisse bei der Frage nach dem besten Parteivorsitzenden. Hier ist Scharping mit dreißig Prozent schon jetzt der klare Sieger vor Johannes Rau (19 Prozent), der jedoch gar nicht zur Wahl steht, und Schröder (17 Prozent).

Am 13. Juni 1993 haben die 868000 SPD-Mitglieder das Wort. In rund 11000 Ortsvereinen in allen Teilen Deutschlands wird abgestimmt, vielerorts wird die Mitgliederbefragung mit Sommerfesten und bunten Nachmittagen verbunden. Schröder und seine Ehefrau Hiltrud geben ihre Stimmen am frühen Morgen beim Gartenfest des SPD-Ortsvereins Immensen ab. Gleich danach fliegt er nach Düsseldorf, wo vormittags die zentrale Kandidaten-Präsentation stattfindet. Das Fernsehen überträgt live.

Bevor die rund tausend SPD-Mitglieder in der Stadthalle die Kandidaten auf dem Podium befragen können, darf jeder der drei sieben Minuten lang reden, die Reihenfolge wird ausgelost. Erst Heidemarie Wieczorek-Zeul, dann Scharping. Schröder spricht als letzter. »Deutschland gewinnt, wenn wir Kohl ablösen. Und wir werden gewinnen, wenn wir gewinnen wollen«, ruft er ins Mikrofon. Doch der Applaus ist ähnlich spärlich wie wenige Minuten zuvor bei Scharpings Rede. Begeisterung hat nur Heidemarie Wieczorek-Zeul ausgelöst, als sie die SPD beschwört, den »Bruderzwist im Hause Bebel« zu beenden. Während der Veranstaltung applaudieren die drei Konkurrenten sich artig gegenseitig. Doch am Ende reicht es nur zu einer kühlen Verabschiedung, ehe jeder seinen Heimweg antritt.

Den Wahlabend verbringt Schröder zusammen mit Ehefrau Hiltrud, Tochter Franca und den engsten Mitarbeitern im Gästehaus der niedersächsischen Landesregierung in Hannover. Auf dem Schreibtisch seines Sekretariats im ersten Stock liegt eine große Deutschlandkarte, auf der Büroleiter Thomas Ruthert-Klein die per Fax übermittelten Ergebnisse einträgt: Rot für Schröder, Blau für Scharping, Grün für Wieczorek-Zeul. Angespannt muß Schröder zusehen, wie sich die Karte immer mehr blau färbt. Um 21.15 Uhr weiß er: Die Wahl ist verloren. Auf dem Balkon des Arbeitszimmers atmet er Arm in Arm mit seiner Hilu einen Moment lang tief durch. Dann gesteht er die Niederlage ein: »Ich werde das Ergebnis respektieren. Es ist eine Entscheidung gegen mein Konzept, die Kräfte zu bündeln.« Und bitter fügt er hinzu: »Vor den Gegnern kann man sich schützen, vor den Freunden weniger.«

Während in Bonn Bundesgeschäftsführer Karlheinz Blessing das Ergebnis als Wiederauferstehung der SPD feiert, tritt Schröder in Hannover vor die Fernsehkameras. Sein Kommentar ist unmißverständlich: »Ich stehe als Parteivorsitzender und Kanzlerkandidat nicht zur Verfügung.« Und dann fügt er hinzu: »Ich werde Rudolf Scharping sagen, daß die Kontrahenten von gestern die zuverlässigeren Partner für morgen sind als die vermeintlichen Freunde.«

An dem Ergebnis gibt es nichts zu deuteln: Scharping 40,3 Prozent, Schröder 33,2 Prozent, Heidemarie Wieczorek-Zeul 26,5 Prozent. Den Ausschlag haben erwartungsgemäß die SPD-Mitglieder in Nordrhein-Westfalen gegeben, die mit großer Mehrheit für Scharping votieren. Wenig überraschend ist auch dessen Sieg in Rheinland-Pfalz und im Saarland, wo man noch immer glaubt, Scharping werde sich auf den Parteivorsitz beschränken und Lafontaine die Kanzlerkandidatur überlassen. Bitterer ist dagegen, daß Schleswig-Holstein mehrheitlich für Heidemarie Wieczorek-Zeul votiert. Schröder vermutet: »Das war wohl Frauen-Power.« Immerhin hat Engholms Rücktritt in Kiel mit Heide Simonis erstmals in Deutschland eine Frau auf den Stuhl eines Ministerpräsidenten gebracht. Außer in Niedersachsen hat Schröder nur in Bremen und Berlin klar gewonnen, wo die SPD noch immer von einstigen Juso-Weggefährten geprägt ist.

Trotz seines Vorsprungs von knapp 35 000 Stimmen hat Scharping es nicht geschafft, die absolute Mehrheit zu gewinnen. Von den 868 000 Parteimitgliedern wählen ihn gerade 197 059. Wäre zwischen zwei Kandidaten entschieden worden, da ist sich Schröder sicher, hätte er gewonnen: »Die Entscheidung für Rudolf Scharping ist durch Heidi Wieczorek-Zeul gefallen. Wenn man ganz rational vorgegangen wäre, hätte man auf einer Stichwahl bestehen müssen.« Aber nachdem sich alle drei Kandidaten vorher festgelegt hatten, das Ergebnis der Befragung ohne Wenn und Aber zu respektieren, ist an einen zweiten Durchgang nicht mehr zu denken. Schröder ist mit dem Slogan »Alles oder nichts« angetreten – und hat verloren.

Auch heute ist er sich noch sicher, daß es so kommen mußte: »Mir haben viele gesagt, ich hätte in der Auseinandersetzung um den Parteivorsitz schwerwiegende Fehler gemacht. Ich hätte jemanden finden können, der mich zur Kandidatur aufruft, anstatt selbst zu sagen, daß ich das Amt anstrebe. Ich hätte auch zurückhaltender agieren können, ja vielleicht sogar müssen. Aber ich war und bin der Meinung, daß ich meine Glaubwürdigkeit riskiert hätte, wenn ich meinen Politikstil grundlegend geändert hätte, um ein bestimmtes Ziel zu erreichen. Deshalb habe ich damals nicht ernsthaft darüber nachgedacht, so zu agieren wie mein Konkurrent. Mein Stil schließt das Risiko der Niederlage natürlich ein. Aber mir war damals wie heute klar: Um zu gewinnen, braucht man den Rückhalt im Volk und nicht nur in der Partei. Das ist meine Art, Politik zu machen.«

Am 25. Juni 1993 wählt ein Sonderparteitag in der Essener Grugahalle Rudolf Scharping zum neuen Parteivorsitzenden. Auch Schröder gibt ihm seine Stimme. Spätabends beim Bier zieht er Bilanz: »Es ist besser, gegen einen Profi verloren zu haben als gegen einen Pfuscher.« Und selbstkritisch fügt er hinzu: »Vielleicht hatte die SPD ja recht, daß sie so einen wie mich verhindern wollte.«

»... dann wird man immer kampfbereit sein«

Der Mensch Gerhard Schröder

So hat es Gerhard Schröder, Sohn eines Kirmesarbeiters aus Lemgo im Lipperland, nun fast zum Kanzlerkandidaten der traditionsreichsten Partei Deutschlands gebracht – aber eben nur fast. Warum hat es bisher nicht für den ganzen Weg, sondern nur für ein Stück gereicht? Zu ungestüm ist sein Vorpreschen, mag er es im Rückblick auch als Teil seines politischen Stils verklären; zu unkoordiniert mit anderen SPD-Größen ist seine Bewerbung um die höchsten Parteiämter – Parteivorsitz und Kanzlerkandidatur; zu maßlos wirkt sein offen zur Schau getragener Machthunger, der in dem Spruch gipfelt: »Wer die Macht hat, bestimmt die Musik, wer sie nicht hat, hat's schwer.«

Doch so hat er immer gehandelt, und so hat er auch seine größten Erfolge errungen – 1980 den Einzug in den Bundestag, 1984 die sensationelle Wahl zum SPD-Spitzenkandidaten für Niedersachsen und 1990 die Wahl zum Ministerpräsidenten. Und ist es nicht auch im Grunde vermessen, 1994 mit absoluter Mehrheit siegen zu wollen und dies auch noch öffentlich zu erklären?

Wer es wagt, sein forsches Streben an die Spitze zu kritisieren, dem entgegnet er: »Manche, die so etwas sagen, zwinkern mit den Augen, in stiller Kumpanei. Andere werfen mir ›Machtstreben‹ vor, naserümpfend monieren sie, ich peile die Macht unverhohlen an.« Noch so ein verräterisches Wort: »Ich finde es wesentlich aufsehenerregender, womöglich gefährlicher, wenn jemand verhohlen, also heimlich die Macht anstrebt«, schreibt er in seinem Buch »Reifeprüfung«.

Doch nicht jeder wertet seinen Ehrgeiz so wohlwollend wie Schröder selbst: »Machtgeil ist der Kerl. Nichts ist ihm zu peinlich für dieses Ziel: kein Schwenk, keine Intrige«, kritisiert die links-alternative *Tageszeitung*. Einen »Heide-Strauß« nennt ihn

1959 als Mittelstürmer der Jugendmannschaft des TuS Talle beim Angriff aufs gegnerische Tor (3. v. l. mit weißem Trikot).

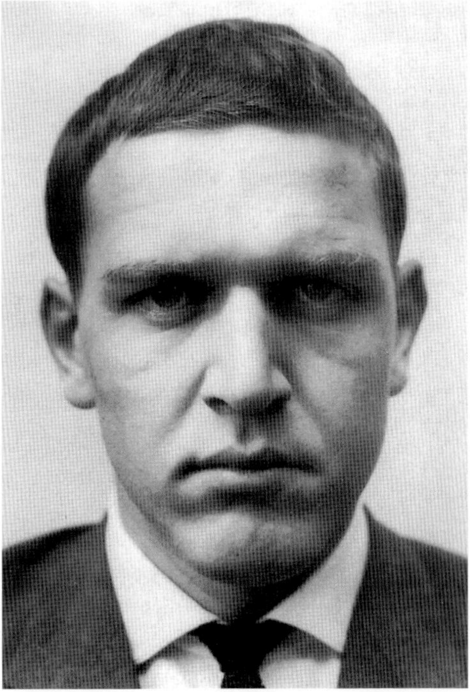

Als Neuzehnjähriger.

Als Nachfolger von Klaus-Uwe Benneter (r.) wird Gerhard Schröder 1978 neuer Vorsitzender der Jusos.

Antrittsbesuch als Neuabgeordneter bei Kanzler Helmut Schmidt in Bonn, 1980.

Mit Willy Brandt 1985.

Wahlkampf mit Willy Brandt, dessen Frau Brigitte und Désirée Nosbusch am 23. Juni 1985 in Gümse bei Dannenberg.

Wahlkampf 1986 in Niedersachsen.

Zu Besuch bei Mutter Erika in Lemgo.

Als Anwalt des ehemaligen RAF-Terroristen Horst Mahler 1987 vor dem Kammergericht Berlin.

Die erste Tennisstunde, gegeben von Ehefrau Hiltrud, im August 1987.
»Gut gegen Politikerbäuche«, meint sie.

Mit Ehefrau Hiltrud auf dem Weg zur Siegesparty nach der gewonnenen Landtagswahl am 14. Mai 1990.

Mit der Tennislegende Björn Borg bei einem Schauturnier in Hittfeld 1992.

Ankunft vor der Bonner SPD-Zentrale nach Björn Engholms Rücktritt am 9. Mai 1993.

Mit den Abgeordneten von Bündnis 90/Grüne, Rebecca Harms und Jürgen Trittin, im niedersächsischen Landtag im November 1994.

Mit der niedersächsischen Umweltministerin Monika Griefahn im März 1995.

Mit »Gummi-Gerd« aus der TV-Reihe »Zak«, 1995.

Da lachten sie noch: die »Troika« Rudolf Scharping, Oskar Lafontaine und Gerhard Schröder bei ihrer gemeinsamen Pressekonferenz im August 1994 in Bonn.

Im Oktober 1995 – hier anläßlich des 50. Jahrestages der Neugründung der SPD in Berlin – ist den »Troikanern« das Lachen vergangen.

Übers Handy teilt Scharping seinem Rivalen am 31. August 1995 während dessen Sommerreise durch Niedersachsen die Entlassung als wirtschaftspolitischer Sprecher der SPD mit.

Auf dem Mannheimer Parteitag am 14. November 1995 verliert Scharping sein Amt als Parteivorsitzender. Schröder verteidigt sich in einer kämpferischen Rede gegen Angriffe aus der eigenen Partei.

Mit Ehefrau Hiltrud in seinem Büro in der Hannoveraner Staatskanzlei im Januar 1996. Zu dieser Zeit kriselt es schon in der Ehe.

Das Ehepaar Schröder mit dem Vorstandsvorsitzenden des VW-Konzerns Ferdinand Piëch und dessen Frau Ursula (l.) in der Familienloge der Piëchs im Januar 1996 auf dem Wiener Opernball.

Mit *Focus*-Reporterin Doris Köpf am 1. März 1996 auf einer norwegischen Bohrinsel.

Aus einem Flirt wird eine »ernsthafte Beziehung« (Schröder). Das neue Paar im Sommer 1996 beim gemeinsamen Spaziergang.

Der Tag danach. Der strahlende Sieger der Niedersachsen-Wahl am 3. März 1998 in Bonn.

Der neue Kanzlerkandidat der Sozialdemokraten und Kohl-Herausforderer mit SPD-Parteichef Lafontaine am 3. März 1998 in Bonn.

Freude am Wahlabend: SPD-Kanzlerkandidat Gerhard Schröder und seine Ehefrau Doris Schröder-Köpf nach Bekanntgabe der Bundestagswahlergebnisse am Abend des 27. September 1998 in der Niedersachsen-Vertretung in Bonn.

Eintracht im Triumph: Gerhard Schröder und Oskar Lafontaine am Abend des 27. September 1998 nach Bekanntgabe des Wahlsiegs für die SPD.

Ziel Rot-Grün: Erste Koalitionsgespräche zwischen SPD und Bündnis 90/ Die Grünen; Gerhard Schröder und Joschka Fischer, umringt von Reportern am 1. Oktober 1998 in Bonn.

Der Kosovo-Krieg – eine erste Bewährungsprobe für die neue Regierung: Verteidigungsminister Rudolf Scharping, Außenminister Joschka Fischer und Kanzler Gerhard Schröder (v. l. n. r.) stellen sich am 3. April 1999 im holzgetäfelten Saal der Bonner Bundespressekonferenz den Fragen der Journalistinnen und Journalisten.

In der Gefahrenzone: Am 23. Juli 1999 reist Gerhard Schröder nach Prizren im Kosovo; rechts der Kommandeur des deutschen KFOR-Truppenkontingents, General Fritz Korff, dahinter der damalige Leiter des Stabilitätspaktes und frühere Kanzleramtschef Bodo Hombach. Eine Panzerweste schützt Schröder vor möglichen Attentätern.

Im Rahmen des Besuchs des amerikanischen Präsidenten Bill Clinton (2. v. r.) in Deutschland suchen Schröder und Clinton am 6. Mai 1999 das Gespräch mit Kosovo-Flüchtlingen in einem Flüchtlingslager in Ingelheim.

Geschafft: Bundeskanzler Gerhard Schröder und Bundesfinanzminister Hans Eichel freuen sich über die Zustimmung des Bundesrates zur Steuerreform; Bonn, 14. Juli 2000.

Der Euro kommt: Während der 129. Kabinettssitzung am 12. Dezember 2001 in Berlin überreicht Bundesbankpräsident Ernst Welteke (rechts), Gerhard Schröder und Hans Eichel das Euro-Starter-Kit im Wert von 20 DM.

Elfmeter: Während einer Mexiko-Reise im Februar 2002 schießt der frühere Mittelstürmer des TuS Tulle aufs Tor.

Betriebsbesichtigung: Gerhard Schröder am 7. September 2001 im Airbus-Werk auf Hamburg-Finkenwerder.

Besuch am Ground Zero: Gerhard Schröder und der Bürgermeister von New York, Rudolph Giuliani, vor den Ruinen des durch den Terroranschlag am 11. September 2001 eingestürzten World Trade Centers; New York, 9. Oktober 2001.

Gespannte Zuversicht: Gerhard Schröder und Joschka Fischer warten den Ausgang der Vertrauensfrage des Bundeskanzlers anläßlich des Antrags über die Bereitstellung deutscher Streitkräfte für einen internationalen militärischen Einsatz gegen den Terrorismus ab. Die Koalition erhielt 336 Ja-Stimmen und bestand die Belastungsprobe; Berlin, 16. November 2001.

Gerhard Schröder wird am 9. Mai 2002 in Afghanistan von einer Mädchenklasse der Jamal Mina Girls School – der ersten Mädchenschule in Kabul, die nach dem Sturz des Taliban-Regimes wiedereröffnet wurde – herzlich begrüßt.

Deutsch-russische Freundschaft: Im Rahmen des Deutschland-Besuchs des russischen Präsidenten nehmen Gerhard Schröder und Wladimir Putin am 9. April 2002 an der Live-Talkshow »Boulevard Bio« mit Alfred Biolek (links) im Weimarer Nationaltheater teil. Putin – als Einzelgast geplant – überredete den Kanzler zur Teilnahme. Das deutsche Feuilleton sah es kritisch.

Gerhard Schröder und der amerikanische Präsident George W. Bush bei der Pressekonferenz im Garten des Kanzleramtes nach gemeinsamem Gespräch und Arbeitsessen am 23. Mai 2002 in Berlin.

Zuversicht wenige Monate vor der nächsten Bundestagswahl: Gerhard Schröder, umjubelt von seinen Parteigenossen, auf dem SPD-Bundesparteitag in Berlin Anfang Juni 2002.

der Grüne Jürgen Trittin; Rudolf Scharping zitiert – Schröder im Sinn – Max Weber: »Der bloße Machtpolitiker mag stark wirken, aber er wirkt in der Tat ins Leere und Sinnlose.« Und auch der langjährige SPD-Parteivorsitzende Hans-Jochen Vogel rügt Schröder in seinen Memoiren: »Schröders Machtwille ist sicher eindrucksvoll. Aber mehr und mehr stellt sich die Frage, wofür er die Macht, um die er kämpft, eigentlich einzusetzen gedenkt. Und ob ihm die eigene Medienpräsenz nicht wichtiger ist als das Gesamtinteresse der deutschen Sozialdemokratie, die keiner als Trampolin für eigene hohe Sprünge mißbrauchen darf. So wie Schröder bislang agiert, hat er nicht nur der Partei Schaden zugefügt, sondern sich auch selbst beschädigt. Und das bedauere ich angesichts der großen Aufgaben, vor denen er in seinem eigenen Land steht, und seiner unbestreitbaren politischen Begabung, die mit einer hochentwickelten Kunst der Selbstdarstellung einhergeht.«

Obwohl er ackert, sich müht und strampelt, sich in die Schlagzeilen hievt – Schröders Streben hat etwas Sisyphushaftes. »Er hat bisher kaum Fürsprecher gefunden in SPD-Vorstand und Präsidium, auch nicht unter den mittleren Parteifunktionären, die auf Parteitagen das Sagen haben«, weiß die *taz*. Schröder stimmt dem bedingt zu: »Wenn ich etwas will, dann mobilisiert sich automatisch der Widerstand gegen mich – egal, worum es geht.« Bundestagsvizepräsident Hans-Ulrich Klose, mehrere Jahre Fraktionsvorsitzender der SPD, erklärt Schröders gespanntes Verhältnis zur Bundespartei: »Seine Beziehung zu den Gremien der Partei und der Bundestagsfraktion ist deswegen so schlecht, weil er ihnen ständig klarmacht, wie sehr er ihre kleinliche Vereinsmeierei verachtet.« Allein schon die provozierende Art seiner Kleidung oder die Art, wie er sich in den Sessel flegele, bringe die meisten SPD-Abgeordneten und -Funktionäre auf hundertachtzig. »Und man kann es ja auch verstehen«, sagt Klose: »Da dient sich einer in dem Laden brav, loyal und immer schön solidarisch durch die Instanzen nach oben. Und dann kommt der Schröder im feinen Kaschmir und gibt einem zu verstehen: ›Du armes Würstchen.‹«

Neben seinem offenen Machtstreben nehmen zahlreiche Genossen Anstoß an Schröders Unstetigkeit, seinem »Durchmarsch von links unten nach rechts oben«. Nahezu jede politische Grundposition habe er auf dem Weg zur Macht preisgegeben, kritisieren seine früheren Weggefährten. Wirbt er als Mitglied der Enquete-Kommission Jugendprotest 1983 noch für Verständnis mit gewalttätigen Punks, droht er dreizehn Jahre später im Vorfeld der von Punkern inszenierten Chaostage in Hannover: »Wer hierher kommt, um Chaos zu veranstalten, muß sich nicht wundern, wenn er das Fell versohlt kriegt.« Propagiert er 1986 im von Tschernobyl geprägten Wahlkampf noch den konsequenten Ausstieg aus der Kernenergie, so tritt er bei den Energiekonsens-Gesprächen 1993 und 1995 für die Option zum Bau neuer Reaktoren ein. Erklärt er 1990 während des Wahlkampfs noch: »Wer am 100-Milliarden-Projekt ›Jäger 90‹, festhält, der handelt nicht nur politisch falsch, der handelt auch unsozial«, so tritt er nur drei Jahre später ebenso vehement für den Bau des nun zum Eurofighter umbenannten Kampfflugzeugs ein. Schließlich, so argumentiert er, gehe es um den Erhalt wichtiger Arbeitsplätze.

Vorbei ist es nach dem Gewinn der absoluten Mehrheit 1994 in Hannover auch mit der »Politik des Diskurses«, die er als Ministerpräsident einer rot-grünen Koalition als sein politisches Rezept ausgegeben hat. Ein Jahr zuvor, als er Rot-Grün als Modell für die kommende Bundestagswahl propagierte und sich als Kanzlerkandidat einer möglichen rot-grünen Bundesregierung empfahl, schrieb er noch: »Nie hätte ich mir träumen lassen, daß ich wesentliche Teile meiner Arbeitszeit damit verbringe, Gespräche zu führen, meine Meinung zu erläutern, die Gegenargumente zu hören, bis man dann zu möglichst einvernehmlichen Lösungen kommt. Aber mit einer Politik ›per ordre du mufti‹, mit autoritärem oder arrogantem Gehabe ist gerade in einer spannenden Koalition wie der zwischen SPD und Grünen kein Blumentopf zu gewinnen.« Als er ein Jahr später die Wahlen mit absoluter Mehrheit gewinnt, redet er nicht mehr, er entscheidet.

Ist er ein Mann ohne politische Grundsätze, einer, der sich »anpaßt, wo er Macht und Mächtige spürt«, wie sein ehemaliger Bundesratsminister Jürgen Trittin kritisiert? Geht er wirklich

»durch seine Bündnisse wie durch Flure zum nächsten«, wie *FAZ*-Redakteur Volker Zastrow schreibt? Läßt er zurück, wen er nicht mehr braucht – egal ob Personen oder Wählerschichten? Wie die Lehrer, die er »faule Säcke« schilt (wofür er sich später entschuldigt); wie die Bauern, denen er Umweltverschmutzung vorwirft, mit kühler Berechnung, daß der öffentliche Aufruhr der Bauernvertreter mehr Aufmerksamkeit bringt als Stimmen kosten wird?

Sein Aufstieg habe auch den Menschen Schröder verändert, sagt eine Kollegin aus dem SPD-Parteivorstand, seit vielen Jahren mit Schröder bekannt: »Wenn ich mir den Gerhard heute so ansehe, dann frage ich mich: Wo ist der Schröder von einst geblieben? Irgendwie muß der unterwegs abhanden gekommen sein. Heute begegne ich in ihm einem Fremden, mit dem Menschen Schröder kann ich gar nichts mehr anfangen.«

»Natürlich gibt es eine politische Entwicklung bei mir, und natürlich habe ich als Neuling anders gedacht als 1971 und Mitte der neunziger Jahre anders als zu Beginn der achtziger«, sagt er. »Aber es gibt einige Grundsätze, die ich beibehalten habe: Das Eintreten für Minderheiten, für die Schwachen der Gesellschaft. Zum Beispiel die Bereitschaft, sich mit starken Interessengruppen anzulegen, nicht feige zu sein vor Fürstenthronen. Ohne Rücksicht auf Interessen im eigenen Lager nein sagen zu können und den daraus entstehenden Ärger in Kauf zu nehmen, das war schon immer eine meiner Stärken.«

Trotz seines zeitweiligen Images als Polit-Rambo, der oft und gerne gegen die geltende SPD-Linie wettert, wählt Schröder seine öffentlichen Konflikte mit Bedacht. Er kennt die Regeln der Tagespolitik. »Ein Politiker kann Konflikte in der Regel nur im Einklang mit dem Massenbewußtsein entscheiden. Wenn er gegen das vorherrschende Bewußtsein der Mehrheit entscheidet, was im Einzelfall möglich sein muß, dann darf er daraus kein Prinzip machen. Das müssen ausgesuchte Konflikte sein, bei denen die Chance besteht, daß die gegenläufige Entscheidung in einer überschaubaren Zeit von der Mehrheit nachträglich als richtig begriffen wird«, sagt er schon 1986 im Gespräch mit dem Fernsehjournalisten Peter Gatter. Klartext: Wer als Politiker Erfolg haben will, kann das nicht gegen den Willen der Mehrheit tun.

Das setzt den festen Glauben an die Richtigkeit der eigenen Meinung voraus oder entspricht einem beispiellosen Populismus. Wer das kritisiert, übersieht, daß Schröder ein Vollblutpolitiker ist, ein »political animal«, wie ihn der ehemalige SPD-Entwicklungshilfeminister Erhard Eppler einmal genannt hat. Natürlich hat auch Schröder die Reflexe eines Berufspolitikers verinnerlicht, seine Gesten, Gewohnheiten, seine Sprache und seine Maxime: »Erzähle nicht von anderen, sprich von dir selbst.« Und er kokettiert mit seinen Möglichkeiten, aus der Politik auszusteigen. »Im Gegensatz zu vielen anderen habe ich nämlich einen anständigen Beruf«, pflegt er dann zu sagen. Wenn er dann, wie nach der Trennung von seiner Frau Hiltrud im März 1996, tatsächlich mit dem Gedanken spielt, sein Ministerpräsidentenamt mit einem Vorstandsposten in der Industrie zu tauschen, ist das eine Laune, die schnell verfliegt.

»Aufhören muß man, wenn man auf dem Gipfel ist«, weiß er. Und auf dem Gipfel sieht er sich noch lange nicht. »Wenn es so bliebe, wie es ist, müßte ich mich damit zufriedengeben. Aber ich wäre es nie ganz«, sagte er nach seinem ersten gescheiterten Anlauf zu Kanzlerkandidatur und Parteivorsitz. Noch monatelang schmerzt ihn die Niederlage, obwohl er heute behauptet: »Ich habe sie schnell überwunden.« Doch wer ihn kennt, weiß, wie sehr er daran gelitten hat. Ganz ohne Rückhalt in Bonn, so muß er erkennen, kann auch er nicht gewinnen.

»Ich bin kein Mensch, der sich eine Klientel heranzieht, um an möglichst vielen verschiedenen Stellen jemanden zu haben, der Einfluß hat«, rechtfertigt sich Schröder. »Sondern ich sage: Entweder es geht so, wie ich es für richtig halte und wie es zu mir paßt, oder es ist vernünftig, daß es nicht geht. Dabei habe ich nie groß an Verbündete gedacht, sondern stets geglaubt: Das ist mein Ziel. Und jetzt mache ich mich mal auf den Weg. Und entweder ich komme ans Ziel, oder aber der Weg war das Ziel. Und wenn du vorher abgeblockt wirst, dann hat es sich dennoch gelohnt, denn du hast immer etwas gelernt auf dem Weg.«

Günter Bannas, damals Bonner Korrespondent der *Frankfur-*

ter Allgemeinen Zeitung, heute Büroleiter der *Süddeutschen* und einer der bestinformierten Journalisten, wenn es um Belange der SPD geht, urteilt: »Bei allen taktischen Wendungen und Tricks ist es Schröders Art, was getan werde, müsse auch gesagt werden. Den Stil, etwas zu tun, es möglichst aber zu verschweigen, empfindet er als schleichende Unehrlichkeit. Die Rüstungspolitik und die Energiepolitik sind ihm Beispiele dafür.« Laut protestiere die SPD gegen den Waffenexport und versende Konversionsprogramme. Leise seufze sie erleichtert, daß Waffen Arbeitsplätze sichern. Laut fordere sie den Ausstieg aus der Kernenergie, wissend, daß die internationalen Verflechtungen der Energiekonzerne solche Beschlüsse zur Utopie werden lassen.

Es sind Genossen wie Harald B. Schäfer, deren Politikstil Schröder mißfällt. In seiner Heimat Baden-Württemberg befürworte er das Atomkraftwerk Obrigheim, und in Bonn übe er dann scharfe Kritik an der Nutzung der Kernenergie. Schäfers Radikalität wachse proportional mit der Entfernung vom Heimatort, heißt es in der SPD voller Spott. Auch die AKW-Attacken des Energieexperten der SPD, Michael Müller, sind nach Schröder-Maßstäben unehrlich: Würde Müller seine energiepolitische Kritik ernst nehmen, müsse er genauso scharf gegen die Luftverschmutzung durch Steinkohle angehen. Doch das wage er ganz offensichtlich nicht. Um in den Bundestag zu kommen, sei er angewiesen auf die Landesliste Nordrhein-Westfalen. Und NRW ist der größte Steinkohleförderer der Republik.

Auch das Auftreten eines ehemaligen hessischen Landesministers, heute Geschäftsführer eines großen Staatsbetriebes, erregt Schröders Gemüt: »Solche Leute treten immer wieder auf Parteitagen auf. Parteikarriere, dann auf einen lukrativen Posten abgeschoben, wo sie ein deutlich höheres Gehalt kassieren als jeder Ministerpräsident. Aber auf dem Parteitag schwingen sie die rote Fahne und gebärden sich als Verteidiger der reinen Lehre. Das ist ein ewiges Problem dieser Partei.«

»Schröder will derlei Widersprüche offen aussprechen. In Scharping sieht er jemanden, der sie zu verkleistern sucht«, bilanziert Bannas. Dieser Wesenszug, Dinge beim Namen zu nennen, auch wenn es manchmal besser wäre, sie zu verschweigen, sei auch in früheren Jahren typisch für Gerhard Schröder gewesen, sagt seine Schwester Heiderose: »Diese Direktheit kostet ihn an der Basis viele Sympathien. Wenn er bloß nicht immer so ehrlich wäre. Doch das wäre dann wiederum nicht er selbst. Er ist einfach so, und so waren wir in der Familie eigentlich alle.«

Schröders Direktheit macht ihn beliebt bei den Medien. Kritikern seiner Präsenz in Zeitungen, Zeitschriften und auf dem Bildschirm hält er vor: »Da wird immer gesagt, ich hätt's mit den Medien. Und die Kritik an meiner Person wird dann in eben genau den Medien geäußert.« Politik sei ein Geschäft, schreibt er in seinem Buch »Reifeprüfung«, »das im großen Maße durch die Wahrnehmung in der Öffentlichkeit bestimmt wird. Um also erfolgreich zu sein in der Politik, muß man nicht nur vernünftige Ideen haben. Man muß auch in der Lage sein, die Ideen mit der eigenen Person zu verbinden und für die Umsetzung zu stehen. Es gibt zwei Möglichkeiten, Politik zu machen. Eine ist, abzuwarten, wie sich die Dinge entwickeln; eine andere ist, gestaltend einzugreifen. Ich glaube, wir leiden gelegentlich darunter, daß wir aus innerparteilicher Rücksichtnahme gelegentlich nicht den Mut haben, Risiken einzugehen.«

So kann Politik zur Effekthascherei verkommen, doch ebenso zum Aufspüren neuer Trends, neuer Strömungen und Richtungen führen. Diese Sensibilität bewundert Schröder an Willy Brandt: »Willy hatte die kaum bei irgendeinem anderen anzutreffende Fähigkeit, auf neue Entwicklungen sensibel zu reagieren.« Diese Empfindsamkeit hält auch Schröder für eine seiner herausragenden Eigenschaften, auch wenn er damit selten kokettiert: Es stünde im Widerspruch zu seinem Macht- und Macho-Image. Daß er »nah am Wasser gebaut« hat, wie er sagt, daß er »bei jedem Liebesfilm heulen muß«, wissen die wenigsten.

Er ist ein Mann voller Widersprüche: kraftvoll und empfindsam, stark und sentimental, weltgewandt und provinziell. Trotz seines Aufstiegs aus der unteren in die obere Gesellschaftsschicht, trotz seiner Reisen, die ihn von Kuba bis Kapstadt, von Singapur bis San Francisco geführt haben, sind seine Lebensstationen auf einen Dreihundert-Kilometer-Radius beschränkt:

Mossenberg, Lemgo, Göttingen, Hannover, Bonn und wieder Hannover. Schröder selbst weiß um dieses Manko: »Es ist ein Mangel an Gesichtskreis, und ich begreife das auch als solchen. Man muß sich das dann mühsam erarbeiten, doch ganz schafft man es nie. Die Erfahrungen, ein paar Jahre im Ausland gelebt zu haben, hätte ich gerne gehabt. Nur: Als ich jung war, war es nicht möglich. Und der Beruf hat es später ebenfalls nicht möglich gemacht. Dazu war ich zu sehr politisch engagiert. Ich habe das immer bedauert.«

Auch über andere Schwächen gibt er Auskunft: »Besonders unsympathisch an mir ist eine Neigung, anderen übers Maul zu fahren, sie abzubügeln, sich nicht entwickeln zu lassen. Unnachsichtig mit Menschen zu sein ist sicher meine unangenehmste Eigenschaft.«

Im Alltag beschreiben ihn Mitarbeiter als launisch, fordernd, autoritär. Daran ändert auch der scheinbar lässige Aufzug der Angestellten in der Staatskanzlei nichts, die in Jeans und offenen Hemden zur Arbeit erscheinen und ihren Chef selbst bei offiziellen Terminen mit Vornamen anreden (»Gerd, kannst du mal...«). Reinhard Scheibe, Vorsitzender der Niedersächsischen Lottogesellschaft und früher engster Mitarbeiter Schröders, zunächst als Fraktionsgeschäftsführer, dann als Staatskanzleichef, spricht von einem speziellen Schröder-Stil: »Sein Umfeld muß damit leben, daß er manchen Tip nicht annimmt, weil er konsequent seine eigenen Positionen vertritt und die Freiheit der eigenen Entscheidung behält.«

Als es darum geht, ob Schröder die Einladung von VW-Vorstand Piëch zum Wiener Opernball annehmen soll, raten ihm seine Mitarbeiter ab. Sie ahnen, welche öffentliche Debatte auf den Ballbesuch folgen wird. Doch Schröder beharrt darauf, nach Wien zu fliegen, gemeinsam mit Piëch im VW-Jet. Als die Ballreise im Firmenflugzeug dann Schlagzeilen macht, der Landtag erregt über die Opernball-Affäre debattiert, bekommt Schröder zwei unterstützende Anrufe. Einer ist vom gestrauchelten Ex-Bundeswirtschaftsminister Jürgen W. Möllemann. »Willkommen im Club«, witzelt er, der zurücktreten mußte, nachdem er auf Minister-Briefpapier den Einkaufswagen-Chip eines angeheirateten Vetters empfohlen hatte. »So weit ist es ja noch nicht«, entrüstet sich Schröder. Doch insgeheim freut er sich über den Anruf wie auch über den zweiten von Lothar Späth, der damals als baden-württembergischer Ministerpräsident zurücktrat, nachdem bekannt geworden war, daß er auf Kosten ihm nahestehender Unternehmen mehrere Urlaube verbracht hatte (Traumschiff-Affäre).

Ein Küchenkabinett, einen Kreis engster Berater und treuer politischer Weggefährten, hat Schröder nicht. Wichtigster Mann im Regierungsbetrieb Niedersachsens ist neben Schröder Willi Waike, Chef der Staatskanzlei. Er ist es, der die Koordination der Regierungsgeschäfte überwacht und so Schröder den Rücken freihält für seine bundespolitischen Ambitionen. Wichtig als Kontaktstelle zu den Medien ist Regierungssprecher Uwe-Karsten Heye, der einst beim ZDF (Kennzeichen D) und bei SPD-Chef Willy Brandt gearbeitet hat, von dem er die Liebe zu einer klaren, genauen Sprache übernommen hat.

Schröder-Vertraute aus alten Tagen sind Heinz Thörmer, der Kopf der Planungsgruppe, und Dietmar Schulz, Staatssekretär im Umweltministerium. Beide kennen den Ministerpräsidenten noch aus Göttinger Studententagen. Schröders wohl wichtigster Berater ist sein Staatssekretär im Wirtschaftsministerium, Alfred Tacke. Ihn schickt Schröder als Nothelfer zu Unternehmen oder in heikle Verhandlungen. Tacke, bis 1990 als Volkswirt beim Deutschen Gewerkschaftsbund, schafft es, aus den vielen Anregungen, die Schröder aufschnappt, ein Gesamtkonzept zu formen. Vermied er anfangs noch jedes öffentliche Aufsehen, tritt Tacke seit Sommer 1995 zunehmend aus Schröders Schatten heraus und profiliert sich als Minenhund des Ministerpräsidenten, der auch einmal provozierende Thesen zur Wirtschaftspolitik ausspricht, um so für Schröder das öffentliche Echo zu testen.

Viele echte Freunde hat Schröder nicht. Reinhard Scheibe, sein früherer Staatskanzleichef, mag dazugehören und Götz von Fromberg, Anwalt in Hannover und Kommilitone Schröders während des Jurastudiums in Göttingen. »Der oder die Mächtige hat beinahe notgedrungen nur wenige echte Freunde«, sinniert Schröder. »Nicht allein, weil er so viele Gegner hat und so viele vermeintliche Freunde. Auch den vermeintlich wahren Freunden mutet man eine Menge zu – weil die Zeit fehlt. Es kann vorkommen, daß man sich ein Jahr nicht sieht. Doch Freundschaften müssen gepflegt werden. Man muß auch mal zum Telefon greifen und einfach so anrufen. Das ist wegen der Fülle von Terminen, dem immerwährenden Arbeitsdruck kaum möglich. Wer das versteht, wer versteht, daß man sich manchmal lange Zeit nicht sieht, wer versteht, daß man auch mal den Geburtstag vergißt, der hat Chancen auf die Freundschaft.«

An psychologischen Deutungen über Schröders Streben nach oben mangelt es nicht. Manch einer glaubt in seinem Verhalten noch heute »pubertäre Züge« zu erkennen und sieht in dem frühen Verlust des Vaters den Grund für seine Zügellosigkeit. Keiner habe ihm Grenzen aufgezeigt. »Tatsächlich ist Schröders Männerbild in der Auseinandersetzung mit Gleichaltrigen entstanden. Pubertäre Züge sind bis heute unverkennbar. Als Mann ist Schröder Kumpel, Kämpfer und Konkurrent«, schreibt *Spiegel*-Redakteur Leinemann. Er ist es auch, der im Zusammenhang mit Schröder auf eine gängige psychologische Theorie hinweist: Danach wird das Verhalten des Kindes bei frühem Verlust des Vaters stark von weiblichen Prioritäten beeinflußt. »Ein Haushalt mit nur einem Elternteil kann offensichtlich einen großen Vorzug haben – er kann ein Haushalt ohne Zwietracht sein. Wenn die Mutter stark genug ist, um zu wissen, was sie tut, ist niemand da, der Auseinandersetzungen vom Zaun brechen kann. Das Beispiel, das sie mit ihrer harten Arbeit und Selbstaufopferung bietet, bringt den Kindern viele der nötigen sozialen und moralischen Lektionen bei. Eine Mutter redet mit den Kindern gewöhnlich offener als ein Vater, wenn es um Realitäten wie Arbeit und Geld geht. Die Lektionen, die sie lehrt, sind natürlich von der weiblichen Mentalität gefärbt. Und die Persönlichkeiten ihrer Kinder werden in den meisten Fällen von den weiblichen Prioritäten beeinflußt«, schreibt Maureen Green in ihrem Buch »Die Vaterrolle«.

Schröder tut so etwas als Psycho-Gewäsch ab. »Wer so etwas behauptet, schreibt doch im Grunde über sich selbst«, bollert er. Und wäre mit ihm nicht eine ganze Generation weiblich geprägt worden? Eine Million Kriegerwitwen gab es nach dem Zweiten Weltkrieg allein in Deutschland, die meisten von ihnen hatten Kinder. »Kann sein, daß bei Kindern, die vaterlos aufgewachsen sind, ein stärkerer Wunsch besteht, sich zu beweisen, es den anderen zu zeigen. Auch ich wollte etwas mehr, aber ich habe nicht unter dem fehlenden Vater gelitten«, sagt Schröder rückblikkend.

Erklärt sich daraus sein kämpferisches, auch verbissenes Streben nach oben? »Bei vier Geschwistern, die Mutter Kriegerwitwe, hatte ich natürlich einen ungeheuren Antrieb, aus diesen beengten Verhältnissen herauszukommen. Das erklärt so ein bißchen den Stil und die Art und Weise, wie ich meinen Beruf mache«, sagt Schröder und fügt hinzu: »Wer glaubt, er könne sich abkoppeln von seiner Vergangenheit und seinem Werdegang, der irrt sich.« Die frühen Jahre, erzählt er manchmal in kleiner Runde, hätten ihm die »Ellenbogen mit Hornhaut« überzogen, ihn die Fäuste ballen gelehrt. Gerade bei seinem Lehrherrn habe er erfahren, »was es heißt, getreten zu werden. Da wurde ein Weltbild geprägt, in dem die anderen obenauf sind.«

Aus seinen Kindheitstagen sei bei Schröder »ein Element der Unversöhnlichkeit gegen ›die anderen‹ zurückgeblieben, gegen jene gutsituierte bürgerliche Gesellschaft, die es ihm verwehrte, auf die Oberschule zu gehen«, schreibt Matthias Naß 1990 in der *Zeit*. Diesen »anderen« wollte er es immer zeigen, er wollte nach oben im Beruf und in der Politik. Daß er, der Außenseiter, es geschafft hat, scheint Schröder zu argwöhnen, haben sie ihm nicht verziehen: »Ich habe manchmal das Gefühl, wenn ich im Landtag rede, die hassen mich richtig.« Und er lebt in ständiger Anspannung: »Wenn man einen Lebensweg wie den meinen hinter sich gebracht hat, mit diesem Aufstieg von ganz unten, dann wird man immer kampfbereit sein, immer auf der Lauer, weil einer ja etwas wegnehmen könnte. Und das verstellt einem manchmal den Blick für Dinge, die auch wichtig sind. Und das schafft auch Schwierigkeiten in Freundschaften. Weil man immer angespannt ist, immer unter Beobachtung steht. Es braucht viel Sensibilität – gerade bei Freunden, um das zu verstehen.«

»Ich hätt's gepackt«
Bundestagswahlkampf 1994

Das Plakat zeigt drei Männer, einen vorn, zwei dicht dahinter. Darunter stehen keine Namen, sondern nur ein Wort: »Stark.« Rudolf Scharping, Oskar Lafontaine und Gerhard Schröder – die Troika. Ihre Botschaft: Nur gemeinsam können wir es schaffen. Das Plakat stammt aus dem Bundestagswahlkampf 1994.

Bereits seit Ende 1993 drängt der Beraterstab von SPD-Kanzlerkandidat Scharping darauf, neben Lafontaine auch Schröder ins Wahlkampfteam einzubinden. Vor allem SPD-Bundesgeschäftsführer Günter Verheugen und Scharpings Vertrauter Karl-Heinz Klär, Chef der Staatskanzlei in Mainz, bemühen sich, Scharping davon zu überzeugen, daß die Mitarbeit Schröders erfolgversprechend sei. Doch der SPD-Vorsitzende bleibt skeptisch. Soll er den ein halbes Jahr zuvor geschlagenen Rivalen wirklich mit ins Boot holen, ihm für den Fall des Wahlsieges sogar einen wichtigen Ministerposten versprechen?

An einem naßkalten Tag Ende Dezember 1993 treffen sich Verheugen und Schröder im Restaurant »Bei Bruno« auf der Cecilienhöhe hoch über Bad Godesberg. Beim gemeinsamen Abendessen schlägt Verheugen vor, im bevorstehenden Bundestagswahlkampf »alle Kräfte personell zu bündeln«. Schröders Antwort: Er sei grundsätzlich bereit, an einem Wahlsieg der SPD mitzuarbeiten. Allerdings: »Der Preis muß stimmen.« Im Klartext: Ein wichtiges Ministerium muß im Falle des Sieges dabei für ihn herausspringen. Ohne Umschweife macht er zugleich deutlich, wie groß sein Mißtrauen gegenüber Scharping ist: »Ich kenne das: Am Ende gewinnt ihr wegen mir die Wahl. Und anschließend schmeißt ihr mich vom Schlitten.« Daher seine zweite Bedingung: Sollte die Bundestagswahl verlorengehen, müsse das Team die SPD weiter gemeinsam führen. Verheugen akzeptiert – allerdings unter Vorbehalt: Scharping muß zustimmen.

Aber der SPD-Vorsitzende will nicht. Die Partei steht in den Meinungsumfragen blendend da. Eine Emnid-Umfrage für den *Spiegel* signalisiert Anfang Februar 1994 sogar die Chance, stärkste Partei im neuen Bundestag zu werden. Siebzig Prozent der Befragten erwartet einen Regierungswechsel im Herbst. Und intern gibt Scharping bereits die Parole aus: »Einen Sieg bei der Bundestagswahl kann nur noch die SPD selbst gefährden.« Die Ablösung der Regierung Kohl im Herbst ist in greifbare Nähe gerückt. Es geht also auch ohne den Rivalen.

Auch Schröder glaubt nicht ernsthaft daran, daß Scharping auf seine Forderungen eingehen wird. Auf die Journalistenfrage, wann er denn in die Bundespolitik wechseln werde, antwortet er Ende Januar unmißverständlich: »Überhaupt nicht.« Bonn ist für ihn momentan kein Thema. Schließlich stehen in Niedersachsen Landtagswahlen bevor, bei denen er auf die absolute Mehrheit setzt. Im ganzen Land läßt er Plakate kleben, die neben seinem Kopf nur drei Worte zeigen: Zuhören. Entscheiden. Handeln. Kein Name, keine Partei. Nur der Kandidat. Und seinen Landesgeschäftsführer Wolfgang Senff läßt er ein Drei-Punkte-Programm verkünden. Das Problem laute: Arbeit, Arbeit, Arbeit. Die Lösung. Schröder, Schröder, Schröder.

In der Bonner SPD-Zentrale löst diese Wahlkampfstrategie allgemeines Kopfschütteln aus, das Wort vom »Größenwahn des Machiavelli von der Leine« macht die Runde. Das Parteipräsidium ist beunruhigt: Ein »absoluter Schröder«, der sich nach einem klaren Sieg bei der Landtagswahl mit unabgestimmten Positionen in die Bundespolitik einmischt, kommt gerade im Bundestagswahlkampf denkbar ungelegen. Doch Schröder läßt sich nicht beirren: »In Hannover gewinnen, dann wächst das Gewicht. Das wissen einige – und das fürchten einige.«

Am 13. März wählt Niedersachsen. Die SPD erreicht 44,3 Prozent. Das Ergebnis liegt zwar kaum über dem der Landtagswahl 1990 – damals erzielte die SPD 44,2 Prozent. Doch diesmal scheitert die FDP an der Fünf-Prozent-Hürde. Die SPD gewinnt

81 der 160 Sitze im Landtag von Hannover – eine hauchdünne absolute Mehrheit. Schröder hat nach der schweren Niederlage im Kampf um den Parteivorsitz bewiesen, daß er noch gewinnen kann.

Gleich am Tag nach der Wahl macht er auf seine Weise deutlich, daß es künftig wieder Schröder-Solos geben werde. Üblicherweise reisen SPD-Spitzenkandidaten nach einer Landtagswahl nach Bonn und lassen sich am Montag mittag vom Parteipräsidium beglückwünschen – oder trösten. Doch Schröder teilte Bundesgeschäftsführer Verheugen noch am Wahlabend telefonisch mit, daß er der Gratulationscour fernbleiben werde. Die Siegesfeier finde in Hannover statt.

Einen Tag später dann der Auftritt in Bonn – allein vor der Bundespressekonferenz. Das Parteipräsidium reagiert pikiert. Statt gemeinsam den gelungenen Auftakt ins Superwahljahr 1994 zu feiern, hat Schröder sich für einen Alleingang entschieden. Die Botschaft ist klar: Ich habe euch vorgemacht, wie man gewinnt – jetzt zeigt, daß ihr das auch könnt! Angesichts so demonstrativ zur Schau getragenen Selbstbewußtseins warnt SPD-Chef Scharping: »Es gibt einige, die tragen die Nase so hoch, daß es reinregnet.«

Die Hausaufgaben sind erledigt, jetzt will Schröder auch wieder in Bonn mitmischen. Bereits seit Juli 1993 ist er Mitglied der SPD-Kommission, die das Programm für die Bundestagswahl 1994 erarbeitet. Obwohl für den wichtigen Bereich Energiepolitik zuständig, hat er an den Sitzungen des von Parteichef Scharping geleiteten Gremiums nur unregelmäßig teilgenommen. Das Interesse am Wahlprogramm erwacht erst im Frühjahr 1994, als das Thema Tempolimit auf die Tagesordnung kommt: Unterstützt vom linken Parteiflügel hat der nordrhein-westfälische SPD-Bundestagsabgeordnete Christoph Zöpel, in der Kommission für Verkehrspolitik zuständig, die Forderung nach einer allgemeinen Geschwindigkeitsbegrenzung und höherer Mineralölsteuer in das Programm aufgenommen: »Wir brauchen berechenbare Geschwindigkeiten im Straßenverkehr. 120 km/h auf Autobahnen, 90 km/h auf Landstraßen, 30 km/h in Wohngebieten.«

Noch bevor das Programm veröffentlicht wird, legt Schröder sein Veto gegen diese Passage ein. Von VW-Chef Ferdinand Piëch darauf hingewiesen, daß ein solches Tempolimit »Zehntausende Arbeitsplätze« in der Automobilindustrie kosten würde, macht Schröder in der Programmkommission Druck: »Ein generelles Tempolimit wird es mit der SPD nicht geben.« Scharping gibt nach. Als der Parteichef das Papier am 18. März schließlich vorstellt, fehlt die Forderung nach einer Höchstgeschwindigkeit. Zöpel protestiert und legt sein Amt in der Programmkommission nieder: »Für eine Verkehrspolitik, die Tempolimit und Verteuerung des Autofahrens ausschließt, stehe ich als Repräsentant nicht zur Verfügung.«

Schröder hat sich laut und vernehmlich in der Bundespolitik zurückgemeldet. Und er macht auch gleich deutlich, daß er sein neu gewonnenes Gewicht auch bei anderen Themen einsetzen werde. So läßt er keinen Zweifel daran, daß er Scharpings Zaudern in der Koalitionsfrage für falsch hält: »Wenn Scharping von mir einen Rat haben will, wie man eine rot-grüne Koalition über die Runden bringt, dann soll er mich anrufen.«

In Scharpings Beraterstab wird dieser Satz als direkter Angriff auf den Spitzenkandidaten gewertet. Denn der hat sich darauf festgelegt, ohne konkrete Aussage in den Bundestagswahlkampf zu gehen. Weder der Rat seines Bundesgeschäftsführers Verheugen, der eine Festlegung auf Rot-Grün empfiehlt, noch das Drängen des linken Parteiflügels können ihn umstimmen.

Der SPD-Wahlkampf gerät ins Stocken. Als Folge des Streits um das Wahlprogramm sinken die Umfragewerte für die SPD, die CDU/CSU holt merklich auf. Mitte Mai liegen die beiden großen Parteien gleichauf bei 38 Prozent, der schon als uneinholbar angesehene Vorsprung ist dahingeschmolzen. Und der nächste schwere Rückschlag ist bereits absehbar: die Wahl des Bundespräsidenten.

Bereits im Herbst 1993 hatte die SPD den nordrhein-westfälischen Ministerpräsidenten Johannes Rau als Nachfolge-Kandidat für den scheidenden Bundespräsidenten Richard von Weizsäcker nominiert. CDU und CSU gehen auf Initiative von Bundeskanzler Helmut Kohl zunächst mit dem sächsischen Justizminister Steffen Heitmann (CDU) ins Rennen. Als dieser nach mehreren verunglückten Interviews auch innerhalb der CDU auf heftige Kritik stößt, legt er seine Kandidatur schließlich nieder.

Raus Chancen stehen zunächst günstig. Doch das Blatt wendet sich, als der Präsident des Bundesverfassungsgerichts, Roman Herzog, sich nach anfänglichem Zögern bereit erklärt, als Kandidat der Union bei der Bundespräsidentenwahl am Pfingstmontag 1994 im Berliner Reichstag anzutreten. Während FDP und Grüne mit Hildegard Hamm-Brücher und dem Berliner Biologen Jens Reich jeweils eigene Kandidaten aufstellen, zeichnet sich für den entscheidenden dritten Wahlgang ein Kopf-an-Kopf-Rennen zwischen Rau und Herzog ab.

Die Wahl eines Bundespräsidenten ein halbes Jahr vor der Bundestagswahl – Erinnerungen an 1969 werden wach. Damals hatte die FDP für den SPD-Kandidaten Gustav Heinemann gestimmt und damit ein Signal für den Regierungswechsel in Bonn gegeben. Sieben Monate später war Willy Brandt Bundeskanzler. Auch Schröder ist sich bewußt, daß die Präsidentenwahl am 23. Mai eine Weichenstellung für die Bundestagswahl bringen würde. »Die Entscheidung, wie es mit Helmut Kohl weitergeht, fällt Pfingstmontag in Berlin«, bemerkt er. Doch im Gegensatz zu Parteifreunden wie Fraktionsgeschäftsführer Peter Struck beurteilt er Raus Chancen skeptisch: In der Bundesversammlung sitzen 621 von der Union entsandte Mitglieder, die SPD kann nur 499 Wahlmänner und -frauen aufbieten. Um im dritten Wahlgang eine Mehrheit für Rau zu erzielen, müssen rund 70 der 114 FDP-Delegierten für den SPD-Kandidaten stimmen. Schröder hält das für höchst zweifelhaft.

Als die 1324 Delegierten am späten Vormittag des verregneten 23. Mai im Plenarsaal des Reichstagsgebäudes mit den Abstimmungen über den neuen Bundespräsidenten beginnen, läuft zunächst alles wie von den Fraktionsführungen geplant. Die ersten beiden Wahlgänge verlaufen ohne Überraschungen, Johannes Rau und Roman Herzog erhalten jeweils die Stimmen von SPD und Union, Jens Reich und Hildegard Hamm-Brücher die Unterstützung von Grünen und FDP.

Um 15.25 Uhr wird die Sitzung unterbrochen, die Fraktionen treten zu getrennten Sitzungen zusammen. Die Frage lautet: Wird die FDP ihre Kandidatin im dritten Wahlgang zurückziehen und Herzog wählen? Vor der SPD-Fraktion sagt Schröder: »Die FDP muß sich jetzt entscheiden und springen.« Daß er insgeheim ganz anders denkt, verschweigt er den 499 Delegierten. »Ich hätte damals offen meine Meinung sagen sollen: ›Laßt uns das Ruder herumreißen und die FDP-Kandidatin wählen!‹ Doch dazu fehlte mir der Mut«, erinnert er sich.

Im kleinen Kreis in Scharpings Büro stellt er schließlich doch die Frage: Kann man Rau nicht dazu bewegen, von seiner Kandidatur zurückzutreten, und statt dessen der FDP geschlossene Unterstützung für Hildegard Hamm-Brücher anbieten? Scharping, der fürchtet, ein Rücktritt von der Kandidatur werde den nordrhein-westfälischen Ministerpräsidenten als Integrationsfigur der SPD irreparabel beschädigen, lehnt das ab. So könne man mit Rau nicht umgehen. Zwei Stunden später ist Roman Herzog neuer Bundespräsident.

Schröder ist sich auch heute noch sicher, daß »man die FDP in große Schwierigkeiten gebracht hätte, wenn die SPD für Frau Hamm-Brücher gestimmt hätte«. Ein einflußreicher FDP-Politiker, in den Stunden der Entscheidung ganz nahe am Geschehen, gibt ihm recht: »Wir hatten panische Angst davor, daß Scharping die Unterstützung der SPD für unsere Kandidatin anbieten könnte. Die FDP wäre im selben Moment explodiert, vielleicht sogar die Koalition in Bonn. Wahrscheinlich aber beides.«

Aber wer hätte Rau überreden sollen? »Das hatte keiner von uns im Kreuz«, glaubt Schröder. »Mir hätte Rau mißtraut. Scharping war noch nicht lange genug Vorsitzender. Und Lafontaine konnte es wohl auch nicht. So ein Schritt hätte nur von Rau selbst kommen können.« Die Chance ist vertan. Kanzlerkandidat Scharping bezeichnet den Sieger Herzog nach der verlorenen Wahl erzürnt als einzigen »nicht liberalen« Kandidaten und steht als schlechter Verlierer da.

Auch an anderen Fronten gerät er in die Defensive. Mit dem Präsidenten des Deutschen Industrie- und Handelstages (DIHT), Hans-Peter Stihl, hat er sich angelegt, und selbst mit dem Deutschen Fußballbund liegt er im Streit, nachdem er Bundestrainer Berti Vogts, einen bekennenden CDU-Wähler, öffentlich als zweitklassig abgestempelt hat.

Schröder empfindet die ganze Strategie des Vorsitzenden als dilettantisch. In einem Interview für die ZDF-Sendung »Bonn direkt« macht er seinem Ärger Luft: »Wir sollten aufpassen, daß wir nicht laufend neue Gegenkandidaten erfinden. Herzog ist nicht unser Gegenkandidat. Selbst Berti Vogts ist es nicht. Und Stihl auch nicht. Sondern Helmut Kohl ist es.« Scharping ist über die Äußerung empört. »Eine ganz böse Sache« sei der Schröder-Auftritt gewesen, befindet er am folgenden Montag in der Morgenbesprechung mit seinen Beratern. Die Runde kommt zu dem Ergebnis: »Der will dem Kanzlerkandidaten Knüppel zwischen die Beine werfen.«

Doch Schröder will etwas ganz anderes. Er hat erkannt, daß Scharpings sinkende Popularität die Chancen bei der Bundestagswahl ernsthaft gefährdet. »Ich wollte nur klarstellen, daß da was schiefläuft«, erinnert er sich später. In einer Emnid-Umfrage liegt die SPD bei der sogenannten Sonntagsfrage (»Wen würden Sie wählen, wenn am nächsten Sonntag Bundestagswahl wäre?«) bereits drei Prozentpunkte hinter der CDU/CSU – Tendenz weiter fallend. Und auch in der Presse erhält der Kanzlerkandidat immer schlechtere Noten. Die *Zeit* titelt: »Scharping ist angezählt«.

Die Europa-Wahl, eigentlich als weiteres Etappenziel auf dem Weg zum Regierungswechsel im Herbst gedacht, steht somit unter schlechten Vorzeichen. Trotzdem sind die Hochrechnungen, die am 12. Juni 1994 abends über die Bildschirme flimmern, ein schwerer Schock: Nur 32,2 Prozent für die SPD und fast 39 Prozent für die Union. Damit haben selbst die Pessimisten im Erich-Ollenhauer-Haus nicht gerechnet. Mit einem Versprecher macht Scharping am nächsten Morgen bei einer Pressekonferenz alles noch schlimmer: »Dies war in der ersten Runde eine Niederlage – weitere werden folgen.« Erst als die anwesenden Journalisten zu lachen beginnen, korrigiert er sich: »Ich meine natürlich, daß weitere Runden folgen.«

Schröder weiß, woran es gelegen hat. Und er sagt es im SPD-Präsidium auch deutlich: Der ganze Wahlkampf sei eine Katastrophe gewesen, die Wahlplakate, die Slogans, das Programm. »Alles Mist«, schimpft er hinter den verschlossenen Türen des Präsidiumssaales. »Wenn man das ganze Zeug nur rechtzeitig gesehen hätte, wäre vielleicht noch was zu machen gewesen.« In der Öffentlichkeit demonstriert er jedoch Loyalität gegenüber dem Parteivorsitzenden und Kanzlerkandidaten. »Jetzt eine Personaldebatte zu führen wäre das Dümmste, was die SPD tun könnte«, sagt er in einem *Spiegel*-Interview. Aber sich für einen Erfolg bei der Bundestagswahl aktiv einspannen zu lassen, dazu ist er noch nicht bereit: »Ich bin wegen der Bindung an Niedersachsen für ein Team nicht verfügbar.«

Am 22. Juni 1994 wählen die Delegierten eines Sonderparteitags in Halle Rudolf Scharping auch offiziell zum Kanzlerkandidaten für die Bundestagswahl am 16. Oktober. In der baufälligen Eissporthalle herrscht Aufbruchstimmung. Nach seiner Rede feiern die Delegierten Scharping mit rhythmischem Klatschen und dem Schlachtruf »Jetzt geht's los«. Doch die jubelnde Fassade kann nicht verdecken, daß im Hintergrund neuer Streit ausgebrochen ist. Schröder will der SPD die Möglichkeit einer Großen Koalition nach der Bundestagswahl offenhalten. Seine Überlegung: »Das wichtigste für die Partei ist, wieder an die Regierung zu kommen – egal wie.« Aber die stellvertretenden Parteivorsitzenden Lafontaine und Rau sind strikt dagegen.

Der Aufschwung durch den Parteitag in Halle dauert nur vier Tage, schon folgt – in Sachsen-Anhalt – die nächste Wahlschlappe. In der strategischen Planung der SPD war ein Regierungswechsel in Magdeburg als sicher gebucht. Statt dessen hat die SPD am Abend des 26. Juni ein neues schwerwiegendes Problem: Die von Affären gebeutelte CDU bleibt trotz erheblicher Stimmengewinne der SPD stärkste Partei, die PDS wird mit fast zwanzig Prozent drittstärkste Kraft. Für die Regierungsbildung gibt es nur eine Alternative: Große Koalition oder eine rotgrüne Minderheitsregierung, die von der PDS toleriert werden muß. Noch am Wahlabend bekommt SPD-Spitzenkandidat Reinhard Höppner aus Bonn grünes Licht für Verhandlungen mit Bündnis 90/Grünen und PDS.

Die SPD steckt in einer gefährlichen Zwickmühle. Wie soll

sie mit der SED-Nachfolgepartei umgehen? Ist eine Strategie der Abgrenzung glaubwürdig, wenn in Sachsen-Anhalt ein SPD-Ministerpräsident nur mit Duldung der PDS-Fraktion regieren kann? Während Scharping und sein Bundesgeschäftsführer Verheugen sich für ein Sowohl-Als-auch entscheiden, setzt sich Schröder für einen pragmatischen Umgang mit der PDS ein. Im Parteipräsidium stellt er fest: »Eine strikte Abgrenzung auf allen Ebenen führt zu nichts.« Er glaubt, die SPD könne eine Annäherung an die PDS selbst unter dem enormen öffentlichen Druck durchhalten, den CDU und CSU mit ihrer Rote-Socken-Kampagne entwickeln.

Am 15. August kommt es im SPD-Präsidium zur offenen Auseinandersetzung um den Kurs gegenüber der PDS. Schröder hält Scharping vor, in Interviews den Eindruck zu erwecken, er sei nur unter Bedingungen bereit, nach der Bundestagswahl Kanzler zu werden. Schröder: »So kann man das nicht machen. Entweder man will, oder man will nicht.« Scharping kontert: »Es gilt, was ich dazu gesagt habe: Ich werde mich nicht mit PDS-Stimmen zum Bundeskanzler wählen lassen.«

Nach dem Wortwechsel legt der Parteivorsitzende die sogenannte Dresdner Erklärung vor, in der die SPD-Fraktionsvorsitzenden aus den fünf ostdeutschen Landtagen eine klare Abgrenzung zur SED-Nachfolgepartei formuliert haben. In dem Papier heißt es: »Es bleibt dabei: Die PDS ist ein politischer Konkurrent und Gegner der SPD. Eine Zusammenarbeit mit ihr kommt für uns nicht in Frage. Dies muß jeder wissen, der den politischen Wechsel in Schwerin, in Dresden, in Erfurt und in Bonn will.«

Für Schröder ist das Papier »Firlefanz«. Unter Hinweis auf die Regierungsbildung in Sachsen-Anhalt sagt er: »Man darf das, was man tut, nicht mit schlechtem Gewissen tun.« Die Strategie müsse lauten: »Die PDS zwingen, Farbe zu bekennen. Die dürfen sich nicht auf Dauer als einzige Oppositionspartei in den neuen Ländern etablieren.« Er weigert sich, dem Dokument zuzustimmen: »Einen solchen Zinnober mache ich nicht mit.« Schließlich verzichtet das Präsidium auf eine formelle Abstimmung. In einer Presseerklärung heißt es lediglich, die SPD-Führung sei der Dresdner Erklärung »beigetreten«.

Drei Tage später ist von der Auseinandersetzung im Präsidium nicht mehr viel zu spüren – Schröder und Scharping machen gemeinsam Wahlkampf auf der ostfriesischen Ferieninsel Norderney. Eine Kundgebung wie Hunderte andere: der hoffnungslos überfüllte Kursaal, die örtliche Blasmusik, Autogramme, Händeschütteln. Doch etwas ist anders an diesem regnerischen Sommerabend.

Der Kanzlerkandidat trifft verspätet aus Hamburg ein – sein Hubschrauber konnte nicht pünktlich starten. Als er endlich vor dem Kursaal ankommt, wartet Schröder schon ungeduldig. Scharping ist bester Laune, die Umarmung zur Begrüßung fällt herzlicher aus, als für die Fotografen notwendig gewesen wäre. Insgeheim hat Scharping bereits die Entscheidung gefällt, zu der seine Berater und in den letzten Wochen auch Rau und Lafontaine gedrängt haben: Schröder muß mit ins Schattenkabinett!

Die Wahlveranstaltung verläuft erfolgreich. Freundlicher Beifall für die Redner, die Ferienstimmung des überwiegend aus Urlaubern bestehenden Publikums überträgt sich auf die gestreßten Wahlkämpfer. Gegen Ende der Kundgebung können aus dem Saal Fragen gestellt werden. Ein älterer Mann meldet sich zu Wort und tritt aufgeregt ans Mikrofon: »Herr Scharping, warum nehmen Sie Herrn Schröder, diesen ausgezeichneten Politiker, nicht in Ihr Regierungsteam auf«? fragt er. Die beiden Männer auf dem Podium lachen laut auf. Dann sagt Schröder: »Vielleicht sollte ich das mal beantworten: Das Verhältnis zwischen mir und dem Rudolf ist geklärt. Die Entscheidung über den SPD-Parteivorsitz und die Kanzlerkandidatur habe ich verloren. Jetzt haben wir eine Vereinbarung: Meine Aufgaben liegen in Niedersachsen. Bundespolitik ist allein Rudolfs Sache. Ich stehe vier Jahre für kein Amt in Bonn und Berlin zur Verfügung.« Scharping schweigt mit einem feinen Lächeln auf den Lippen.

In der Bierbar des Insel-Hotels »Vier Jahreszeiten« sitzen Schröder und Scharping an diesem Abend lange zusammen. Von seinem Plan, den Rivalen ins Team zu bitten, sagt Scharping noch nichts. Zu viele Journalisten sitzen an den Nebentischen. Man redet über den Wahlkampf. Neue Umfragen liegen vor:

CDU und CSU kommen zusammen auf 41 Prozent, die SPD ist auf 35 Prozent abgesackt.

Die routinemäßige Montagssitzung des SPD-Präsidiums findet am 22. August ausnahmsweise in der Bonner Hamburg-Vertretung statt. Unter der Überschrift »Schröder stänkert gegen Scharping« berichtet der *Spiegel* in seiner neuen Ausgabe über den Streit in der Sitzung vom vergangenen Montag. Nachdem die Tagesordnung gegen 15 Uhr abgehandelt ist, bittet der SPD-Vorsitzende Schröder um ein Vieraugengespräch. »Ich war mir sicher, daß Rudolf mich vor dem Hintergrund unserer letzten Auseinandersetzungen bitten würde, meine bundespolitischen Aktivitäten einzustellen«, erinnert sich Schröder. Er ist bereit, seinen Sitz im Parteipräsidium zu räumen und sich künftig ganz der Landespolitik zu widmen. »Diese ständige Kampfsituation machte keinen Sinn mehr«, sagt er rückblickend.

Doch Scharping hat anderes im Sinn. Nach einem kurzen Spaziergang in der niedersächsischen Landesvertretung angekommen, eröffnet er Schröder: »Ich möchte, daß du im Wahlkampfteam mitmachst!« Als Gegenleistung für die Unterstützung im Bundestagswahlkampf bietet er das Verkehrsministerium an. Aber Schröder will mehr: »Wenn, dann geht das nur zusammen mit dem Wirtschaftsressort.« Und das Forschungsministerium hätte er gern noch dazu. Scharping antwortet, Wirtschaft gehe in Ordnung, die Zusammenlegung mit dem Bereich Forschung sei jedoch nicht sinnvoll. Auch müsse er darüber noch mit Lafontaine sprechen, dem er ebenfalls die Zuständigkeit für Wirtschaft zugesichert habe. Und auch in Schröders zweite Forderung willigt Scharping ein: daß die Troika auch im Falle einer Wahlniederlage weiter zusammenarbeiten solle.

Schröder bittet sich ein paar Tage Bedenkzeit aus. »Aber«, erinnert er sich, »ich war mir sicher, daß ich dieses Angebot nicht ablehnen konnte. Die Frage war einfach: Sehe ich mir das weiter in Ruhe an, oder greife ich doch noch ein?« Auch Ehefrau Hiltrud ist fürs Eingreifen. Als Schröder sie am späten Montag abend auf dem Heimweg nach Immensen aus dem Auto anruft und von Scharpings Angebot erzählt, ist ihre Antwort eindeutig: »Mach das!«

Am nächsten Morgen ist Lafontaine am Telefon: »Gerd, du mußt. Gib der Partei ein Signal, daß du nicht immer nur isoliert herumturnst.« Schröder willigt ein. Die Partei hat ihn in der Not gerufen, er hat den Ruf erhört. Am Abend des 24. August geht in Scharpings Mainzer Staatskanzlei ein Fax aus Hannover ein – die offizielle Bestätigung, daß Schröder ab kommenden Montag für die Mitarbeit im Schattenkabinett zur Verfügung steht.

Ende der Woche reist Schröder zusammen mit VW-Manager José Ignacio López und einigen mittelständischen Unternehmern zu einem Vortrag vor der deutsch-dänischen Handelskammer nach Kopenhagen. Dort erreicht ihn ein Anruf aus Bonn. Das Büro Scharping verbindet mit dem Parteivorsitzenden: »Deine Zusage liegt vor. Es ist alles klar.« Dänemarks Ministerpräsident Poul Nyrup Rasmussen erfährt als erster außerhalb der engsten SPD-Führung von dem geplanten Coup. Schröder erzählt ihm: »Nächste Woche werde ich Mitglied im SPD-Schattenkabinett.«

Bis zur Vorstellung der gesamten SPD-Regierungsmannschaft am kommenden Montag soll die Absprache geheim bleiben. Doch schon am Donnerstag bringt Bundesgeschäftsführer Verheugen das Bonner Journalisten-Corps in einem Hintergrundgespräch auf die Spur: »Es wird ein Team sein, das die Integrationskraft des Parteivorsitzenden, das reiche Potential an Kompetenz und Durchsetzungsfähigkeit in der SPD und den ganzen Reichtum an starken Persönlichkeiten der SPD darstellen wird.«

In der Samstagausgabe titelt die *Süddeutsche Zeitung* ihren Aufmacher: »Schröder soll Zugpferd für Scharping werden. Bei Wahlsieg als Superminister ins Kabinett«. Die Kommentatoren sind sich einig: Mit dem Eintritt des »Kraftwerks Schröder« *(Bild)* in das SPD-Team ist der Wahlkampf in der Schlußphase wieder spannend geworden.

»Das ist endlich ein genialer Coup von Rudolf Scharping«, kommentiert die *Hamburger Morgenpost.* Und unter der Überschrift »Scharpings bester Schachzug« schreibt Martin E. Süskind in der *Süddeutschen Zeitung:* »Dies alles kann nur bedeuten, daß jetzt, da der Liebling der Nation eingreift, der Wahlkampf einen kräftigen neuen Anstrich bekommen wird.« Selbst der politische Gegner zollt dem neuen Wahlkampfschlager der SPD Respekt. CDU-Generalsekretär Peter Hintze sieht plötzlich eine »kleine Chance« für einen SPD-Sieg bei der Bundestagswahl.

Bereits eine Woche später bestätigt sich die positive Resonanz: Erstmals seit Monaten registriert das Meinungsforschungsinstitut Emnid in seinen regelmäßigen Umfragen leicht steigende Werte für die SPD: 36 Prozent. Doch der Gleichschritt der »Drei gegen Kohl« ist noch nicht ganz harmonisch. Als Fotografin Monika Zucht das Trio für ein *Spiegel*-Titelbild fotografieren will, mißlingt die Einigung auf eine einheitliche Krawatte. Der *Spiegel* hat sich rote Binder gewünscht, doch Schröder (»Zu häßlich«) und Scharping (»Zu grell«) lehnen ab. Als sich die beiden schließlich doch überreden lassen, mag Lafontaine nicht. Auf dem Titelbild des *Spiegel* erscheint schließlich eine Karikatur anstelle des geplanten Fotos.

Auch die Organisation der gemeinsamen Wahlkampfauftritte erweist sich anfangs als schwierig. Zum Deutschlandtreffen am 4. September, der offiziellen Auftaktveranstaltung im Dortmunder Westfalenstadion, lädt Bundesgeschäftsführer Verheugen die Mitglieder des Wahlkampfteams »im Auftrag von Rudolf Scharping« schriftlich ein. Aber Schröder hat schon etwas anderes vor: An diesem Sonntag fand im ostfriesischen Wiesmoor das traditionelle Blütenfest statt – der Ministerpräsident ist als Schirmherr geladen.

Erst als Verheugen bettelt, »unbedingt teilzunehmen«, gibt Schröder nach: Er werde aber erst nachmittags kommen. Statt beim Deutschlandtreffen mit den Genossen zu diskutieren, ehrt er im niedersächsischen Damme die Oldenburger Stute »Weihaiwej« des Reit-Weltmeisters Franke Sloothak mit der niedersächsischen Sportmedaille. Rechtzeitig zur Abschlußkundgebung trifft er in Dortmund ein, wo mehr als 50000 SPD-Anhänger dem Kanzlerkandidaten und seiner Mannschaft zujubeln.

Der Wahlkampf gewinnt noch einmal an Fahrt. In aller Eile wird ein Troika-Werbespot gedreht: Unter den mächtigen Säulen der Nationalgalerie auf der Museumsinsel in Berlin schreiten drei lachende Männer in Zeitlupe der Kamera entgegen. Dazu klingt Edward Elgars monumentaler Pomp-and-Circumstance-Marsch. »Damit es auch wirklich locker aussah, haben wir uns bei den Dreharbeiten übers Wetter unterhalten«, erinnert sich Schröder.

Auch im engsten Beraterkreis um den Parteivorsitzenden ist er nun vertreten. Jeden Montag um neun Uhr treffen sie sich beim SPD-Chef: Bundesgeschäftsführer Günter Verheugen, Fraktionsgeschäftsführer Peter Struck, der Chef der NRW-Staatskanzlei Wolfgang Clement, Scharping-Berater Karl-Heinz Klär sowie der saarländische SPD-Fraktionsvorsitzende und Lafontaine-Vertraute Reinhard Klimmt. Schröder läßt seinen Sprecher Uwe-Karsten Heye an der Runde teilnehmen. Die Montagsrunde legt jeweils für eine Woche die Marschrichtung fest und bereitet wichtige Wahlkampftermine vor.

Mit Erfolg: Die Kundgebungen werden nun besser besucht. Der Troika-Slogan: »Jeder von uns ist besser als Helmut Kohl, gemeinsam werden wir den Machtwechsel schaffen« zieht das Publikum in die meist vollen Stadthallen. Die Dramaturgie ist überall die gleiche: Schröder spricht als erster und sorgt mit seiner gekonnten Rhetorik für Stimmung. Er beschränkt sich strikt auf das Thema Wirtschaft, in der SPD umstrittene Themen wie eine Koalitionsaussage für Rot-Grün oder das Tempolimit spricht er nicht an.

Es folgt Lafontaine, der zur Finanzpolitik und zu seinem Lieblingsthema Auslandseinsätze der Bundeswehr scharfe Attacken gegen die Bundesregierung reitet. Am Ende Scharping mit einer Rede zum Thema soziale Gerechtigkeit – beginnend mit einem Zitat aus Brechts Kinderhymne: »Anmut sparet nicht noch Mühe/Leidenschaft nicht noch Verstand/Daß ein gutes Deutschland blühe/Wie ein andres gutes Land.«

Vier Tage vor dem Wahltag sorgt Schröder noch einmal für Furore. In einem Interview für die in Hameln erscheinende *Deister- und Weserzeitung* erklärt er sich bereit, auch im Falle einer Großen Koalition unter Kanzler Kohl als Wirtschaftsminister nach Bonn zu kommen: »Für dieses Amt würde ich nach Bonn gehen in einer angemessen günstigen Situation.« Und zum Schrecken seiner Parteifreunde fügt er ein dickes Lob für den Bundeskanzler hinzu: Kohl sei für ihn »nie eine Unperson« gewesen, sondern ein Mann, dessen »politische Lebensleistung ich nie in Abrede gestellt habe«.

Einen Tag, nachdem das Interview in Bonn Schlagzeilen gemacht hat, treffen am Rande einer Sitzung des Bundesrates SPD-Vize Oskar Lafontaine und Bundesfinanzminister Theo Waigel (CSU) zufällig aufeinander. Waigel: »Schönen Gruß vom Bundeskanzler. Den Schröder nimmt er nicht.« In der SPD-Führung werden die Äußerungen mit weniger Humor aufgenommen. Schröder habe mit seinem Gerede über die Große Koalition »viel Porzellan zerschlagen«, kommentiert Hamburgs Bürgermeister Henning Voscherau.

Am Wahlsonntag wird abgerechnet. Gemeinsam mit Ehefrau Hiltrud gibt Schröder am 16. Oktober frühmorgens in der Grundschule von Immensen seine Stimme ab. Am Nachmittag fliegt er nach Bonn. Die Stimmung ist gedrückt, als die Mitglieder des SPD-Präsidiums gegen 18 Uhr nach und nach im Erich-Ollenhauer-Haus eintreffen. Bereits kurz vor Schließung der Wahllokale kursieren in Bonn wie üblich die ersten Trendmeldungen. Die sagen eine deutliche Mehrheit für CDU/CSU und FDP voraus. In den Foyers der SPD-Zentrale drängen sich Hunderte von Journalisten um die überall aufgestellten Fernseher und das »Troika-Buffet« – Pfälzer Wein, Bier aus dem Saarland und Erbsensuppe nach einem altniedersächsischen Rezept.

Der erste Trend um Punkt 18 Uhr bestätigt die schlimmen Befürchtungen: Knapp über 36 Prozent für die SPD, über vierzig Prozent für die Union. Als erste prominente SPD-Politikerin geht neun Minuten später Anke Fuchs vor die Fernsehkameras. Sie sei »zuversichtlich«, sagt sie. Die Journalisten schütteln ungläubig die Köpfe.

In Scharpings Büro hat man derweil gerechnet: Der Vorsprung von Union und FDP ist – in Mandate umgerechnet – nur hauchdünn und beträgt zeitweise gerade noch zwei Sitze. Schröder sieht die Chance für die SPD gekommen. »Mit so einer knappen Mehrheit kann Kohl nicht regieren. Ich gehe jetzt raus und erkläre, daß wir zu einer Großen Koalition bereit sind«, sagt er. Doch die anderen Mitglieder der Parteiführung, vor allem Scharping und Rau, halten ihn mit dem Hinweis zurück, daß die strategischen Entscheidungen der Parteivorsitzende treffe. Und der will abwarten.

Später erinnert sich Schröder: »Ich war der Ansicht, man müßte die Gelegenheit ergreifen und deutlich Stellung beziehen. In der Situation mit nur zwei Mandaten Vorsprung war das absolut richtig.« Am Ende hat die Koalition aus CDU/CSU und FDP doch eine Mehrheit von zehn Bundestagssitzen. Der Traum vom Mitregieren ist nicht nur an der SPD gescheitert. Spätabends geht Schröder zum Übernachten in die niedersächsische Landesvertretung. Auch wenn das knappe Wahlergebnis in Scharpings Büro inzwischen als Erfolg für die SPD und Pyrrhus-Sieg für die Kohl-Regierung gefeiert wird, ist er sich sicher: »Da war mehr drin. Wir hätten das Ding gewinnen können.« Aber der Kanzlerkandidat sei bei den Wählern nicht richtig angekommen – »auch wenn er objektiv betrachtet ja unbestritten besser ist als jeder Bonner Minister«.

Aufmerksam betrachtet Schröder in den folgenden Wochen von Hannover aus, wie Scharping als neugewählter Vorsitzender der SPD-Bundestagsfraktion in Bonn die Opposition organisiert. Zunächst scheint es, als setze der neue Oppositionführer auf die weitere Zusammenarbeit mit seinen beiden Troika-Kollegen. Als Scharping am 23. November erstmals als Fraktionsvorsitzender ans Rednerpult des Bundestages tritt, macht er einen kleinen Umweg zur Bundesratsbank und drückt Schröder demonstrativ die Hand. Doch der hat mittlerweile begriffen, daß in Bonn auf seine Mitarbeit kein besonderer Wert mehr gelegt wird.

Schröder ist enttäuscht. Am meisten ärgert es ihn, über einzelne Entscheidungen der SPD-Spitze erst aus der Zeitung erfahren zu müssen. So haben NRW-Ministerpräsident Rau und Scharping untereinander vereinbart, das Amt des Vorsitzenden im Vermittlungsausschuß von Bundestag und Bundesrat dem Hamburger Bürgermeister Henning Voscherau zu übertragen. An dem unbequemen Posten selbst liegt Schröder nichts. Aber er will gefragt werden. Mit der Bemerkung: »Die SPD muß sich überlegen, ob sie einen Verwalter oder einen Kämpfer mit dieser Aufgabe betraut«, läßt er sich ins Gespräch bringen. Rau ist verärgert. Aus seiner Sicht kommt Schröder für den Posten überhaupt nicht in Frage. Aber gegen dessen Willen ist Voscherau kaum durchsetzbar. Man einigt sich schließlich darauf, daß jeweils der nach Rau dienstälteste SPD-Ministerpräsident das Amt bekommen solle – Ende 1994 also Oskar Lafontaine. Die *Frankfurter Allgemeine Zeitung* analysiert: »Schröder verhinderte Voscherau, Rau verhinderte Schröder.«

Hinter vorgehaltener Hand wird in der SPD bereits über ein neues Zerwürfnis zwischen Schröder und Scharping gemunkelt. Geht in diesen Wochen etwas schief, wird sogleich bedeutungsvoll getuschelt: »Da steckt der Hannoveraner dahinter!« Bei den Wahlen für den Fraktionsvorstand im Berliner Reichstag fällt einer der Wunschkandidaten des neuen Fraktionsvorsitzenden überraschend durch. Anstelle von Gerd Andres, einem Abgeordneten aus Hannover, wird nun der Schröder-Vertraute Wilhelm Schmidt zum Parlamentarischen Geschäftsführer gewählt. Daß Andres' Niederlage allein Ergebnis seiner völlig verunglückten Vorstellungsrede ist, mag unter den 252 Parlamentariern kaum jemand glauben. Das Wort von »Schröders Rache« macht die Runde.

Schröder fühlt sich hintergangen. »Die Troika war als langfristige Sache angelegt«, meint er rückblickend. »Und plötzlich sagte einer ›Das Machtzentrum ist die Bundestagsfraktion, und ich bin der Boß – und zwar alleine‹.« Er ist sich sicher, daß die SPD ihr insgesamt doch noch akzeptables Wahlergebnis vor allem seinem Einsatz zu verdanken hat: »Ich habe mich ziemlich gequält – was ich ja nicht mußte. Wenigstens für ein gemeinsames Abendessen mit einem herzlichen Dankeschön des gescheiterten Kanzlerkandidaten hätte es reichen sollen – mehr wollte ich ja gar nicht.«

Am Abend des 11. Januar 1995 sitzt das Ehepaar Schröder in den Münchner Bavaria-Fernsehstudios auf einem roten Ledersofa. Gerd und Hilu zu Gast bei Thomas Gottschalk in der RTL-Plaudersendung »Late-Night-Show«. Man trinkt Champagner,

Gottschalk bietet Zigarren an, die Stimmung ist locker. Dann fragt der Star-Moderator: »Der Kollege Scharping war ja auch vor der Wahl bei mir und hat gesagt: ›Ich pack's.‹ Hätten Sie's gepackt?« Schröder setzt ein provozierendes Lächeln auf und antwortet: »Ich hätt's gepackt.« Im Klartext: Die SPD hat damals nach dem Engholm-Rücktritt den Falschen gewählt und jetzt die Rechnung dafür bekommen.

Nun war es also heraus. Daß Schröder so denkt, das ahnen viele in der SPD. Aber daß er es so offen aussprechen würde? »Ich wußte natürlich, was ich mit diesem Satz anrichten würde«, sagt er rückblickend. »Aber das ist oft so: Irgendwann kommt ein Punkt, da sticht mich der Hafer. Dann frage ich mich: Sagst du jetzt was, oder redest du dich raus? Es paßt eher zu mir, in solchen Situationen zu sagen: Komm, lassen wir die Sau raus. Insofern war das keine gezielte Aktion.«

Ob gezielte Aktion oder nicht: In den Augen seiner Kritiker ist Schröder dem Ruf als »Parteirüpel« wieder einmal gerecht geworden. Die nächste Runde im Streit um die Führung in der SPD ist eingeläutet.

»Es hat an uns beiden gelegen«
Schröder contra Scharping

»Um in der Politik erfolgreich zu sein«, sagt Schröder, »ist es nicht notwendig, sich ständig in den Armen zu liegen. Es reicht, wenn man Respekt vor der Persönlichkeit und der Kompetenz derjenigen hat, mit denen man zusammenarbeitet. Das ist zwischen Rudolf Scharping und mir der Fall. Darüber hinaus entwickelte sich ein freundschaftliches Verhältnis.«

Die Freundschaft hält nur wenige Monate. Der Streit, der dann kommt, erschüttert die SPD in ihren Grundfesten und führt schließlich zu einem in der Nachkriegsgeschichte der Partei noch nie dagewesenen Vorgang – zur Abwahl eines amtierenden Parteivorsitzenden. Der Machtkampf zwischen Schröder und Scharping wird zum Medienspektakel, die Waffen der Kontrahenten sind Zeitungsinterviews und Hintergrundgespräche.

Dabei fängt alles so harmlos an. Von außen betrachtet, befindet sich die SPD trotz der verlorenen Bundestagswahl zu Jahresbeginn 1995 in einer komfortablen Lage: Die Mehrheit der Regierungskoalition ist auf zehn Sitze geschmolzen, im Bundesrat verfügen die SPD-regierten Länder über eine klare Mehrheit. Und doch gärt es in der Partei. Scharping hat die Wahlen verloren, daran gibt es keinen Zweifel. Ob die SPD trotz oder wegen ihm gescheitert ist, darüber denken viele Abgeordnete der neuen Bundestagsfraktion intensiv nach. Bei den Wählern, so zeigen Umfragen, ist die Antwort schnell gefunden: Recht hat er, der Schröder, wenn er von sich behauptet: »Ich hätt's gepackt.«

Schröder selbst reagiert zurückhaltend: »Die SPD hat sich entschieden, und es bleibt dabei«, meint er Ende Januar in der WDR-Sendung »ZAK«. Aber natürlich kokettiert er auch mit dem Trend. Von »ZAK«-Moderator Friedrich Küppersbusch zur Abstimmung über den nächsten SPD-Kanzlerkandidaten aufgefordert, rufen während der Sendung mehr als 45 000 Zuschauer an – auch wenn Schröder einwendet: »Lassen Sie das bitte, rufen Sie nicht an!« Das Ergebnis der Umfrage ist mehr als deutlich: 83,7 Prozent der Anrufer meinen, bei der nächsten Bundestagswahl müsse der SPD-Spitzenkandidat Gerhard Schröder heißen.

Mit einer solchen Popularität im Rücken, so kalkuliert Schröder, sei er geradezu verpflichtet, sich weiter auch in bundespolitischen Fragen zu Wort zu melden. Und überdies hat ihn Parteichef Scharping nach der Bundestagswahl zum wirtschaftspolitischen Sprecher der SPD gemacht – ein Amt, das er medienwirksam auszufüllen gedenkt. Daß es in dieser Konstellation über kurz oder lang zu einer Machtprobe zwischen den beiden kommen muß, ist abzusehen. Die Frage ist nur, an welchem Thema sich der Streit entzünden wird.

». . . Macht 750 Mark«, hatte die SPD im Wahlkampf auf Plakaten geworben, auf denen drei Babys zu sehen waren. Die Botschaft lautete: Wir wollen ein einheitliches Kindergeld in Höhe von 250 Mark pro Kind. Wenige Monate später, im Frühjahr 1995, besteht die Möglichkeit, diese Forderung wenigstens teilweise in die Tat umzusetzen. Nach einem Urteil des Bundesverfassungsgerichtes muß das Existenzminimum von Erwachsenen und Kindern zum Jahresbeginn 1996 per Gesetz neu geregelt werden. Um die Vorgaben aus Karlsruhe zu erfüllen, muß das Jahressteuergesetz '96 somit entweder eine Erhöhung des Kinderfreibetrages oder des Kindergeldes enthalten. Die Bonner SPD-Führung und die sozialdemokratische Bundestagsfraktion setzen sich, getreu ihrem Wahlprogramm, für die zweite Lösung ein. Ihre Linie lautet: Anhebung des steuerlichen Existenzminimums auf 12 500 Mark im Jahr für Ledige und 25 000 Mark für Verheiratete, dazu 250 Mark Kindergeld.

Schröder hält die Kosten dieses Pakets vor allem angesichts der leeren Kassen der Bundesländer für viel zu hoch. »Ich kann nicht bezahlen, was ihr da vorhabt«, signalisiert er den Bonner Parteifreunden. Doch in der SPD-Zentrale nimmt niemand diese Warnung ernst, im Gegenteil. Nachdem auch die Bundesregierung, angewiesen auf die Zustimmung der SPD-geführten

Länder im Bundesrat, beim Jahressteuergesetz Kompromißbereitschaft erkennen läßt, halten Parteichef Scharping und mit ihm die gesamte SPD-Führung den eingeschlagenen Weg für richtig.

Unterdessen hat sich Schröder im Kreis seiner Kollegen aus den anderen Bundesländern umgehört und sieht sich bestätigt: Auch die schleswig-holsteinische Ministerpräsidentin Heide Simonis und Hamburgs Bürgermeister Henning Voscherau sehen die Bonner Pläne mit Skepsis.

Während einer Klausursitzung am 4. Mai in Göttingen stimmt Schröder die SPD-Fraktion des niedersächsischen Landtages auf die zu erwartende Auseinandersetzung ein: »Wir stehen für nichts und niemanden ungeprüft zur Verfügung«, sagt er unter Hinweis auf das Verhalten Niedersachsens im Bundesrat. Und er fügt hinzu: »Ich bitte um eure Unterstützung ohne Wenn und Aber und auch unter Inkaufnahme von Streit mit denen in Bonn.« Aus seiner Sicht gibt es keine Alternative zur harten Haltung gegenüber der eigenen Parteiführung: »Als Ministerpräsident war und ist es meine Pflicht, immer erst danach zu fragen, was für das Land gut ist. Darauf habe ich schließlich einen Eid geschworen.« Die Forderung der Bonner sei ja im Prinzip nicht verkehrt, aber eben nicht bezahlbar. »Die Bundestagsfraktion hat gesagt, was muß, und wir haben gesagt, was geht.«

Aber nicht nur die Finanzierbarkeit stört ihn an den Plänen für das Jahressteuergesetz. Die Bonner SPD macht sich über Kindergeld und Existenzminimum hinaus auch noch für die Kürzung von indirekten Subventionen an die Automobilindustrie stark – für VW-Aufsichtsrat Schröder völlig unakzeptabel. Im vertraulichen Gespräch mit Ferdinand Piëch, dem Vorstandsvorsitzenden des VW-Konzerns, kündigt er an, sich in Bonn für die Streichung dieses Vorhabens einzusetzen. Als Gegenleistung sichert Piëch fünfhundert zusätzliche Lehrstellen zu.

Auch wenn es im Kern vorerst nur um unterschiedliche Meinungen zu einem konkreten Thema, der Steuerfrage, geht – der Streit hat begonnen. Und auch beim Thema Kernenergie stellt sich Schröder erneut gegen die Beschlußlage der SPD. Im März sind die Gespräche über einen nationalen Energiekonsens wiederaufgenommen worden, in denen er als Verhandlungsführer seiner Partei mitwirkt. Die SPD-Linie ist seit der gescheiterten Energierunde 1993 unverändert geblieben: Ausstieg aus der Kernenergie. Aber auch Schröder, obwohl schon damals kompromißbereiter als seine Partei, bleibt bei seiner Position: »Um das Ziel des Ausstiegs zu erreichen, müssen Zugeständnisse gemacht werden.«

Was damit gemeint ist, macht er am 14. Mai in einem Referat vor der Friedrich-Ebert-Stiftung in Bonn deutlich: Wenn die Atomindustrie bereit sei, Restlaufzeiten für die bestehenden Kernkraftwerke zuzusagen, müsse die SPD darüber mit sich reden lassen, ob eines fernen Tages ein Reaktor völlig neuen Typs genehmigungsfähig sei. Die aktuellen Verhandlungen, beklagt er, seien durch »Fundamentalismus« auf beiden Seiten belastet. Er halte nichts von Leuten, die glaubten, »wenn sie den Ausstieg nur fordern, dann käme er schon«.

Die Antwort aus der Partei kommt prompt: »Mit der SPD wird es keine Optionen auf neue Kraftwerkslinien geben«, stellt der baden-württembergische Umweltminister Harald B. Schäfer fest. Und er droht: »Für die SPD darf nur sprechen, wer sich an die eindeutigen Beschlüsse der Partei zur Energiepolitik hält. Ob dies für ihn zutrifft, muß Gerhard Schröder selbst beantworten.«

Das Klima zwischen Hannover und Bonn verschlechtert sich zusehends. Selbst Höflichkeiten werden jetzt als versteckte Angriffe mißdeutet. Auf die Frage, warum er nicht offen die Kanzlerkandidatur 1998 anstrebe, antwortet Schröder in einem Interview der Illustrierten *Bunte.* »Ich habe nicht die Absicht, ihm Konkurrenz zu machen. Scharping hat eine zweite Chance verdient.« Im Erich-Ollenhauer-Haus wird die Äußerung als Hinterhältigkeit gegen Scharping bewertet.

Bisher hat die SPD-Bundestagsfraktion mehr oder weniger geschlossen hinter dem Partei- und Fraktionsvorsitzenden gestanden. Doch das ändert sich schlagartig. Am 24. Juni 1995, einem Samstag, versammelt sich in der Bonner Niedersachsen-Vertretung der Seeheimer Kreis, ein Zusammenschluß von Mitgliedern des rechten Parteiflügels, zu seinem obligatorischen Frühjahrstreffen. Auch Schröder ist eingeladen. Bereits zu Beginn der Tagung spürt er, wie groß die Enttäuschung über die Führung der Bundestagsfraktion geworden ist. Den notwendigen Umbau des Sozialstaates anzupacken habe Scharping im vergangenen Herbst versprochen, klagen die Seeheim-Sprecher Gerd Andres und Karl-Hermann Haack, doch passiert sei nichts. Statt dessen würden dem Bürger ein höheres Kindergeld und Steuersenkungen versprochen. Und wer solle das alles bezahlen?

Schröder erkennt die Chance, die sich hier bietet. In einem 45minütigen Stegreifreferat legt er seine Position dar: Die SPD müsse moderner werden und dürfe nicht jede technische Neuerung blockieren, verlangt er. Sicher hätten Scharping und Lafontaine mit ihrer Forderung nach einer ökologischen Steuerreform recht, räumt er ein. Aber höhere Energiepreise dürften nicht zu Lasten der Autofahrer oder der Industrie gehen. »Wir konkurrieren mit der Union um ökonomische Kompetenz«, ruft er in den Saal, »und dann fällt uns nichts anderes ein, als Unternehmen härter zu belasten – idiotisch.« Schröders Schlußfolgerung: Das Problem der SPD bestehe darin, »daß viele schon rotgrün im Kopf sind«.

Die Seeheimer sind begeistert. In ihren donnernden Applaus hinein erhebt sich Heinz Ruhnau, ehemaliger Vorstandsvorsitzender der Lufthansa und führendes Mitglied des Kreises, von seinem Platz: »Gerhard, du mußt die Kanzlerkandidatur für die Bundestagswahl 1998 übernehmen!«

»Schröder hat mit seinem Vortrag alle grundsätzlichen Positionen der Seeheimer bestätigt«, erinnert sich Gerd Andres, »und am Ende haben wir alle gedacht: ›Das isses.‹« Die Frage nach der Macht in der SPD ist gestellt, aus dem Streit um das Steuergesetz ist ein Kampf um die Führung in der Partei geworden.

Und der Ton wird immer schärfer, die Fronten werden immer unübersichtlicher. »Das Abstimmungsverhalten Niedersachsens im Bundesrat wird vom Landeskabinett und nicht von Herrn Scharping oder sonst irgendwem festgelegt«, läßt Schröder seinen Parteivorsitzenden wissen. »Schon meine bloße Existenz reicht ihm [Scharping] aus, um Schaum vor den Mund zu kriegen«, klagt er und fügt mit drohendem Unterton hinzu: »Irgendwann werden sich die Leute ja mal fragen, welche Wahlen denn die SPD mit Scharping als Vorsitzendem gewonnen hat.«

Scharping wiederum kündigt im kleinen Kreis an, er lasse sich »von diesem Provinz-Strauß nicht länger den Ruf der SPD demolieren«. Doch immer mehr führende Sozialdemokraten geben ihm die Schuld an den ständigen Querelen. In Kiel mutmaßt die schleswig-holsteinische Ministerpräsidentin Heide Simonis, der Parteichef suche immer neue Streitpunkte, »weil er wahrscheinlich gerade seine Tage hat«. Der Streit eskaliert. Und die Schröder-freundliche Hamburger Zeitung *Die Woche* fragt bereits: »Wann geht Scharping?«

Am 26. Juni 1995 tagt das SPD-Präsidium im Gebäude des Abgeordnetenhauses in Berlin. Die Stimmung ist gereizt, das Medieninteresse enorm. Schon beim Aussteigen aus ihren Dienstwagen werden die Sitzungsteilnehmer von Reportern bedrängt: »Was wird mit Schröder? Wird das Präsidium ihn offiziell und öffentlich kritisieren?« Parteivize Wolfgang Thierse ist dafür: »Ich habe es satt, daß der Schröder ständig und bei allen Themen dazwischenfunkt«, sagt er in die Mikrofone der Rundfunkjournalisten.

Als Schröder etwas verspätet eintrifft, ist die Stimmung eisig. Während sich vor der Tür des Tagungsraumes die Kamerateams drängeln, beginnt drinnen die große Abrechnung. Er sei die »persönlichen Affereien« aus Hannover leid, schimpft Scharping zu Schröder gewandt. Thierse assistiert: »Ich weiß einfach nicht, was das immer soll.« Doch Schröder will nicht klein beigeben. Zu Thierse sagt er: »Ausgerechnet du! Du kannst ja noch nicht einmal deinen eigenen Wahlkreis gegen Stefan Heym gewinnen.« Auch die Kritik an seiner Haltung im Steuerstreit weist er zurück: »Ich bin der Ministerpräsident eines Bundeslandes; nehmt das bitte zur Kenntnis.« Und zum Parteivorsitzenden gewandt, fügt er hinzu: »Deine Macht ist nur von den Ländern geliehen.« Das sitzt.

Umringt von Journalisten verläßt Schröder wenig später vorzeitig die Sitzung und eilt zu seinem Auto. »Wie war es denn?«

wollen die Reporter wissen. »Nein, Leute, laßt mal«, lautet die Antwort. »Ich hab's eilig, weil ich zum Wirtschaftsforum nach München muß.« Und mit einem Lächeln fügt er hinzu: »Pierer [Heinrich von Pierer, Vorstandsvorsitzender der Siemens AG] wartet schon.«

Beim Frühstück mit Journalisten erklärt Scharping am nächsten Morgen in Bonn: »Der Streit ist beendet.« Doch da irrt er sich. Denn für Schröder ist in Berlin nur eine neue Runde eingeläutet worden. »Der Konflikt begann als reine Sachdiskussion um das Steuergesetz«, erinnert er sich. »Als Scharping dann aber anfing, an meine Adresse von Affereien und Albernheiten zu reden, habe ich mir gesagt: ›Das ist nicht der Ton, in dem man mit einem Ministerpräsidenten redet.‹ Erst dann ist die Sache außer Kontrolle geraten.«

Anfang Juli reisen die beiden Rivalen am selben Tag nach Rom. Schröder ist zu einer Privataudienz bei Papst Johannes Paul II. geladen, Scharping spricht als Gastredner auf dem Parteitag der italienischen Sozialisten. Obwohl beide im noblen »Hotel del la Ville« absteigen, begegnen sie sich nicht. Man geht sich aus dem Wege.

Auch dem Parteivorsitzenden wird zunehmend klar, daß der Streit keineswegs ausgestanden ist. Im Kreise seiner Berater wird jetzt immer öfter die Frage erörtert, ob der Rebell aus Hannover nicht ganz offiziell aus seinem Parteiamt als wirtschaftspolitischer Sprecher entlassen werden soll. Vor allem Karl-Heinz Klär, Leiter der Bonner Rheinland-Pfalz-Vertretung, ist der Ansicht, das Problem sei nur durch Schröders Entmachtung zu lösen. Aber Scharping zögert, diesen Schritt zu gehen, zumal sowohl NRW-Ministerpräsident Johannes Rau als auch Bundesgeschäftsführer Günter Verheugen davor warnen. Damals im Wahlkampf 1994 habe man Schröder als Gegenleistung für seinen Eintritt in die Troika auch für die Zukunft eine enge Zusammenarbeit versprochen, erinnert Verheugen seinen Vorsitzenden. Das könne man jetzt nicht ohne weiteres aufkündigen. Im übrigen, warnt der Parteimanager, müsse Scharping eines wissen: »Dein Strauß ist der Oskar.« Im Klartext: Die eigentliche Bedrohung für die Machtposition des Vorsitzenden sei Lafontaine, nicht Schröder. Scharping findet diesen Gedanken abwegig: »Pah, den habe ich voll im Griff«, lautet seine Reaktion auf Verheugens Mahnung.

Lafontaine hält sich im parteiinternen Streit auffallend zurück und ergreift öffentlich für keine Seite Partei. Allerdings kommt er im Laufe des Frühsommers mehr und mehr zu der Überzeugung, daß Scharping mit seinen drei Ämtern als Partei- und Fraktionsvorsitzender sowie als künftiger Kanzlerkandidat überfordert ist. Nur im engsten Kreis äußert er seine Meinung. Und die hat einen eindeutigen Tenor: Der Rudolf kann's nicht.

Am Abend des 29. Juni treffen sich Lafontaine und Schröder nach langer Zeit wieder einmal zu einem ausführlichen Meinungsaustausch unter vier Augen. Beim gemeinsamen Abendessen in der Bonner Saarlandvertretung kommen sie überein, den Konflikt mit dem Vorsitzenden nicht unnötig anzuheizen. Wenn Scharping scheitere, so das Kalkül der beiden, sei es besser, wenn man sich nicht vorhalten lassen müsse, man habe ihn gestürzt.

Lafontaine macht seinen Gast dann mit seinen Überlegungen vertraut. Am besten für alle Beteiligten wäre es, wenn Scharping spätestens im Herbst freiwillig zunächst eines seiner Ämter abgebe, erläutert er. Vielleicht könne man den SPD-Chef ja überreden, den Parteivorsitz auf dem Mannheimer Parteitag abzugeben – an ihn (Lafontaine) zum Beispiel. Die Schlußfolgerung liegt auf der Hand: Der Saarländer als SPD-Vorsitzender, Scharping als Fraktionschef – das ließe Raum für einen Kanzlerkandidaten Schröder. Wenige Tage später beteuert Schröder in einem Interview erneut, er werde dem Parteivorsitzenden die Kanzlerkandidatur 1998 nicht streitig machen. »Diese Zusage«, fügt er hinzu, »gilt, solange Herr Scharping will.«

Der Ausgang des Machtkampfes an der SPD-Spitze hängt nun vor allem davon ab, auf wessen Seite sich Parteivize Johannes Rau stellen wird. Auf den ersten Blick scheint das klar zu sein: Sein Landesverband in Nordrhein-Westfalen hat Scharping 1993 die entscheidenden Stimmen bei der Wahl zum Parteivorsitzenden gebracht. Und daß Raus Verhältnis zu Schröder seit Jahren getrübt ist, ist in Bonn allgemein bekannt. Doch auch in der Düsseldorfer Staatskanzlei macht sich im Frühsommer 1995 die Erkenntnis breit, daß irgend etwas geschehen muß, um die Partei aus der Lähmung zu reißen, die sich immer stärker breitmacht.

Trotzdem ist Schröder ziemlich erstaunt, als er Anfang Juli eine Einladung auf seinen Schreibtisch bekommt: Der Ministerpräsident des Landes Nordrhein-Westfalen bittet zur Geburtstagsfeier für einen guten Freund – Friedel Neuber, Chef der Westdeutschen Landesbank, feiert seinen sechzigsten Geburtstag. Zur Fete im Düsseldorfer Hilton-Hotel kommt alles, was an Rhein und Ruhr Rang und Namen hat. Schröder erhält einen Platz am Ehrentisch zugeteilt, an dem außer Neuber auch Rau sowie der frühere Krupp-Chef Berthold Beitz Platz nehmen. Mehr noch als über diese Ehre wundert er sich über die Festrede. Nicht nur, daß Rau ausführlich das Thema Versöhnung anspricht und dabei wiederholt direkt in Richtung Schröder blickt. Am Ende bietet er ihm sogar offen die Hand: »Aus Gegnern können Freunde werden.«

Gestärkt durch die neue Freundschaft macht Schröder nun erneut Front gegen die Bonner Steuerpläne. Gemeinsam mit dem Hamburger Bürgermeister Henning Voscherau verfaßt er einen Brief an die SPD-Bundestagsfraktion, in dem die Erhöhung des Kindergeldes klar und deutlich abgelehnt wird. Angesichts der »dramatischen Haushaltslage« in den Ländern sei eine Anhebung des Kindergeldes nicht zu bezahlen – »sosehr wir die Forderung sozial für wünschenswert halten«.

Auch in der Frage der Kanzlerkandidatur gibt Schröder seine Zurückhaltung nun langsam auf. In einem Interview der *Westdeutschen Allgemeinen Zeitung* kommentiert er das Angebot des Parteichefs, die Spitzenkandidatur 1998 durch eine Mitgliederbefragung zu entscheiden, falls es mehrere Bewerber gebe: »Ich werde auf Scharpings Garantie zu gegebener Zeit zurückkommen.« Und im kleinen Kreis fügt er hinzu: »Irgendwann wird das Volk die Sache entscheiden.« Um sich innerhalb der Partei ins Gespräch zu bringen, bittet er seinen Freund Albert Schmid, den Generalsekretär der bayerischen SPD, um Hilfe. Wenige Tage später tut der ihm den gewünschten Gefallen. In einem Interview der *Amberger Zeitung* macht er Stimmung für den Niedersachsen: »Wir werden uns spätestens 1996 fragen müssen, ob Schröder nicht der bessere Mann ist.«

Der Machtkampf nimmt nun immer skurrilere Züge an. Da verbreiten die SchwuSos, ein Zusammenschluß von Homosexuellen in der SPD, eine Pressemitteilung unter der Überschrift: »Schröder fordert Scharping zu politischen Initiativen für Schwule und Lesben auf.« Und nach Schröders Rückkehr von einer Reise nach Südafrika, auf deren Programm auch ein Besuch bei Friedensnobelpreisträger Bischof Desmond Tutu steht, kommentieren die Medien ausführlich den Segenswunsch des Kirchenmannes. »Gott segne Sie, Herr Schröder«, hat der Bischof seinem Gast mit auf den Weg gegeben, und: »Ich hoffe, daß Sie Kanzler werden.«

Während in diesem Sommer eine Hitzewelle nach der anderen über Deutschland hinwegzieht, steigt das Fieber in der SPD unaufhaltsam an. Die nachrichtenarme Zeit wird nun vollends von der Konfrontation zwischen dem SPD-Vorsitzenden und seinem Rivalen aus Hannover dominiert. »Wenn ich so werde, wie Scharping mich haben will, läßt meine Frau sich scheiden«, stichelt Schröder in einem *Bild-am-Sonntag*-Interview. Im Gegenzug läßt Scharping über die Deutsche Presse-Agentur (dpa) das Gerücht streuen, er werde Schröder als Wirtschaftssprecher ablösen und durch den nordrhein-westfälischen Wirtschaftsminister Wolfgang Clement ersetzen. Das offizielle Dementi mag längst niemand mehr glauben. Und schließlich stimmt es ja: Scharping sucht nur noch einen geeigneten Anlaß, um endlich reinen Tisch zu machen. Er hat sich einreden lassen, daß eine Machtdemonstration seine Position an der Parteispitze wieder festigen könne.

Doch dieser Schein trügt. Es ist nicht in erster Linie Schröders »Prinzip Frechheit« *(Der Spiegel)*, das die Autorität des Parteivorsitzenden unterminiert. Vielmehr setzt sich bei führenden SPD-Politikern langsam die Einsicht durch, daß Scharpings mangelnde Fähigkeit zur Kommunikation die Partei in ständig neue Turbulenzen führt. »Unsere Herren erinnern mich manchmal an kleine Jungs, die im Sandkasten mit ihren Förmchen spielen«, befindet die schleswig-holsteinische Ministerpräsidentin Heide Simonis. »Irgendwann hauen die sich dann immer die Eimer um die Ohren.« In Hintergrundgesprächen geht die Kieler Regierungschefin sogar soweit, Scharping als »Autisten« zu bezeichnen. Die Fronten im Streit werden immer unübersichtlicher. Und von Tag zu Tag entgleitet dem SPD-Vorsitzenden die Führung der Partei ein Stückchen mehr.

Was immer Schröder auch anfaßt – von seinen Gegnern wird jetzt alles als direkter Affront gegen die SPD und ihre Führung ausgelegt. Am 11. August versammeln sich in Bonn die Vorstandsvorsitzenden der deutschen Automobilkonzerne. Das Treffen, von den Initiatoren Schröder sowie seinen Amtskollegen Erwin Teufel und Edmund Stoiber zum »Autogipfel« aufgewertet, soll Perspektiven für die Zukunft der Automobilindustrie aufzeigen. Bereits im Vorfeld machen Mitglieder der SPD-Bundestagsfraktion Stimmung gegen »diesen Unsinn«, wie der umweltpolitische Sprecher der Fraktion, Michael Müller, schimpft. Da setze man sich in Bonn jahrelang für eine ökologische Wende in der Verkehrspolitik ein, »und dann kommt der Schröder und macht einen Auto-Gipfel«.

Daß der Teilnehmerkreis – Ferdinand Piëch (VW), Helmut Werner (Mercedes-Benz), Wendelin Wiedeking (Porsche) und Bernd Pischetsrieder (BMW) – auf rein deutsche Unternehmen beschränkt bleibt, erregt nicht nur in Wirtschaftskreisen zusätzlichen Argwohn. So protestiert Hessens Ministerpräsident Hans Eichel dagegen, daß die Opel AG, größter Automobilhersteller in seinem Bundesland, nicht mit am Tisch sitzt. Opel, so hält Schröder dagegen, sei eben nur ein Teil des Konzerns General Motors. Und der sei nun einmal kein deutsches Unternehmen. Doch ein solches Argument finden auch die Parteifreunde in Nordrhein-Westfalen wenig überzeugend. Wenige Tage später lädt der Düsseldorfer Wirtschaftsminister Wolfgang Clement die Spitzenmanager von Opel und Ford zu einer Gegenveranstaltung.

Mittlerweile gibt es kaum noch ein Thema, das nicht in den SPD-internen Streit gezogen wird. Gestritten wird über die Frage, ob deutsche Tornado-Kampfflugzeuge ins ehemalige Jugoslawien geschickt werden sollen, und über die Forderung nach einer höheren Mehrwertsteuer, über Kindergeld ebenso wie über die Einführung einer Öko-Steuer. Doch hinter allem steht die Frage: Bekommt Scharping die SPD wieder in den Griff, oder gibt er sich seinem Rivalen geschlagen? Die Krise der Partei steuert unaufhaltsam ihrem vorläufigen Höhepunkt entgegen – und niemand bemüht sich, den immer rasanteren Verfall aufzuhalten.

Schon Ende Juli hat der SPD-Vorsitzende Schröder offen herausgefordert, auf dem Parteitag in Mannheim Ende November als Gegenkandidat anzutreten. Doch Parteichef will Schröder gar nicht mehr werden. Ihm geht es darum zu verhindern, daß schon jetzt festgelegt wird, wer 1998 als Kanzlerkandidat antreten soll. Denn da rechnet er sich reelle Chancen aus. Aufmerksam verfolgt er Umfragen, wie sie in diesen Wochen immer häufiger veröffentlicht werden. Von sechshundert Spitzen-Managern, so findet beispielsweise das Allensbacher Institut für Demoskopie im Auftrag des Wirtschaftsmagazins *Capital* heraus, glauben 74 Prozent fest daran, daß sich Schröder gegen Scharping durchsetzen werde. Das gibt Selbstbewußtsein.

Doch der SPD-Chef setzt immer verbissener auf seine Alles-oder-nichts-Strategie. Als das SPD-Präsidium am 28. August zu seiner regelmäßigen Montagssitzung zusammenkommt, ist er fest entschlossen, die Frage der Kanzlerkandidatur 1998 endgültig zu klären. Schröder, nach längerer Abwesenheit im Präsidium erstmals wieder in Bonn, ist gut gelaunt. »Kompetenz hat man, oder man hat sie nicht. Darüber kann man nicht in Beschlüssen entscheiden«, diktiert er den vor der SPD-Baracke wartenden Journalisten in die Blöcke. Doch die Stimmung täuscht. Die Kriegserklärung ist bereits geschrieben, nur noch nicht abgeschickt: Auf Schröders Schreibtisch in der Bonner Niedersachsen-Vertretung liegt der Entwurf eines Interviews für die nächste Ausgabe der Zeitung *Die Woche*. Noch ist der Text nicht autorisiert. Am Abend nach der Präsidiumssitzung will er den Wortlaut noch einmal redigieren und das Gespräch dann zum Druck freigeben.

Nach dem Streit der letzten Wochen hat sich Scharping vorgenommen, im Präsidium reinen Tisch zu machen. Nachdem er

Lafontaine und Schröder in ihren Ämtern als Sprecher für die Bereiche Finanzen und Wirtschaft ausdrücklich bestätigt hat, kommt er zur Sache. Er werde das Recht auf die Kanzlerkandidatur 1998 für sich in Anspruch nehmen, kündigt er an. Das Thema sei damit erledigt. Doch Schröder widerspricht. Eine solche Festlegung könne er nicht mittragen. Überraschend wendet sich auch Rau gegen Scharpings Vorhaben und schlägt einen Kompromiß vor, »dem auch der Gerhard zustimmen kann«. Man einigt sich schließlich auf die Formel, der Parteivorsitzende habe das »Recht des ersten Zugriffs« auf die Kanzlerkandidatur.

Trotz dieser ausweichenden Formulierung hält Scharping die Debatte damit für entschieden. Und Bundesgeschäftsführer Verheugen schreibt noch am gleichen Tag in einem später vom *Vorwärts* veröffentlichten Brief an die Parteimitglieder: »Der Partei- und Fraktionsvorsitzende ist der Kanzlerkandidat. Mit der Übernahme der Aufgabe des Oppositionsführers hatte Rudolf Scharping schon unmittelbar nach der Bundestagswahl klargestellt, daß er der Herausforderer des amtierenden Kanzlers bleibt.«

Schröder fühlt sich nun vollständig übervorteilt. Er hat fest darauf gesetzt, daß über die Frage der Spitzenkandidatur später entschieden werden würde. Und er hat noch Scharpings Versprechen von Ende 1994 nach der verlorenen Bundestagswahl im Ohr, über die Strategie für die Zukunft werde die Troika entscheiden.

Verärgert verläßt Schröder die SPD-Zentrale und geht hinüber in die Niedersachsen-Vertretung. Noch ganz unter dem Eindruck der Präsidiumssitzung greift er sich den Entwurf für das Interview, das am kommenden Donnerstag in der *Woche* erscheinen soll, und beginnt zu redigieren. »Nach meiner Vorstellung sehr spät«, schreibt er als Antwort auf die Frage, wann die SPD ihren Spitzenkandidaten für die Wahl 1998 festlegen solle. »Ein halbes, dreiviertel Jahr vor der Wahl?« fragen die Interviewer und bekommen zur Antwort: »Genau so.« Ob er selbst als Gegenkandidat zur Verfügung stehen werde, läßt er offen, doch sarkastisch fügt er hinzu: »Im übrigen gilt, was das Präsidium beschlossen hat.«

Einmal in Fahrt, baut er gleich noch ein paar Spitzen gegen

die Bonner SPD-Führung ein. Der bevorstehende Parteitag in Mannheim dürfe keineswegs, wie beschlossen, das Thema Modernisierung der öffentlichen Verwaltung zum Leitmotiv erklären: »Würde er es, müßte ich darauf hinweisen, daß es gegen meinen Willen geschieht.« Statt dessen müsse über die Zukunft des Wirtschaftsstandortes Deutschland diskutiert werden. Und einmal beim Thema Ökonomie, schreibt er den folgenschweren Satz: »Es geht nicht mehr um sozialdemokratische oder konservative Wirtschaftspolitik, sondern um moderne oder unmoderne.« Im Klartext: Die Versuche der Parteispitze, sich ein unverwechselbares wirtschaftspolitisches Profil zu verschaffen, sind nichts als Makulatur.

Als die Nachrichtenagenturen am Mittwoch Vorabmeldungen des Interviews verbreiten, weiß Scharping, daß jetzt die Gelegenheit gekommen ist, um Schröder loszuwerden. »Jetzt reicht's«, sagt er, als während einer Sitzung des Fraktionsvorstandes ein Mitarbeiter die Meldung hereinreicht. »Mach eine scharfe Erwiderung«, weist er Bundesgeschäftsführer Verheugen an. Und der läßt verlauten: »Ich bin es leid, daß Gerhard Schröder permanent Falschmeldungen über die SPD in die Welt setzt. Seine Maulerei ist nicht nur überflüssig, sondern völlig inakzeptabel.« Verheugens Zorn richtet sich freilich weniger gegen Schröders Thesen zur Wirtschaftspolitik als vielmehr gegen die Kritik an den Planungen für den Mannheimer Parteitag. Mit der öffentlichen Maßregelung, so hofft er zudem, werde der Fall sein Bewenden haben.

Da ist Scharping allerdings anderer Meinung. Unmittelbar nach Bekanntwerden des Interviews beginnt er, SPD-Funktionäre in der gesamten Republik anzurufen. Er will wissen, wie groß die Verärgerung über Schröder geworden ist. Denn sein Entschluß steht fest: Schröder wird gefeuert! Telefonisch informiert er am frühen Donnerstag morgen Johannes Rau und Oskar Lafontaine: Er werde sich Schröders Eskapaden nicht länger bieten lassen und den Niedersachsen von seinem Amt als wirtschaftspolitischer Sprecher entbinden. Die Reaktion in Düsseldorf und Saarbrücken ist zurückhaltend skeptisch. Doch Scharping will nur noch eines: Stärke demonstrieren.

Schröder ist zu Besuch bei den Krabbenfischern von Neuharlingersiel an der ostfriesischen Nordseeküste, als sein Handy klingelt. Am anderen Ende der Leitung ist Parteichef Scharping. Unwirsch fragt er: »Was soll denn das schon wieder, Gerd?« Es ist 9.13 Uhr morgens. Gerade hat sich Schröder mit friesischen Fischern zum Arbeitsfrühstück zusammengesetzt. Bei Rührei, Krabben und Schwarzbrot wollen die Seemänner dem Ministerpräsidenten ihre Nöte vortragen. Sie wollen ihm erzählen, daß die Netze voller Torf sind, seitdem das Watt ausgebaggert ist und Erdgasröhren verlegt werden.

Doch nun muß Landwirtschaftsminister Funke sich die Klagen anhören. Das Funktelefon am Ohr, eilt Schröder aus der Gaststätte »Fährhaus«, hinaus auf den Deich. Obwohl seine Leibwächter die aufmerksam gewordenen Journalisten auf Distanz halten, sind Wortfetzen zu verstehen: »Das kann ich doch nicht . . .«, »habe ich nicht gesagt . . .«, »das sehe ich gar nicht so . . .« Schröder rechtfertigt sich. Acht Minuten dauert der Wortwechsel. Am Ende fragt ein Journalist: »Mit wem haben Sie gerade geredet?« – »Mit meiner Frau«, schwindelt er.

Tatsächlich hat er gerade seine Kündigung als wirtschaftspolitischer Sprecher der SPD bekommen. Als er zu den Fischern und ihren Sorgen ins Restaurant zurückkehrt, wirkt er plötzlich müde. In sich zusammengesunken kauert er auf seiner Bank. Erst als das Handy wenige Minuten später erneut klingelt, rafft er sich auf und hastet wieder ins Freie. Oben auf dem Deich setzt er sich auf eine Bank. Johannes Rau ist am Apparat. Er will für Verständigung werben, wo keine Verständigung mehr möglich ist. »Red doch noch einmal mit dem Rudolf«, rät er. Doch zu reden ist da nichts mehr. Schröders Blick schweift in die Ferne. Am Horizont ist Spiekeroog zu erkennen, Raus Ferieninsel. Er weiß: Wenn er den angekündigten Rauswurf doch noch als eigene Kündigung darstellen, die Niederlage wenigstens noch in einen Teilsieg umwandeln will, dann muß er handeln, und zwar schnell.

Mit ausladenden Schritten eilt er zu seinem Dienst-Mercedes. Seine Mitarbeiter weist er an, den nächsten Programmpunkt – Besuch einer Krabbenfabrik – abzusagen. Auf dem Weg zum Auto kommen ihm an der Hafenmole zwei junge Fischer entgegen und reichen ihm die Hand. Obwohl er unter größtem Zeitdruck steht, nimmt sich Schröder fünf Minuten, um mit den beiden zu plaudern. »Viel Glück«, wünscht er zum Abschied und klopft ihnen auf die Schultern. Als er in seinen Wagen steigt, fragt ein Reporter – ohne die neueste Entwicklung aus Bonn zu kennen –, ob er sich von Scharping gut behandelt fühle. »Ja, durchaus«, lautet die Antwort.

Vom Rücksitz seines Mercedes formuliert Schröder ein Rücktrittsgesuch und telefoniert es nach Hannover in sein Büro durch. »Lieber Rudolf«, diktiert er, »die Art und Weise, wie auf jede meiner Äußerungen reagiert wird, zeigt mir, daß es zur Zeit schwer ist, eine Basis für eine rationale Zusammenarbeit zu finden. Ich erkenne z. B. in der Reaktion von Günter Verheugen auf mein Interview in der Zeitung *Die Woche* den Versuch, mich in eine Ecke zu drängen, in die ich nicht gehöre. Das schadet nicht nur mir, sondern ist abträglich für eine erfolgreiche Arbeit in der Partei. Unter diesen Bedingungen halte ich es nicht für sinnvoll, die Aufgabe eines wirtschaftspolitischen Sprechers weiter auszuüben. Ich bitte Dich daher, jemand anderen zu betrauen. Ich hoffe, daß mein Schritt dazu beiträgt, daß meine politischen Äußerungen wieder mehr in der Sache und weniger vor dem Hintergrund einer angeblichen Personenkonkurrenz bewertet werden. Mit freundlichen Grüßen, Gerhard Schröder.«

Seine Sekretärin tippt den Brief auf einen Bogen mit Blanko-Unterschrift, der in der Staatskanzlei für solche Fälle vorrätig ist. Um 11.21 Uhr trifft die Kündigung per Telefax im Bonner Erich-Ollenhauer-Haus ein.

In der SPD-Bundestagsfraktion löst die Meldung von Schröders Ablösung Beifall und Jubel aus. Als Scharping den Abgeordneten am Nachmittag die Nachricht überbringt, trommeln einige begeistert mit den Fäusten auf die Tische. »Die Fraktion ist erleichtert«, kommentiert der stellvertretende Partei- und Fraktionsvorsitzende Wolfgang Thierse. »Der Schröder ist durchgeknallt«, meint Fraktionsgeschäftsführer Peter Struck. Und eine Abgeordnete glaubt: »Der bettelt ja nur so um Prügel.«

Doch nicht alle stimmen in den Jubel ein. Vor allem Bundesgeschäftsführer Verheugen ist skeptisch. Er hat erlebt, wie Scharping bereits seit Wochen über Schröders Rauswurf nachgedacht hat, und immer wieder vor einem solchen Schritt gewarnt. Auch Lafontaine hält die Entmachtung für falsch, doch er schweigt. Nur im Kreis von Vertrauten läßt er durchblicken, daß er die Trennung für eine verzweifelte Machtdemonstration des angezählten Vorsitzenden hält. »Ohne Schröder«, ist dem Saarländer klar, »läuft in der SPD-Spitze nichts.«

Das sehen in der SPD, aber auch in der Wirtschaft viele ähnlich. Scharping habe seinen Führungsanspruch »am falschen Objekt« klargemacht, kommentiert die Berliner SPD-Spitzenkandidatin Ingrid Stahmer die Entmachtung Schröders, die sie für »überzogen« hält. »Völliges Unverständnis« über den Rauswurf äußert Wolf Weber, Vorsitzender der SPD-Fraktion im Landtag von Hannover. Und VW-Chef Ferdinand Piëch vermutet, »daß Schröder für die Arbeiter und den Standort Deutschland stärker kämpft, als es seiner Partei ins Konzept paßt«.

Schröder setzt derweil seine Reise fort. Und er gewinnt seinem Rücktritt sogar Gutes ab. »Ich habe nicht den geringsten Grund, nun in Sack und Asche zu gehen«, sagt er. Im Gegenteil: »Freiheiten habe ich mir immer genommen. Ich habe jetzt mehr.« Das Amt als Wirtschaftssprecher »war 'ne Quälerei am Ende«, gesteht er. Aber zu Wirtschaftsthemen werde er sich natürlich weiter äußern – »das muß ich, das will ich, und das muß auch so sein«. Am nächsten Tag titelt die Berliner *tageszeitung:* »Die SPD schrödert weiter.« Aber ebenso zutreffend meint die *Frankfurter Allgemeine Zeitung:* »Schröders Traum von der Kanzlerkandidatur rückt in weite Ferne.«

Das sieht er selbst genauso. Sie haben es also wieder einmal geschafft, ihn ins politische Abseits zu drängen. Sie, das sind die Bonner Genossen, denen er jetzt gehörig die Leviten lesen will. Bereits am Abend seiner Entlassung zieht er im Kreise von Journalisten über das »Kartell der Mittelmäßigen« her, das da in Bonn vorgebe, Politik zu machen. Diese Dreßlers, Thierses, Strucks – »alle eine große Klappe, aber nicht einmal Wahlen gewinnen können. Ich bin es leid, mir von solchen Typen Disziplinlosigkeit vorwerfen zu lassen.«

Und eine Woche später legt er gemeinsam mit Ehefrau Hilu in einem *Stern*-Interview noch einmal kräftig nach: »Wie kann man wirtschaftspolitischer Sprecher sein, wenn man nur Belanglosigkeiten verkünden oder Parteitagsbeschlüsse herunterbeten soll?« fragt er. Und sie wettert: »Das Partei-Establishment hat doch immer versucht, Schröder zu verhindern. – Vielleicht«, fügt sie sarkastisch hinzu, »gibt es ja jetzt eine neue Troika mit Hans Eichel und Kurt Beck [Ministerpräsidenten von Hessen und Rheinland-Pfalz – Anm. d. Autoren]. Starke Truppe. Der Beck, der sagt, gegen Kohl kann man nicht gewinnen. Man stelle sich vor, Schröder hätte so was geäußert. Der wäre aus der Partei rausgeschmissen worden.«

Doch es hilft alles nichts. Schröder ist vorerst entmachtet. Und für den bevorstehenden Parteitag macht er sich keine Illusionen: Bei den Vorstandswahlen würde er einen Denkzettel bekommen, vielleicht sogar im ersten Wahlgang durchfallen. Aber das wird er zu verhindern wissen. Notfalls, nimmt er sich vor, werde er gar nicht erst wieder für den Parteivorstand kandidieren und sich statt dessen nur für einen Posten in der völlig einflußlosen Kontrollkommission bewerben – soll die Partei doch sehen, was sie davon hat!

Mit Schröders Rauswurf hat Scharping seine letzte vermeintliche Trumpfkarte im parteiinternen Machtkampf ausgespielt – eine Karte, die nicht sticht. Eine Woche später, am Abend des 6. September, begegnen sich die beiden Rivalen in Hannover zum ersten Mal nach der Trennung persönlich. Anlaß ist die Verabschiedung des langjährigen Vorsitzenden der IG Chemie, Hermann Rappe, eines Freundes von Schröder. Scharping wird von einer schweren Grippe geplagt und hat am Morgen im Bundestag während der Haushaltsdebatte eine völlig verunglückte Rede gehalten, sein Gegenspieler wirkt locker und ist bester Stimmung.

Die Szene erinnert an den Einzug von Gladiatoren: Während die Ehrengäste, unter ihnen auch Bundeskanzler Helmut Kohl, ihre Plätze einnehmen, rauschen Trommelwirbel durch das Congress-Centrum Hannover – das Bonner Buccina-Ensemble spielt einen »Prinzipalaufzug« des Komponisten Hendrik Lübeck. Über Scharping und Schröder – zwischen ihnen sitzt der neue IG Chemie-Chef Hubertus Schmoldt – geht ein wahres Blitzlichtgewitter nieder. Rappe und selbst Helmut Kohl werden von den Fotografen kaum beachtet.

Von dem Schock, den die Amtsenthebung als Wirtschaftssprecher ausgelöst hat, erholt sich Schröder rasch. Er registriert, daß die Bürger auf der Straße immer weniger ihm die Schuld an der verfahrenen Lage der SPD geben. »Liebe Genossen, ihr werdet nicht bestraft, weil ihr mich kennt«, ruft er den Zuhörern einer Kundgebung im Berliner Wahlkampf zu und bekommt donnernden Applaus. Die Reaktion bestätigt den Trend.

Unterdessen beschleunigt sich der Machtverfall von Parteichef Scharping dramatisch. Am 13. September legt der wirtschaftspolitische Sprecher der Bundestagsfraktion, Uwe Jens, sein Amt nieder, sechzehn Tage später geht auch Bundesgeschäftsführer Günter Verheugen. Noch bedrohlicher ist die nach außen kaum sichtbare Absetzbewegung, die sich hinter den Kulissen vollzieht. In einer turbulenten Sitzung des Parteipräsidiums äußert Scharpings Mentor Johannes Rau erstmals verhaltene Kritik an seinem Schützling. »Du mußt jetzt deutlich machen, daß du führen kannst«, fordert er den Parteichef auf. Und bei der anschließenden Pressekonferenz spricht er gar davon, daß Scharping »Fehler in der Anfangsphase« unterlaufen seien. Rau hat längst mitbekommen, daß manche Genossen in der Parteispitze längst nach einer Möglichkeit suchen, den glück- und mittlerweile auch mutlosen SPD-Vorsitzenden loszuwerden.

Im September treffen sich Schröder und Lafontaine mittags in der Bonner Saarlandvertretung zum Essen. Bereits seit Wochen hat Lafontaine in Gesprächen die Stimmung in der Partei ausgelotet. Er will Scharping dazu bewegen, freiwillig eines seiner Ämter aufzugeben. Für den Fall einer einvernehmlichen Lösung sei er bereit, auf dem Parteitag in Mannheim selbst für den Parteivorsitz zu kandidieren, erklärt der Saarländer seinem Gast. Schröder sieht das genauso. »Ich war schon damals der Meinung, daß Oskar für den Parteivorsitz kandidieren soll«, erinnert er sich. »Denn eines war uns beiden klar: So konnte es nicht weitergehen.« Nur einen Haken hat der Plan: Was soll passieren, wenn Scharping den Stuhl des SPD-Vorsitzenden nicht freiwillig räumt? Darauf finden Schröder und Lafontaine an diesem Mittag keine Antwort.

Auch der Parteivorstand findet keine Antwort auf diese Frage. Als das Gremium Scharping am 16. Oktober zur Wiederwahl vorschlagen will, verlangt Lafontaine noch einmal die Trennung von Partei- und Fraktionsvorsitz. Wochenlang habe er vergeblich für eine solche einvernehmliche Lösung geworben, klagt der Saarländer. Doch Scharping lehnt es ab, freiwillig zu gehen. Und an einem Sturz will sich (noch) niemand beteiligen, zumal bekannt ist, daß Johannes Rau noch immer zum Parteivorsitzenden hält. Trotz des Vorstoßes von Lafontaine nominiert der Vorstand Scharping für die Wiederwahl zum SPD-Chef – einstimmig. »Ich hätte auch für ihn gestimmt«, sagt Schröder später. Er hat in Hannover seinen Zug verpaßt und ist nicht rechtzeitig zur Sitzung in Bonn eingetroffen.

Am 16. November, so sieht es die Terminplanung vor, soll Rudolf Scharping auf dem Parteitag in Mannheim als SPD-Vorsitzender wiedergewählt werden. Doch es kommt ganz anders. Als er am 14. November um 12.15 Uhr in der Mannheimer Kongreßhalle »Rosengarten« ans Mikrofon tritt, sind die Erwartungen der 522 Delegierten fast unerfüllbar hoch: Mit einer einzigen Rede soll der Vorsitzende die Führungsfrage klären, den monatelangen innerparteilichen Streit beenden und die SPD auf den Weg nach oben führen. 24 Seiten Manuskript liegen vor ihm, ein Eingeständnis eigener Fehler, ein verzweifelter Ruf nach Unterstützung. »Wir dürfen nicht zulassen, daß sozialdemokratische Politik zerschlagen wird, weil wir an der Spitze unfähig sind«, ruft er schließlich und fügt mit einem Seitenblick auf Schröder und Lafontaine hinzu: »Sollte noch jemand zu den Schwierigkeiten der letzten Monate beigetragen haben, dann werden er oder sie sich hier sicher noch dazu äußern.«

Der Applaus ist verhalten, viele Parteitagsdelegierte blicken bestürzt: Das war nicht die Kampfrede, die sie erhofft hatten, nicht der energische Ruck, der die SPD aus ihrer Lähmung reißt. Die Spannung richtet sich jetzt auf Schröder. Wie wird er auf Scharpings kaum verschlüsselten Angriff reagieren? Wird er einen Rückzieher machen und sich für seine Angriffe gegen den Parteivorsitzenden womöglich sogar entschuldigen?

Schröder wählt die Flucht nach vorn: »Daß Fehler gemacht worden sind, auch von mir, ist keine Frage«, räumt er ein. Aber einen Vorwurf akzeptiere er nicht – »nämlich den, ich hätte mit meiner Art, politisch zu arbeiten, der Partei geschadet«. Jawohl, er habe sich ohne Rücksicht auf die »Parteifarbe« darum bemüht, daß in Deutschland weiter Autos gebaut werden. Und richtig, er habe sich für den Erhalt von Jobs in der Luftfahrtindustrie eingesetzt, »weil die Menschen eine konkrete Angst um ihren Arbeitsplatz haben«.

»Liebe Genossinnen und Genossen«, sagt er am Schluß, »ich habe verstanden oder glaube verstanden zu haben, daß der eine oder andere oder vielleicht sogar ganz viele mit dem, was ich gemacht habe, nicht einverstanden sind.« Das Protokoll registriert Beifall. »Das mag so sein«, fügt er hinzu. »Bei den Fehlern, die gemacht worden sind, kann Besserung versprochen werden. In bezug auf die Art und Weise, politisch zu arbeiten – es tut mir leid –, werde ich es nicht schaffen.«

Die Delegierten sind verblüfft über soviel Respektlosigkeit. »Eine unglaubliche Dreistigkeit, diese Rede«, entfährt es einem Bezirksvorsitzenden. Doch noch ehe der Unmut sich ausbreiten kann, redet Schröder weiter: »Gleichwohl, liebe Genossinnen und Genossen, werdet ihr euch entscheiden müssen. Ich kandidiere nämlich.« Also doch die Kampfkandidatur gegen Scharping? Eine kurze Schrecksekunde lang herrscht Schweigen im Saal. Dann bricht ein Tumult los. Applaus geht in Pfiffen und Buhrufen unter. »Wofür denn?« rufen einige Delegierte, während Journalisten kopflos an ihren Handys fingern, um die Sensationsmeldung zu verbreiten.

Schröder hat sich derweil auf seinen Platz in der ersten Reihe des Vorstandspodiums gesetzt und eine Tasse Kaffee eingegossen. Plötzlich steht Johannes Rau hinter ihm und fragt: »Willst du Parteivorsitzender werden?« – »Nein, wieso denn?« lautet die Gegenfrage. »Dann mußt du wohl etwas klarstellen«, sagt Rau. Mit einem feinen Lächeln um die Lippen tritt Schröder noch einmal ans Mikrofon und fügt dem letzten Satz seiner Rede vier Worte hinzu: » . . . für den Parteivorstand natürlich.«

Der Parteitag ist außer Rand und Band. Die Mehrheit der Delegierten ist empört: Eine Provokation, diese Rede, und das Ende natürlich kein Versprecher, sondern ein gezielter Versuch, den Parteitag lächerlich zu machen. Schröders Auftritt empfindet man als eine einzige unglaubliche Entgleisung.

Abends in der Bar des »Hotels Maritim«, in dem die SPD-Spitzen wohnen, sind die Reden der beiden Rivalen einziges Gesprächsthema von Politikern und Journalisten. Schröder hat sich mit seinem Bier und einer Havanna-Zigarre in eine ruhige Ecke zurückgezogen und plaudert bis tief in die Nacht mit Lafontaine. »Die planen da was«, schwant es einem Mitglied des Parteivorstandes, das die beiden in trauter Zweisamkeit sitzen sieht. Über die nahen Straßenbahnschienen rumpeln schon die ersten Züge des neuen Tages, als sie schließlich schlafen gehen. Beim Auseinandergehen hören die Umstehenden, wie Schröder sagt: »Wenn du das so machst, dann ist es gut.«

Keine dreißig Stunden später ist Rudolf Scharping als Parteichef abgewählt und Oskar Lafontaine neuer SPD-Vorsitzender. Ist der Putsch an der Spitze der Sozialdemokraten ein Komplott? »Ich habe Oskar noch einmal geraten, für den Parteivorsitz zu kandidieren«, räumt Schröder später ein. Doch Lafontaine zögert. Eine Kampfabstimmung birgt große Risiken. Im Falle der Niederlage, kalkuliert der Saarländer, wäre er in der Partei ein für allemal gescheitert. Aber er wird am nächsten Tag die Stimmung testen – mit einer Rede, die die Delegierten von den Stühlen reißen wird.

Knapp zehn Stunden später ist es soweit. »Es gibt noch Politikentwürfe, für die wir uns begeistern können«, donnert Lafontaine in die Parteitagshalle. »Und wenn wir selbst begeistert sind, dann können wir auch andere begeistern – in diesem Sinne: Glück auf!« Die Delegierten springen hingerissen von ihren Polsterstühlen, und auch Schröder ist begeistert. So muß ein Parteivorsitzender sein, aufwühlend, kämpferisch, einer, der führen kann.

Doch Lafontaine ist nicht sicher, auch wirklich die Mehrheit der Delegiertenstimmen zu bekommen. Als er am Abend gemeinsam mit Ehefrau Christa im Dienstwagen zum Pfalzbau nach Ludwigshafen fährt, wo sich die Delegierten zum traditionellen Parteiabend versammeln, zaudert er noch immer. »Du mußt morgen antreten«, verlangt der Umweltexperte Michael Müller, der ebenfalls im Auto sitzt. Aber der Saarländer hat Bedenken: »Das kann man doch nicht einfach machen.«

Schließlich kandidiert er doch, von Scharping ultimativ dazu aufgefordert. Der Parteivorsitzende spürt, daß die Führungskrise ihren Höhepunkt erreicht hat und nur noch mit einer Kampfabstimmung gelöst werden kann. Und er rechnet fest damit, daß Johannes Rau und die Parteitagsdelegierten aus Nordrhein-Westfalen fest zu ihm stehen – ein Irrtum, wie sich herausstellt.

Am Ende halten nur noch 190 Delegierte zu Scharping, 321 stimmen für ihren neuen Hoffnungsträger Oskar Lafontaine. »Schröder hat Lafontaine im Sommer 1995 das Feld freigeschossen«, meint ein langjähriges SPD-Vorstandsmitglied rückblickend, »aber er hat das lange nicht begriffen.« Mittlerweile sieht er selbst das nicht grundsätzlich anders. »Die Auseinandersetzung mit Scharping war nötig«, bemerkt er einige Wochen nach dem Mannheimer Parteitag bei einem Treffen mit der Gruppe der niedersächsischen Bundestagsabgeordneten, »um die Lösung herbeizuführen, die ihr jetzt alle für die beste haltet. Und deshalb will ich jetzt hier nicht länger der Schweinehund sein.«

Doch für den Parteitag ist er noch der Buhmann. Bei der Wahl der Vorstandsmitglieder fällt er im ersten Wahlgang durch. Nur 243 der 520 Delegierten geben ihm ihre Stimme. »Wenn man gelegentlich«, kommentiert er sein schlechtes Abschneiden, »für das Reich der Notwendigkeiten zuständig ist und weniger für das der Wolken, muß man damit rechnen, vom Parteitag einen Denkzettel zu bekommen. Das ist eben so.« Im zweiten Wahlgang erhält er 303 Stimmen – das reicht.

Aber eine herbe Rüge muß er noch einstecken: Eine Woche nach dem Parteitag veröffentlicht Altkanzler Helmut Schmidt, sein einstiges Vorbild, in der *Zeit* eine Rede, die er eigentlich in

Mannheim hat halten wollen. »Ich sage dir, Rudolf, und dir, Gerhard Schröder, ihr steht doch nur, wenn ihr auf den Schultern derer steht, die vor euch deutsche Wirklichkeit gestaltet haben.« Diese Sätze wollte Schmidt den Streithähnen mit einem verächtlichen Blick zuwerfen. Nach der sensationellen Wahl Lafontaines zum neuen Parteivorsitzenden hat er seinen Auftritt wegen angeblicher Terminschwierigkeiten kurzfristig abgesagt.

Mit dem Wechsel an der Parteispitze ist Schröder schlagartig wieder im Gespräch. Als Mitglied des Parteipräsidiums bestätigt, ist er auch wieder für die Wirtschaftspolitik zuständig. Nur sein Verhältnis zu Scharping ist noch immer zerrüttet. »Irgendwann«, sinniert Schröder, »werde ich mit dem Rudolf mal richtig einen trinken gehen. Und dann werden wir uns richtig aussprechen. Denn was passiert ist, läßt sich nicht rückgängig machen. Und ich gebe ja zu: Es hat an uns beiden gelegen.«

»Ich habe noch nie einen Karriereschritt geplant«

Nächste Station Kanzleramt?

Als im Mannheimer Kongreßzentrum am Mittag des 17. November 1995 der denkwürdige SPD-Parteitag traditionsgemäß mit der Arbeiter-Hymne »Wann wir schreiten Seit an Seit ...« ausklingt, haben viele der Delegierten Tränen in den Augen. Sie haben ihren Vorsitzenden Rudolf Scharping abgewählt – ein in der Parteigeschichte einmaliger Vorgang – und Oskar Lafontaine zum neuen Chef gekürt. »Ob von diesem Kongreß Gutes ausgeht? Ich weiß es nicht. Vielleicht haben wir einen Fehler gemacht!« So grübeln selbst Präsidiumsmitglieder, unsicher, ob die persönlichen Verletzungen, die der Parteitag geschlagen hat, je wieder zu heilen sein werden.

Doch schon wenige Wochen später beginnt sich abzuzeichnen, daß die veränderte personelle Konstellation an der Spitze der SPD neue Geschlossenheit und neuen Schwung bringt. Oskar Lafontaine steht nach seinem erfolgreichen Putsch nun auf dem Gipfel der Macht. Von der Partei umjubelt, auf einer Welle der Begeisterung hineingetragen in das Amt Willy Brandts, der seinen einstigen politischen Zögling schon früh als Nachfolger vorgesehen hatte. Aber anders als Scharping zeigt sich Lafontaine vom Erbe Brandts und den damit verbundenen Erwartungen nicht gedrückt oder – wie sein glückloser Vorgänger – physisch gebeugt. Mit Härte und Entschlossenheit geht Lafontaine daran, die Sozialdemokraten neu zu organisieren. Seine Genossen folgen ihm fast bedingungslos – selbst Rudolf Scharping, der sich anfangs in Sarkasmus und Ironie flüchtet, um den Schmerz der in Mannheim geschlagenen Wunde zu verdrängen.

Und Gerhard Schröder? Obwohl in Mannheim erst im zweiten Wahlgang als Mitglied des Parteivorstandes bestätigt, hat er nun die Chance auf ein bundespolitisches Comeback. Er weiß: Zunächst muß er innerhalb der SPD wieder Boden gutmachen.

Denn mag die Mehrheit der Genossen auch froh über den Wechsel im Amt des Vorsitzenden sein – die Demontage Scharpings durch die öffentlichen Sticheleien aus Hannover haben viele als Verrat an der innerparteilichen Solidarität mißbilligt.

Schröder weiß das. Und er weiß auch, daß er den Wiederaufstieg nur schaffen kann, wenn er dem neuen Vorsitzenden seine uneingeschränkte Loyalität beweist. »Ohne oder gegen Oskar kann ich nichts werden«, lautet seine Erkenntnis. Er hält sich daran – auch wenn es manchmal schwerfällt. Als der Bundesrat im Sommer 1996 über das neue Ladenschlußgesetz beschließt, stimmt Schröder mit den anderen SPD-regierten Bundesländern mit Nein, obwohl er anderer Meinung ist. Aber erneut als Abweichler und Querulant dazustehen, so hat er erkannt, wäre das sichere Ende seiner hochfliegenden Pläne.

Denn sein Ziel ist klar. Unmittelbar nach dem Mannheimer Parteitag haben Lafontaine und er zum Thema Kanzlerkandidatur vereinbart: »Wir warten bis Anfang 1998. Wer dann die größten Chancen hat, soll es machen.« Erst nach der Landtagswahl am 1. März solle entschieden werden. Ein glänzender Wahlsieg Schröders, so kalkulieren beide, werde die Sache eindeutig entscheiden. Für die Zeit bis dahin – und wenn irgend möglich auch danach – wird strikter Burgfrieden beschlossen, Zwar macht Schröder kein Geheimnis aus seinen Ambitionen: »Die Kanzlerkandidatur wäre mein Traum«, gesteht er freimütig. »Aber«, fügt er hinzu, »die Sache liegt nicht in meiner Hand.« Und weil das so ist, weil nur Lafontaine ihm diesen Traum erfüllen kann, verspricht er seinem Vorsitzenden »unheimliche Disziplin«.

Als »Kumpel«, manchmal sogar als »meinen Freund Oskar«, schließlich als »den besten Vorsitzenden seit Willy Brandt« bezeichnet Schröder den SPD-Chef fortan und vermeidet öffentlich jedes kritische Wort. Höchstens im kleinen Kreis wird er gelegentlich deutlicher. Verstehen würde er es schon, wenn Lafontaine es selbst noch einmal gegen Kohl versuchen wollte. Aber, fügt er dann nach einer Kunstpause hinzu, »ob Lieschen Müller das auch versteht?«

Er ist der festen Überzeugung, daß die SPD einen zweiten Oskar-Wahlkampf nicht durchhalten würde. Die Medien, befürchtet er zudem, könnten eine erneute Kanzlerkandidatur Lafontaines angesichts dessen mangelnder Popularität mißbilligen und der Partei die Unterstützung entziehen.

Ungeachtet dessen präsentieren sich die beiden Rivalen nach außen hin als freundschaftliches Duo. »Der Oskar weiß 'ne Menge«, lobt der eine den Intellekt des anderen. »Gerhard hat eine großartige Fähigkeit, auf Menschen zuzugehen«, lautet die Retourkutsche. »Schröder respektiert Lafontaine – Lafontaine braucht Schröder«, beschreibt der *Spiegel* das komplizierte Verhältnis.

Gestützt auf seine Absprache mit dem SPD-Vorsitzenden und in der Gewißheit, daß im Rennen um die Kanzlerkandidatur die größere Popularität schließlich den Ausschlag geben muß, beginnt Schröder einen wahren Sturmlauf durch die Medien – und er weiß, auf welche es ankommt. Sein Motto: »Wichtiger als ein Foto mit einem Staatsmann ist, wenn Gottschalk sagt: ›Mit dem kann ich leben.‹«

Bei Wiener Schnitzel und Pils diskutiert er im Hamburger Medientreff »Schmitz« mit *Stern*-Chefredakteur Werner Funk, mit Claus Larass, damals Chefredakteur der *Bild*-Zeitung speist er zu Mittag im Séparée des Hamburger Lokals »Austernkeller«. Auch zur intimen Geburtstagsfeier von *Spiegel*-Chef Stefan Aust im Elbvorort Blankenese reist Schröder eigens an und schlägt dem Journalisten dabei gleich vor, ihn auf einer anstehenden Reise nach Kuba zu begleiten – schließlich weiß er, wie sehnlich sich der *Spiegel* ein Interview mit dem greisen Diktator Fidel Castro wünscht. Und dem erfolgverwöhnten *Focus*-Chef Helmut Markwort schmeichelt er mit der Frage: »Warum seid ihr nur so verdammt erfolgreich?« Eine Antwort bleibt Markwort ihm schuldig.

Zu *Bild-am-Sonntag*-Chefredakteur Michael Spreng pflegt er ebenfalls einen guten Draht. Spreng ist es auch, der in seinem Blatt die Nachricht von Schröders vierter Hochzeit veröffentlichen darf – auch wenn der nachher treuherzig versichert: »Von mir hat er's nicht.«

Selbst beim Münchner Frauenmagazin *Marie Claire* ist

Schröder zu Gast und überrascht die Redakteurinnen mit einem freimütigen Bekenntnis: »Den Fragebogen zum Thema Sex fand ich witzig. Besonders interessant fand ich, ob man bei einem echten oder bei einem vorgetäuschten Orgasmus mehr Kalorien verbraucht. Ich nehme mal an: Beim Mogeln, weil das ja aufwendiger ist.« Die Journalistinnen staunen: »Stimmt.«

Ob vertrauliches Gespräch oder Redaktionsbesuch – mit seiner Kontaktpflege verfolgt Schröder nur ein Ziel: Wenn er als Kanzlerkandidat antritt, muß der Boden bereitet sein für eine breite Unterstützung durch die Meinungsmacher. Getreu dem Motto aus Juso-Tagen: Über Zugang zu den Massen zum Erfolg gelangen.

Die Themen, mit denen Schröder in seinen zahllosen Interviews für Furore sorgt, stoßen in der SPD nicht immer auf Zustimmung. »Weniger Geld für die Bauern«, fordert er im Januar 1996 in der *Bild*-Zeitung, die von der SPD zum Wahlprogramm erhobene ökologische Steuerreform »müssen wir uns abschminken«, läßt er sich in einem anderen Blatt zitieren. Ein paar Monate später verlangt er, den in der Bundeswehr dienenden Frauen uneingeschränkten Zugang zum Waffendienst zu gestatten – SPD-Frauen und Parteilinke reagieren empört.

Einen regelrechten Aufstand in der Partei gibt es, als Schröder im Sommer 1997 per *Bild am Sonntag* einen radikalen Kurswechsel in der Verbrechensbekämpfung anmahnt. »Wer unser Gastrecht mißbraucht«, formuliert er unter Hinweis auf die Ausländerkriminalität, »für den gibt es nur eins: raus, und zwar schnell!« Durch die SPD geht ein Proteststurm. Von »billigstem Populismus« über »Stammtischgequatsche« bis zu »Positionen am Rande der Volksverhetzung« reichen die Vorwürfe der eigenen Genossen.

Wie sehr Schröder mit seinen volkstümlichen Forderungen gleichwohl die allgemeine Stimmung getroffen hat, ergibt eine Mitgliederumfrage, die das Parteiblatt *Vorwärts* in seiner Niedersachsen-Ausgabe veranstaltet. Auf die Frage, wie die Äußerungen zum Thema Ausländerkriminalität angekommen sind, kreuzt die überwältigende Mehrheit der Genossen »populistisch, aber inhaltlich richtig« an.

»Schröder gibt seiner Partei mehr Fragen auf als dem Rest der Welt«, stellt Nina Grunenberg in der *Zeit* ratlos fest. Doch die Strategie ist klar. Es ist sein feines Gespür für aktuell populäre Themen, das Schröder in der eigenen Partei zwischendurch immer wieder einmal in eine Minderheitenposition bringt – oft allerdings mit stillschweigender Billigung von Parteichef Lafontaine. Denn auch dem SPD-Vorsitzenden ist klar, daß ohne die Wähler, die Schröder mit seinen volkstümlichen Theorien anspricht, letztendlich keine Wahlen zu gewinnen sind.

So darf Schröder ein Jahr lang vor den Gefahren der Einführung einer gemeinsamen europäischen Währung warnen und im Dezember 1996 sogar damit drohen, das Projekt mit einem Veto im Bundesrat zu blockieren. Daß er mit seiner Kritik innerhalb der SPD weitgehend isoliert ist und ansonsten nur der bayerische CSU-Ministerpräsident Edmund Stoiber gegen den Euro wettert, stört ihn nicht. Eigentlich will er das Thema 1998 zum Wahlkampfschlager machen – doch ganz plötzlich schwenkt er um: Als er einsieht, daß die Währungsunion am Wahltag, dem 27. September, längst entschieden sein wird und sich dann auch noch herausstellt, daß Deutschland die Kriterien zur Euro-Einführung tatsächlich erfüllen kann, ist die Sache für Schröder abgehakt. Er hat seine Bedenken gegen das Projekt zu Protokoll gegeben, den Menschen und ihrer diffusen Angst vor dem Euro eine Stimme verliehen. Ziel erreicht, Aktion erfolgreich – nächstes Thema.

Auch in anderen Fragen widerspricht Schröder der gesamten SPD-Parteiführung. Unter dem Eindruck anhaltender Lehrstellenknappheit starten die Jusos im Sommer 1996 eine Kampagne nach dem Motto »Wer nicht ausbildet, wird umgelegt«. Betriebe, die keine oder nur wenige Ausbildungsplätze bereitstellen, so lautet die Forderung, sollen eine Strafabgabe zahlen. Schröder ist strikt dagegen. Es sei sinnlos, argumentiert er, Probleme in der Wirtschaft »nur mit immer neuen Abgaben lösen zu wollen«.

Selbst als sich der SPD-Parteivorstand geschlossen hinter die Jusos stellt und deren Forderung am 25. November in Köln sogar auf einem jugendpolitischen Sonderparteitag zur Abstimmung stellt, bleibt er bei seiner Ablehnung. Gemeinsam mit dem nordrhein-westfälischen Wirtschaftsminister Wolfgang Clement stimmt er mit Nein. Auch wenn viele der Delegierten sein Votum mit Pfiffen quittieren – das Signal ist angekommen: Schröder verteidigt die Wirtschaft gegen immer neue Ansprüche. Selbst wenn er von der eigenen Partei dafür abgekanzelt wird.

Die Strategie geht auf, die Popularitätswerte in den Meinungsumfragen bringen Woche für Woche neue Rekorde. »Treten Sie an, Herr Schröder!«, titelt der *Stern* am 9. April 1997 – da sind es noch 17 Monate bis zur Bundestagswahl. Doch die Diskussion um die Kanzlerkandidatur ist nicht nur bei der SPD in vollem Gange.

Am 2. April hat Bundeskanzler Helmut Kohl an seinem Urlaubsort im österreichischen Hofgastein seine erneute Kandidatur für die Wahl 1998 erklärt. Obwohl allgemein erwartet, löst das gewaltige Medienecho der Ankündigung bei der SPD Hektik aus. Vor allem der Gewerkschaftsflügel und einige Bundestagsabgeordnete, aber auch prominente Genossen wie die schleswigholsteinische Ministerpräsidentin Heide Simonis wollen die Nominierung des eigenen Kandidaten jetzt plötzlich vorziehen. Doch Parteichef Lafontaine und auch Schröder behalten die Nerven, die Diskussion versiegt nach wenigen Tagen.

In den regelmäßig veröffentlichten Umfragen liegt Schröder bei den Popularitätswerten nun einsam an der Spitze. »67 % für Schröder, 27 % für Lafontaine«, ermittelt das Emnid-Institut im Auftrag des *Spiegel* als Antwort auf die Frage, wer der beste SPD-Kanzlerkandidat wäre. In der allgemeinen Beliebtheitsskala hat der Niedersachse selbst Kanzler Kohl zu diesem Zeitpunkt längst abgehängt.

Und der Zuspruch kommt auch aus dem Unternehmerlager. »Wenn Sie 1994 Kandidat gewesen wären, wäre ich noch zwei Millionen reicher«, vertraut ihm Erivan K. Haub, millionenschwerer Chef des Lebensmittelkonzerns Tengelmann, in einer abendlichen Runde beim Bier an. »Warum?« fragt Schröder zurück. Haubs Antwort: »Dann hätte ich damals keine Anzeigen für Kohl schalten müssen.«

Mag mancher Spitzenmanager offen bekennen, Schröder eher zu akzeptieren als die SPD (»Mit ihm könnte man leben – aber diese Partei ...«), mögen Industriekapitäne manchmal hinter vorgehaltener Hand über seine Wirtschaftskenntnisse witzeln – wenn er dann vor der Hamburger Börse über den Euro oder vor Vertretern der Handelskammer Hildesheim über die Stärkung von Handwerksbetrieben referiert, dann spenden sie meist begeistert Applaus.

Die Aussicht, am 27. September 1998 möglicherweise gegen einen derart populären SPD-Kandidaten antreten zu müssen, macht auch CDU/CSU und FDP zunehmend nervös. Auf die Frage, warum der Bundeskanzler so sicher sei, daß Lafontaine antreten werde, antwortet ein Minister aus Kohls Kabinett: »Weil er hofft, daß sein Gegner Lafontaine heißen wird. Er hält ihn für berechenbarer und damit für besiegbar. Den Schröder, da ist er sich sicher, wird er nicht packen.«

Zusätzlichen Auftrieb erhält die SPD durch die überragenden Wahlsiege ihrer Schwesterparteien in Großbritannien und Frankreich. Vor allem die Ablösung der konservativen Regierung in London durch Tony Blair, den charismatischen Führer der britischen Labour Party, gibt den Wahlkampfplanern der CDU zu denken: Die Briten hatten ihren Premierminister John Major trotz sinkender Arbeitslosigkeit und anziehender Konjunktur abgewählt – nachdem Blair ihnen glaubhaft machen konnte, daß eine Labour-Regierung kein riskantes Experiment sein würde. Was, so fragen sich die Unions-Strategen, wenn die deutschen Wähler Schröder tatsächlich abnehmen, daß ein SPD-Wahlsieg oder vielleicht sogar eine Koalition mit den Grünen nicht das Ende der Zivilisation bedeuten würde?

Als die ersten Ergebnisse der Wahl in Großbritannien am 1. Mai 1997 weltweit im Fernsehen übertragen werden, stürmt Schröder in den Council Room des Luxushotels »Four Seasons Olympic« in Seattle im äußersten Nordwesten der USA. »Verlaufen« habe er sich, lacht er abgehetzt. »So ist das eben, wenn ein Provinzler in die Großstadt kommt.« Das Timing stimmt. Obwohl das Programm seiner ersten Reise in die USA seit 17 Jahren ganz eng ist, haben Schröders Mitarbeiter diesen

Nachmittag freigehalten. »Gelegenheit für Interviews« steht im Ablaufplan.

Gegen 16 Uhr Ortszeit, in Deutschland ist bereits Mitternacht, veröffentlicht BBC-TV die erste Hochrechnung: Der erdrutschartige Sieg der Labour-Party fällt noch deutlicher aus als vorhergesagt.

Aufgrund der Zeitverschiebung hat Schröder jetzt einen taktischen Vorsprung: Seine Kommentare werden am nächsten Morgen die Rundfunknachrichten beherrschen. Lange hat er überlegt, was er den mitgereisten Journalisten sagen soll. Die Genossen in der Heimat soll es aufrütteln, aber auch nicht allzusehr verschrecken.

»Die SPD will gewinnen – deswegen wird sie begreifen, daß wir uns verändern müssen«, lautet seine Schlußfolgerung, die er mit einer vorsichtigen Warnung vor rot-grünen »Experimenten« verbindet. Sein Fazit: »Wir in der SPD sind reformbedürftig.« Und: »Mit den Arbeitern allein gewinnen wir keine Wahl.«

Unter dem Titel »Gegen den Luxus der Langsamkeit« läßt er wenig später im *Spiegel* einen Artikel abdrucken, den sein Freund und Wahlkampfplaner Bodo Hombach unter dem Namen Gerhard Schröder verfaßt hat. Aus den Erfahrungen seiner zweiwöchigen Reise durch die USA und den Blair-Wahlerfolg zieht er den Schluß: »Es mangelt an der Fähigkeit der Eliten, das als richtig Erkannte durchzukämpfen und sich notfalls dafür verprügeln zu lassen.« Und weiter: »Die deutsche Sucht nach ewigen Lösungen, die Angst vor Experimenten und der Mangel an Phantasie hemmen die politische Tat.«

Genau das Gegenteil hat Schröder in den USA erlebt. Besonders beeindruckt hat ihn ein Treffen mit Bill Gates, dem Herrscher über das Software-Imperium Microsoft und einer der reichsten Männer der Welt. Zum Treffen im Microsoft-Hauptquartier in Seattle erscheint der Multimilliardär in verwaschenen Jeans und abgetragenem Pullover.

Schröder ist begeistert von der visionären Kraft des amerikanischen Vorzeigeunternehmers. »Diese Jungs haben in einer Garage angefangen«, schwärmt er nach dem Gespräch. »Herausgekommen ist dabei eine Weltfirma mit Milliardenumsatz.

Bei uns hätte das Gewerbeaufsichtsamt dem Unternehmen verboten, in einer Garage zu produzieren. Und damit wäre die Sache erledigt gewesen.«

Ob in Seattle, Chicago, Detroit oder New York – überall stößt Schröder im Laufe dieser Tage auf Ideen, wie sich auch die deutsche Wirtschaft wieder in Schwung bringen ließe. Da schwärmt Louis Platt, Chef des Computer-Herstellers Hewlett-Packard im Silicon Valley davon, wie wertvoll es für einen High-tech-Standort sei, wenn es im Umkreis von wenigen Kilometern drei Universitäten gebe. »Und bei uns«, klagt Schröder, »gibt es fast einen Uni-Streik, wenn eine Hochschule Geld und Forschungsaufträge aus der Industrie annehmen soll.«

Beim Gespräch von Automann zu Automann muß er sich in Detroit von Louis Hughes, Europa-Chef des Autogiganten General Motors, anhören, wo Deutschland wirtschaftlich steht: »Wir produzieren an vier Standorten den Opel Vectra: Ägypten, Türkei, Großbritannien, Deutschland – die höchste Qualität erreichen wir in Ägypten.« Was, fragt Hughes den Besucher aus Hannover, sei denn noch Besonderes an Deutschland – »außer daß es teuer ist«.

Schröder begreift, was die amerikanischen Top-Manager meinen. Und er versteht auch, wie weit große Teile der deutschen Sozialdemokraten noch davon entfernt sind, die Realitäten einer globalisierten Wirtschaft zur Kenntnis zu nehmen. Von der SPD spricht er in diesen Tagen nur widerwillig, redet höchstens von »meiner Partei«, und das auch nur, wenn es sich nicht vermeiden läßt. Abends beim Drink an der Bar des Detroiter Ritz-Carlton-Hotels entfährt es ihm: »Wir müssen uns beeilen – sonst geht Deutschland wirtschaftlich den Bach runter!« Wenn die Gesellschaft – und ganz besonders meint er die SPD – nicht endlich aufhöre »vor der Diskussion über die Risiken technologischer Entwicklungen auch mal an die Chancen zu denken«, dann werde es »ganz, ganz eng«.

Außer bitteren Wahrheiten bekommt der Gast aus Hannover aber auch Aufmunterndes zu hören. Beim Lunch mit dem feinen American Council on Germany, einer milliardenschweren Vereinigung von Geschäftsleuten, stellt Richard Burt, früherer US-

Botschafter in Bonn und eingefleischter Republikaner, den Gast als den »künftigen Kanzler Deutschlands« vor und fügt lachend hinzu: »Als junger Politiker hat er seinerzeit die Revolution geplant . . .« Jetzt sehen die Millionäre, die neugierig auf den ambitionierten Gast aus Deutschland in den Ballsaal des noblen Hotels »The Pierre« gekommen sind, einen Mann im feinen Maßanzug mit seidener Designerkrawatte. So einer kommt an in der amerikanischen Upperclass, der Beifall ist herzlich.

Zurück aus den USA macht sich Schröder gemeinsam mit NRW-Wirtschaftsminister Wolfgang Clement daran, den wirtschaftspolitischen Leitantrag für den SPD-Parteitag im Dezember zu verfassen. Der Antrag soll Kern des Regierungsprogramms der SPD für den Bundestagswahlkampf 1998 werden. Und Schröder will seine Erfahrungen aus Silicon Valley und Wall Street in das Papier einfließen lassen.

»Flexibilisierung«, »Modernisierung«, »Anpassung der sozialen Sicherungssysteme an die veränderte Organisation der Arbeitswelt und an die Netzwerk-Strukturen der Wirtschaft von morgen«, Förderung von »unternehmerischem Geist und unternehmerischer Tatkraft«, Vorrang für »die innovativen Kräfte in Wissenschaft, Technik, Bildung« – die Thesen, die Schröder gemeinsam mit seinen wirtschaftspolitischen Beratern auf 15 Seiten zusammenträgt, stoßen außerhalb der SPD auf mehr Beifall als in der Partei. Vor allem die Ankündigung, »nach geltendem Recht mögliche Sanktionen bei der Ablehnung zumutbarer Arbeit voll auszuschöpfen« – im Klartext: Beziehern von Arbeitslosengeld und -hilfe die Unterstützung zu entziehen – stößt bei vielen Genossen vom Traditionsflügel auf Unverständnis und Kritik.

Ist das noch die SPD, fragen sie sich, die sich rückhaltlos für die Schwachen in der Gesellschaft einsetzt, für die Lohnabhängigen gegen deren übermächtige Brotherren streitet? »Die SPD läuft Gefahr, mit Positionen in den Wahlkampf zu gehen, die sich von den konservativen und wirtschaftsliberalen Konzepten nur noch in Teilbereichen unterscheiden lassen«, heißt es in einem Papier, in dem Anhänger des linken Parteiflügels ihre Kritik am Schröder-Papier formulieren. Die Wirtschaft, so glauben sie, werfe nicht grundsätzlich neue Fragen auf – lediglich die »ökonomischen und sozialen Probleme haben sich drastisch verschärft«. Zu den Mitunterzeichnern des Papiers zählen mit Peter von Oerzten und Detlev von Larcher auch einstige politische Weggefährten Schröders.

Als der Wirtschaftsantrag unter der Überschrift *Innovationen für Deutschland* am 15. September schließlich im Parteivorstand zur Abstimmung steht, ist vom Widerstand der Parteilinken allerdings kaum noch etwas zu spüren. Parteichef Lafontaine hat tags zuvor per Zeitungsinterview klargestellt, daß er Schröders Wirtschaftsthesen voll und ganz unterstütze. Ende der Diskussion. Bei der Schlußabstimmung votieren von den 45 Vorstandsmitgliedern gerade noch 5 mit Nein. Fast völlig geräuschlos hat die SPD Schröders Kurswechsel in der Wirtschaftspolitik nachvollzogen.

Erheblich problematischer als die politische Vorbereitung des SPD-Bundesparteitages erweist sich die Parteitagsregie. Ausgerechnet in Hannover wird die SPD vom 2. bis 4. Dezember 1997 tagen, unter dem kritischen Blick von mehreren hundert Journalisten, von denen die meisten nur eine einzige Frage interessiert: Schaffen es Gerhard Schröder und Parteichef Lafontaine, die Frage der Kanzlerkandidatur weiter offenzuhalten?

Für sich selbst hat Schröder die Meßlatte inzwischen immer höher gehängt. »Wenn ich bei der Niedersachsenwahl mehr als zwei Prozentpunkte verliere, erledigen sich alle Spekulationen über meine weiteren politischen Ambitionen«, erklärt er neun Monate vor dem Wahltag. Und selbst als Hamburgs Bürgermeister Henning Voscherau nach der Bürgerschaftswahl in der Hansestadt am 22. September überraschend seinen Rücktritt erklärt – auch er hatte schon während des Wahlkampfes für den Fall eines schlechten Ergebnisses mit persönlichen Konsequenzen gedroht – bleibt Schröder bei seiner Festlegung. »2,0 ist 2,0 ist 2,0«, betont er immer wieder. »Meine persönlichen Maastricht-Kriterien«, nennt er das. Sollte die SPD in Niedersachsen weniger als 42,3% der Stimmen bekommen, stehe er als Kanzlerkandidat nicht zur Verfügung. »Erfolgskriterien müssen in erster Linie für einen selbst gelten«, sagt er zur Begründung.

In der Bonner Parteiführung wird das Beharren auf dem 2-Prozent-Limit mit großer Skepsis registriert. Gemeint habe Schröder damit, argwöhnen die Funktionäre, vielmehr einen Anspruch auf die Kanzlerkandidatur, falls er weniger als zwei Prozentpunkte verlöre. Und andererseits: Sollte die Niedersachsenwahl tatsächlich mit einem deutlichen Stimmverlust enden und Schröder daraufhin erklären, er stehe als Spitzenkandidat nicht mehr zur Verfügung, käme die SPD in eine außerordentlich schwierige Lage: Lafontaine würde in diesem Fall nur noch als Ersatzkandidat präsentiert werden können.

Als Schröder seinen Genossen Ende November, wenige Tage vor dem Parteitag, per Zeitungsinterview dann auch noch aus dem stürmischen Island mitteilt, er wolle nach der Bundestagswahl einer SPD-geführten Bundesregierung nur als Kanzler angehören – oder eben gar nicht, reagiert selbst Lafontaine irritiert. »Wenig hilfreich« seien die Äußerungen, moniert er im Parteipräsidium, wo das Schröder-Interview als Fotokopie verteilt wird. »Wie vor zwei Jahren« sei das, klagt ein Präsidiumsmitglied, »1995, als jeden Montag zuerst über die neuesten Angriffe aus Hannover diskutiert wurde.«

Nach den Monaten der fast freundschaftlichen Zusammenarbeit zwischen Schröder und der übrigen Parteispitze steht plötzlich wieder die gleiche Frage im Raum wie 1993, damals, als nach dem Rücktritt von Parteichef Engholm ein neuer SPD-Vorsitzender gesucht werden mußte: »Ist Schröder tatsächlich zu einer langfristigen Zusammenarbeit fähig und bereit«, so formuliert es ein Mitglied des SPD-Präsidiums, »oder fällt er im entscheidenden Moment aus der Rolle und verliert die Nerven?«

Als in der riesigen Halle 2 des Messegeländes von Hannover eine Woche später der SPD-Parteitag beginnt, ist von den Irritationen zumindest nach außen hin nichts zu spüren. Dabei hatte sich schon die Aufstellung der Tagesordnung als ungewohnt schwierig erwiesen.

Der erste Tag, so sieht es die Planung von SPD-Geschäftsführer Franz Müntefering vor, soll ganz im Zeichen der großen Rede des Parteivorsitzenden stehen, erst am Schlußtag soll Schröder zu Wort kommen. Vergeblich bemühen sich Schröder-

Mitarbeiter, den Zeitpunkt der Rede ihres Chefs vorzuverlegen. Am Schlußtag, argwöhnen sie, ist die Aufmerksamkeit der Delegierten möglicherweise bereits erlahmt, sind viele vielleicht sogar schon auf der Heimreise. Doch die Parteitags-Organisatoren aus Bonn bleiben hart: Schröder bleibe in seiner Wirtschaftsrede ausreichend Raum, sich in Szene zu setzen.

Trotz aller Bemühungen, Einigkeit zu demonstrieren, ist die Spannung in der Parteitagshalle deutlich zu spüren. Getrieben von den Journalisten, die die beiden Konkurrenten keine Sekunde aus den Augen lassen, versuchen Lafontaine und Schröder so locker wie möglich zu erscheinen und ihre Rivalität durch kleine Clownerien zu überspielen. ». . . wenigstens die Lokführerfrage ist entschieden«, lacht der SPD-Vorsitzende in die Fernsehkameras, als sich beide im Foyer des Parteitags ins Cockpit einer ICE-Lokomotive zwängen und Lafontaine auf dem Lokführersitz Platz nimmt. »Gerhard, jetzt darfst du mal lenken«, stichelt er am Sponsorenstand der Firma Audi, als die beiden in einen A4-Prototyp steigen.

Obwohl er diesmal bei den Wahlen zum Parteivorstand mit 74,7 % ein verglichen mit dem Parteitag in Mannheim gutes Ergebnis erzielt, fühlt sich Schröder in den Messehallen enorm unter Druck, und er läßt sich dies deutlich anmerken. Es hatte nicht gut angefangen – am Presseabend, der traditionell jedem SPD-Parteitag vorangeht, hatte ganz plötzlich Sven Kuntze am Promi-Tisch gestanden und ihm seine neue Freundin vorgestellt. Der Exlebensgefährte von Ehefrau Doris und Vater der kleinen Klara, der Handschlag im Licht der Fernsehkameras – Bilder, die Schröder sich zum Auftakt des für ihn so wichtigen Kongresses nun wirklich nicht gewünscht hatte.

Seine Parteitagsrede hat er zu Hause in der Dachgeschoßwohnung immer wieder geprobt, zuletzt am Sonntag abend vor Beginn des SPD-Treffens. »Sag statt ›ich‹ lieber häufiger ›wir‹«, haben ihm Doris und seine Berater – unter ihnen Bodo Hombach und Regierungssprecher Uwe-Karsten Heye – geraten. Und: »Vermeide möglichst laute Töne, mehr Regierungserklärung als Parteitagsrede.«

Als Schröder am Schlußtag schließlich ans Mikrophon tritt,

kann er seine Nervosität kaum verbergen. Er hat sich entschieden, vom Blatt abzulesen – sicher ist sicher. Zwei Tage zuvor haben sich die 525 Delegierten von der Rede ihres Parteivorsitzenden in einen Begeisterungstaumel versetzen lassen, jetzt, als Schröder spricht, hören sie gespannt zu. »Man darf von der Gesellschaft nicht nur nehmen, man muß ihr auch geben«, sagt er, »alles andere ist eine falsch verstandene Solidarität.« Seine Grundforderung: »Die Deutschen müssen flexibler und leistungsbereiter werden.« Ungewöhnliche Töne auf einem SPD-Parteitag, vom linken Parteiflügel kommt nur spärlicher Applaus.

Als er in Anspielung auf die Frage nach dem Kanzlerkandidaten am Ende verspricht, er werde »ein tolles Mannschaftsspiel« liefern, springt der Funke zwischen Rednerpult und Saal doch noch über. Schröder strahlt erleichtert, die Kommentatoren der Fernsehsender werden später tatsächlich von einer »Rede im Stile einer Regierungserklärung« sprechen.

Trotz aller Solidaritätsbekundungen von Hannover, trotz aller Versprechen, die Kanzlerkandidatenfrage einvernehmlich zu lösen – je näher der Termin der niedersächsischen Landtagswahl rückt, desto nervöser werden die politischen Berater der beiden Konkurrenten. Insbesondere die Helfer des Parteivorsitzenden lassen keine Gelegenheit aus, die Vorzüge zu preisen, die eine erneute Kandidatur Lafontaines hätte. Aus Hannover werden im Gegenzug bereits Namen von Schröder-Vertrauten genannt, die nach dem 1. März nach Bonn wechseln sollen, um »ihren« Kanzlerkandidaten in der SPD-Zentrale und im Wahlkampfteam zu vertreten.

In der gespannten Stimmung wird jedes Wort auf die Goldwaage gelegt und selbst auf geringste Veränderungen des labilen Gleichgewichts zwischen den beiden Prätendenten hin analysiert. Vor allem Schröder reagiert jetzt äußerst sensibel. Als SPD-Bundesgeschäftsführer Müntefering in einem Hintergrundgespräch die Ansicht äußert, daß an »plus oder minus zwei Prozent in Niedersachsen« die Frage der SPD-Kanzlerkandidatur »nicht entschieden« werde, ist er irritiert. Wollen die Bonner Genossen die Entscheidung bewußt von der Landtagswahl abkoppeln, einem möglichen klaren Sieg den Schwung für seine Ambitionen nehmen?

Plötzlich werden die Erinnerungen wieder wach: Nach dem Engholm-Rücktritt im Frühjahr 1993 – hatte sich die Parteiführung da nicht auch gegen ihn verschworen, um ihm den Weg an die SPD-Spitze abzuschneiden? Mit einem unguten Gefühl fliegt er gemeinsam mit Ehefrau Doris und der kleinen Klara in den Weihnachtsurlaub nach Teneriffa. Regen und kalter Wind empfangen die Familie auf der Ferieninsel, im gebuchten Hotel wohnen außer ihnen nur deutsche Rentner.

Kaum zurück in Hannover scheint sich Schröders Mißtrauen gegen die eigenen Parteifreunde mit einem Paukenschlag zu bestätigen. Am 8. Januar erfährt Schröder durch eine Indiskretion von den Plänen der Düsseldorfer Preussag AG, das Tochterunternehmen Preussag Stahl AG an den österreichischen Konzern VOEST Alpine Stahl AG zu verkaufen. Die Transaktion würde mit Peine und Salzgitter vor allem zwei niedersächsische Standorte betreffen. 12 000 um ihren Job fürchtende Arbeiter, ein düpierter Ministerpräsident, ohne dessen Wissen das größte Stahlunternehmen des Landes an einen ausländischen Investor verkauft werden soll – für einen Wahlkampf sind das wenig verlokkende Perspektiven.

Schröder tobt. Hätten ihn Preussag-Chef Michael Frenzel oder wenigstens Friedel Neuber, Chef des Preussag-Mehrheitsaktionärs WestLB und enger Vertrauter von NRW-Ministerpräsident Johannes Rau, nicht vorher informieren können oder sogar müssen? Schließlich sind beide seit Jahrzehnten SPD-Genossen und darüber hinaus mit Schröders befreundet. Nächtelang beraten Schröder und seine engsten Vertrauten in seiner Dachgeschoßwohnung in Hannover, wie sie der Lage Herr werden können. Schließlich ist die Entscheidung gefällt.

Per Telefax teilt der Ministerpräsident dem »Sehr geehrten Herrn Dr. Frenzel« mit, daß das Land Niedersachsen anstelle des österreichischen VOEST-Konzerns das Stahl-Unternehmen kaufen werde. Kritik aus der Wirtschaft und seitens der Bundesregierung, die Übernahme stehe im krassen Widerspruch zum allgemeinen Bestreben, staatliche Beteiligungen an Unternehmen möglichst abzubauen, kontert Schröder mit der Bemerkung: »Schlaue Lehrbuchweisheiten verkünden ist eine Sache – die Verantwortung für ein Land und seine Bürger zu tragen etwas ganz anderes.« Die unmittelbare Gefahr für die Landtagswahl ist zunächst gebannt, beim Wahlkampfauftakt in Hannover tragen Preussag-Mitarbeiter Transparente mit der Aufschrift »Danke, Gerhard«.

Doch Schröders Mißtrauen ist nun endgültig geweckt. Als Rau im Verlaufe eines Treffens der Parteiführung am 9. Januar abends in der Bonner Saarland-Vertretung dann auch noch den Vorschlag unterbreitet, die Entscheidung über den Kanzlerkandidaten nicht unmittelbar nach dem 1. März zu fällen, ist er sich sicher: »Die Jungs fangen wieder an zu tricksen – vor allem der Johannes.« Nur mit Mühe gelingt es der SPD-Zentrale, einen offenen Konflikt innerhalb der Parteiführung zu dementieren.

Schröder ist nun klar, daß nur ein für niemanden zu bezweifelnder Erfolg bei der Landtagswahl seinen Anspruch auf die Kanzlerkandidatur begründen kann. In der Gewißheit, daß es – wieder einmal – um alles oder nichts geht, stürzt er sich in den Wahlkampf. »Es geht auch menschlich«, lautet die Botschaft, die die niedersächsischen SPD auf Tausenden von Werbeplakaten verbreiten läßt. Kein Wort über den CDU-Kandidaten Christian Wulff, nur immer wieder Schröder, mal mit Handy am Ohr, mal mit Schutzhelm, am Steuer eines Autos, immer ganz der Macher – so setzen ihn die Werbeexperten der Agentur Odeon 2 ins Bild. Selbst das SPD-Logo ist auf den Plakatwänden nur klein zu sehen, in den letzten Wochen vor dem Wahlsonntag fehlt es ganz.

Daß Schröder bereits seit acht Jahren in Niedersachsen regiert, bleibt im Hintergrund. Denn die Bilanz ist alles andere als rosig: Die Arbeitslosenquote im Land liegt mit 12,9 % deutlicher über dem Bundesdurchschnitt als noch zu Beginn der SPD-Alleinregierung, die Schulden sind in den letzten acht Jahren um 69 % gestiegen. Wirtschaftlich, stellt das niedersächsische Institut für Wirtschaftsforschung fest, sei das Land seit 1990 »zwar ein wenig, aber nicht entscheidend vorangekommen«. Und in den Bereichen Forschung und Entwicklung, für die sich der Ministerpräsident immer wieder medienwirksam in Szene gesetzt hat, hinke Niedersachsen verglichen mit anderen Bundesländern sogar »deutlich hinterher«. Nur bei den Ausgaben für die Landesbediensteten konnte die Regierung einen leichten Rückgang erreichen – zum Preis heftiger Elternproteste wegen fehlender Lehrer und immer größer werdender Klassen. CDU-Spitzenkandidat Wulff reimt darauf seinen Wahlkampfslogan: »Kinder blöder, Wirtschaft öder, Diebe schnöder. Gerhard Schröder.«

Auch vor persönlichen Angriffen machen Union und FDP nicht halt. »Er geht mit Köpf. Er kommt mit Köpfchen«, wirbt die FDP auf einem Plakat, das Schröder und den liberalen Spitzenkandidaten Michael Goldmann zeigt. »Erbärmlich«, kommentiert Schröder. Aus Bonner CDU-Kreisen wird derweil das Gerücht lanciert, Schröders Weihnachtsurlaub im Hotel Tigaiga auf Teneriffa sei heimlich vom in Hannover ansässigen Touristik-Unternehmen TUI bezahlt worden – was nicht stimmt.

Doch das alles spielt im Wahlkampf praktisch keine Rolle. Von Beginn an gelingt es Schröder mit Unterstützung der Bonner Wahlkampfzentrale, die Landtagswahl in eine Art Volksentscheid über die Frage umzumünzen, ob ein Niedersachse Kanzler werden soll. Die CDU erkennt zwar die Gefahr, doch wie und mit wem soll sie Schröders gewaltigen PR-Feldzug stoppen? Es dürfe nicht sein, daß statt landespolitischer Fragen nur der Konkurrenzkampf um die SPD-Kanzlerkandidatur im Mittelpunkt der Auseinandersetzung stehe, versucht CDU-Kandidat Wulff den Wählern klarzumachen – vergebens.

Schließlich sind es die eigenen Bonner Genossen, die für einen kurzen Moment Spannung in den Wahlkampf bringen. Unter dem Titel »Die Chance der SPD als moderne Reformpartei« verfassen einige Abgeordnete vom linken Parteiflügel, angeführt vom Düsseldorfer Umweltexperten Michael Müller, ein Papier, das sie im Begleitschreiben als »mit Oskar abgesprochen« bezeichnen. Auch wenn darin keine Namen genannt werden, so sind die auf 14 Seiten zusammengetragenen Thesen doch ein kaum verhüllter Angriff auf Schröder und seine politischen Positionen. »Wenn in der Frage nach dem bevorzugten Kandidaten ein hoher Anteil für einen konservativen Sozialdemokraten votiert«, heißt es da, sei dies »noch lange keine Unterstützung, geschweige denn eine Stimme für die SPD.«

Will Lafontaine durch seine Anhänger kurz vor der Wahl in Niedersachsen doch noch eine Entscheidung zu seinen Gunsten erzwingen, wie selbst seriöse Medien, voran die *Süddeutsche Zeitung*, ihre Leser glauben machen wollen? Sogar Schröders Mitarbeiter beschleichen immer größere Zweifel, ob ihr immenser Einsatz am Ende nicht doch umsonst gewesen ist.

Am 1. März um 18.30 Uhr, 30 Minuten nach Schließung der Wahllokale, ist alles entschieden.

In der Nacht vor dem Wahltag findet Doris Schröder-Köpf nur mit Mühe ein wenig Schlaf. Gegen 3.30 Uhr morgens schaut sie ein letztes Mal auf die Uhr. Dann schläft sie doch noch ein. Nach dem Aufstehen überfliegt sie am Computer die Internet-Ausgabe von *Bild am Sonntag*. Ein hastiges Frühstück mit Tochter Klara und Ehemann Gerhard, dann macht sich das Trio auf den Weg zum Wahllokal in der City von Hannover.

Wieder zu Hause bekommen sie Besuch von Wahlkampfplaner Bodo Hombach. Vor der Wohnung warten schon Reporter und Fotografen. Um wenigstens in Ruhe Mittagessen zu können, fahren die Schröders in ein griechisches Restaurant außerhalb der Stadt. Einer der Sicherheitsbeamten hat den Tip gegeben. Schröder bestellt einen Grillteller, Ehefrau Doris nimmt nur eine Suppe. Aber selbst die läßt sie unberührt – vor Aufregung kann sie nichts essen.

Zurück in ihrer Dachgeschoßwohnung ruft SPD-Fraktionschef Rudolf Scharping an. Wenig später melden sich Oskar Lafontaine und SPD-Bundesgeschäftsführer Franz Müntefering. Alle wünschen Glück. Sie kennen – wie auch Schröder – erste Trendmeldungen der Meinungsforscher, die einen überwältigenden Sieg der Sozialdemokraten voraussagen.

Trotz der positiven Umfragewerte bleibt Schröder skeptisch. Gegen 17 Uhr fährt er mit seiner Frau und Bodo Hombach im Schneeregen in die Staatskanzlei, wo die engsten Mitarbeiter warten – Bürochefin Sigrid Krampitz, Chefsekretärin Doris

Scheibe und Schröders Freund und Vertrauter Götz von Fromberg. Im Ministerpräsidentenbüro im ersten Stock setzt sich die kleine Gesellschaft vor den Fernseher.

Als um Punkt 18.00 Uhr die erste Trendmeldung einen Stimmenanteil von über 47 % verspricht, mag Schröder es nicht glauben.

Erst eine halbe Stunde später weiß er, daß er wirklich gewonnen hat: Die SPD ist in den Hochrechnungen mittlerweile auf über 48 % gestiegen – und aus dem Bonner Erich-Ollenhauer-Haus hat das Fernsehen den alles entscheidenden Satz aus dem Mund von Bundesgeschäftsführer Müntefering übertragen. »Morgen ist Gerhard Schröder der Kanzlerkandidat der deutschen Sozialdemokraten.« Er hat es endlich geschafft.

Nun war die Entscheidung doch ohne Streit gefallen, fast zwangsläufig, gestützt auf einen überwältigenden Wahlsieg.

Und das Gezerre der vergangenen Monate, die zuweilen offen ausgetragene Rivalität mit Parteichef Lafontaine, der Streit um Termine und Prozentpunkte – war am Ende alles ein »abgekartetes Spiel«, wie ein britischer Journalist am Tag nach dem Wahltriumph wissen will?

Schröders Antwort – man habe sich zwar verbessert, aber so gewieft sei die SPD noch immer nicht – ist nur die halbe Wahrheit. Tatsächlich waren Lafontaine und Schröder schon Anfang Februar telefonisch übereingekommen, die Entscheidung über den Kanzlerkandidaten früher als am 16. März, dem ursprünglich anvisierten Termin, zu treffen. Der Druck der Medien werde in dem zweiwöchigen Entscheidungsvakuum nach der Landtagswahl zu groß werden, hatten beide eingesehen.

Am Donnerstag vor der Landtagswahl trafen sie sich in Braunschweig schließlich zu einem Vieraugengespräch. Im Restaurant »Ritter St. Georg«, bei Riesengarnelen und Seewolf, wurde endgültig festgelegt: Holt Schröder 44 Prozent oder mehr, ist er Kanzlerkandidat, holt er weniger, entscheidet das SPD-Präsidium.

Ob Oskar Lafontaine im Vorfeld insgeheim doch die Kanzlerkandidatur 1998 angestrebt hat, weiß wohl nur er selbst. Klar ist, daß viele seiner engen Mitarbeiter eine erneute Kandidatur ihres Chefs erwarteten. Manche hatten gar ihre Lebensplanung darauf eingerichtet, dem in ihren Augen künftigen Kanzler Lafontaine auf einflußreiche Posten nach Bonn und Berlin zu folgen.

Einer der engsten Weggefährten des SPD-Vorsitzenden erkannte zum Ende des Niedersachsen-Wahlkampfes: »Wie immer das Ergebnis auch ausgehen mag – für Lafontaine ist wichtig, daß es ein eindeutiges ist. Aber im Grunde seines Herzens«, fügte er hinzu, »hoffte er, daß der Kelch an ihm vorübergehen möge. Denn als es 1990 nach seinem Attentat auf Messers Schneide stand, hat er die andere Seite des Bretterzaunes gesehen. Seitdem weiß er, daß er nicht unbedingt Kanzler werden muß, um ein glückliches Leben zu führen.«

Aber selbst wenn er gewollt hätte – das niedersächsische Wahlergebnis ließ keinen Raum mehr für eine andere Entscheidung als die sofortige Ausrufung Schröders zum Kanzlerkandidaten. Am Ende sind es schließlich 47,9 % – 3,6 % mehr als 1994 und das beste Ergebnis der SPD in Niedersachsen überhaupt.

Im Gefühl des sicheres Erfolges bleibt Schröder an diesem Abend trotzdem angespannt. Denn wichtig für einen ungetrübten Wahlsieg ist die absolute Mehrheit, und die kann nur dann zustande kommen, wenn die FDP wie vier Jahre zuvor den Einzug in den Landtag verpaßt. Als die Liberalen schließlich knapp mit 4,9% an der Fünf-Prozent-Hürde scheitern, ist er erleichtert.

Schon gegen 19 Uhr sind Schröder und seine Frau in den Landtag gefahren, wo mehr als 2200 Journalisten sich drängen. Vor dem Ansturm der Kameraleute flüchtet Doris Schröder-Köpf in den Saal der SPD-Fraktion. Dort sieht sie sich die Pressekonferenz ihres Mannes gemeinsam mit anderen SPD-Genossen im Fernsehen an. Während der strahlende Sieger nebenan seinen Wählern und Helfern dankt, zieht der ehemalige Bundesbauminister und einst glücklose Bewerber um das Amt des niedersächsischen Ministerpräsidenten, Karl Ravens, Doris Schröder-Köpf an sich und sagt ergriffen: »Daß ich das noch erleben darf . . .«

Kurz nach 23 Uhr fährt das Ehepaar Schröder zur SPD-Wahlkampfparty ins »Capitol«, einem Veranstaltungszentrum, in dem die Genossen schon vier Jahre zuvor die erste absolute Mehrheit der Sozialdemokraten gefeiert hatten. Auf der Bühne überreicht Schröder seiner Ehefrau einen Strauß roter Rosen.

Nach Hause zurückgekehrt weckt Doris Schröder-Köpf ihre aus Bayern angereiste Mutter, die am Wahlabend auf Tochter Klara aufgepaßt hatte. Zu dritt sitzen sie in der Küche und reden noch stundenlang über das historische Wahlergebnis. Nur langsam fällt die Anspannung der letzten Wochen und Monate von ihnen ab. Und schließlich meldet sich der Hunger. Mitten in der Nacht kocht Doris Schröder-Köpf für alle eine große Portion Spaghetti.

Am nächsten Morgen bringen Post und Privatboten ungezählte Blumensträuße in Schröders Wohnung. Über ein Präsent freut er sich besonders: Es ist von seiner Mutter Erika, noch vor dem Wahlabend verschickt. In ihrem Paket steckt eine selbstgehäkelte rote Tischdecke, verziert mit weißen Pferden, dem Landeswappen Niedersachsens, die von vier Dompteuren in Schach gehalten werden.

Dann ist Zeit für einen ersten Blick in die Morgenzeitungen. Fast aus allen Blättern lächelt ihnen der Wahlsieger entgegen. Unter den Korrespondenten, die am Wahlabend aus Hannover berichten, sind auch zahlreiche ausländische Journalisten. Der Großteil von ihnen wertet – wie der Berichterstatter der *New York Times* – Schröders Erfolg als »großen Rückschlag für Kohl«. Denn erstens habe die CDU unter Niedersachsens 5,9 Millionen Wählern »trotz Kohls Einsatz erheblich an Boden verloren«. Und zweitens verspreche Schröders Kanzlerkandidatur »einen weit härteren Kampf als der Kanzler ihn gern gegen Lafontaine gehabt hätte«.

Trotz der Lobeshymnen in- und ausländischer Korrespondenten warnt Gerhard Schröder noch am Wahlabend seine Partei vor übertriebener Siegeszuversicht. Er hat allen Grund dazu: Denn ungewiß bleibt, inwieweit die SPD tatsächlich geschlossen hinter ihrem Kandidaten steht. Schon die Bewerber vergangener Jahre, mochten sie Rau, Lafontaine, Engholm oder Scharping heißen, hatten sich – wie jetzt Gerhard Schröder - mit eindrucksvollen Wahlsiegen in ihren Bundesländern für den folgenden Bundestagswahlkampf empfohlen.

Doch keiner von ihnen konnte letztendlich gewinnen. Im Gegenteil: Zermürbt durch harsche Kritik aus den eigenen Reihen, mangelndes Vertrauen und grobe Illoyalität verspielten die SPD-Kanzlerbewerber ihren Kandidatenbonus binnen weniger Wochen.

So machte Rau 1986 die offene Kritik des SPD-Übervaters Willy Brandts genauso zu schaffen wie die Angriffe aus den Reihen der »Enkel«-Generation einschließlich Schröders. Umgekehrt hatte Lafontaine 1990 die »Väter-Generation« der SPD, unter ihnen Helmut Schmidt und Heinz Ruhnau, wegen seiner kritischen Haltung zur deutschen Einheit gegen sich. Und weitere vier Jahre später setzte Rudolf Scharping sich durch persönliche Fehler selbst scharfer Kritik aus den eigenen Reihen aus.

Sollte es stimmen, daß die Aussicht auf Regierungsposten diesmal die Kritiker innerhalb der SPD diszipliniert, wie Schröders Berater hoffen, so bleibt doch die Frage offen, warum dies nicht auch in früheren Wahlkämpfen galt, als Rau, Engholm und Scharping unter der manchmal ätzenden Kritik Schröders zu leiden hatten.

Wahr ist: Viele der führenden Sozialdemokraten sehen in Gerhard Schröder die letzte Chance im Laufe ihrer Politkarriere doch noch einmal an die Macht zu kommen. Schafft es Schröder diesmal nicht, ist die »Enkel«-Generation, sind alle prominenten politischen Zöglinge Brandts endgültig gescheitert. Schröder weiß das. Und er will seine Chance wahrnehmen.

Doch dazu braucht er die uneingeschränkte Unterstützung der Partei, eine Loyalität, die er selbst in der Vergangenheit keinem seiner Vorgänger im politischen Kampf gegen Helmut Kohl entgegengebracht hat.

Trotz seines eindrucksvollen Wahlsieges sind die Vorbehalte gegen seine Person in den Gremien der Partei noch längst nicht ausgeräumt. Zwar gibt es am Montag nach der Wahl, als im Bonner SPD-Vorstand in geheimer Abstimmung über den Kanzlerkanditaten entschieden wird, keine Gegenstimme – lediglich drei

Enthaltungen. Und als Schröder am Tag danach die Bundestagsfraktion besucht, jenes Gremium, dessen Mitglieder er in Interviews so oft mit Hohn und Spott bedacht hat, erheben sich die Genossen im überfüllten Fraktionssaal von ihren Plätzen und jubeln ihrem neuen Hoffnungsträger zu. Doch als der Trubel sich gelegt hat, beschleicht manchen wieder der Zweifel. Wird Schröder durchhalten? Wird die Allianz mit Lafontaine halten? Oder werden sich die beiden an programmatischen Fragen zerstreiten?

Genau das will Schröder unter allen Umständen vermeiden. Ohne Lafontaine, das weiß er, wäre er nicht Spitzenkandidat der SPD. Und daß der SPD-Chef ihn in den kommenden Monaten mit Sicherheit oft genug genau daran erinnern wird, ahnt er auch. Aber beiden ist klar, daß ihre politischen Biographien unauflöslich miteinander verwoben sind. Jeder Versuch, die Bindung einseitig zu lösen, muß zwangsläufig zum abrupten Ende ihrer beider bundespolitischen Karrieren führen.

Gemeinsam haben sie das SPD-Wahlprogramm für die Bundestagswahl entworfen, haben bewußt alle Fragen unbeantwortet gelassen, in denen sie nicht einer Meinung sind. Sicher hätte Lafontaine gern ein Tempolimit auf deutschen Autobahnen – aber deswegen den großen Krach riskieren? Auch die Ausbildungsabgabe, die Schröder so vehement ablehnt, lohnt nach Auffassung Schröders und Lafontaines keinen öffentlichen Streit – der Begriff wird im Wahlprogramm vermieden, nur von einem »fairen Ausgleich« ist zweideutig die Rede.

Das gesamte Bonner Journalistencorps wird noch stärker als bisher jedes Wort des einen wie des anderen auf die Goldwaage legen, jede Formulierung auf tatsächliche oder vermeintliche Meinungsverschiedenheiten abklopfen. Dagegen hilft nur eines: eiserne Disziplin und unbedingte Loyalität zueinander. Und schließlich glaubt mittlerweile selbst der politische Gegner, daß der fast schon traditionelle Streit der Genossen untereinander diesmal ausbleiben könnte. »Wir können und dürfen uns nicht darauf verlassen«, warnt Kanzler Kohl seine Union zwei Tage nach der Niedersachsenwahl in einer Rede vor der CDU/CSU-Bundestagsfraktion, »daß zwischen Lafontaine und Schröder Streit ausbricht«.

Während der SPD-Wahlsieg in Niedersachsen die Genossen zusammenrücken läßt, trägt er in Union und FDP eine tiefe Verunsicherung. Wie nervös Schröders unerwartet großer Erfolg den politischen Gegner mit einem Schlag gemacht hat, zeigt sich bereits knapp zwei Stunden nach Schließung der Wahllokale. Als das ZDF seine traditionelle Diskussionsrunde der Partei-Generalsekretäre und -Geschäftsführer für ein erstes Live-Interview mit Schröder unterbricht, verlassen CDU-Generalsekretär Peter Hinze und seine Kollegen von CSU und FDP, Bernd Protzner und Guido Westerwelle, unter Protest das Fernsehstudio.

Die heftige Reaktion kann nicht verdecken, daß innerhalb der Bonner Regierungsparteien der Zahl derjenigen wächst, die Bundeskanzler Helmut Kohl für die schwierige Lage wenige Monate vor der Bundestagswahl verantwortlich machen: Neben dem Kanzler sitzend gibt sich der glücklose niedersächsische Spitzenkandidat Christian Wulff am Tag nach der Wahl bei einer Pressekonferenz im Bonner Adenauerhaus kaum Mühe, seine Kritik an Kohls Parole »Weiter so« zu verbergen. Auch Bundestagspräsidentin Süssmuth und der stellvertretende CDU/CSU-Fraktionsvorsitzende Heiner Geissler äußern sich kritisch zu Kohls Festhalten an seiner eigenen erneuten Kandidatur – zumal er in Umfragen immer weiter hinter seinen Fraktionschef Wolfgang Schäuble zurückfällt.

Selbst unionsnahe Medien wie der *Münchner Merkur* machen sich öffentlich Gedanken über eine Endzeit des Kanzlers. Und die konservative *Frankfurter Allgemeine Zeitung* erregt Aufsehen mit einem 40-Zeilen-Text, den der Spanien-Korrespondent des Blattes eine Woche vor der Landtagswahl in die Heimat kabelt. Über den Besuch des Kanzlers im weltberühmten Kloster Escorial bei Madrid, der monumentalen Grabstätte der spanischen Könige, heißt es da: »Als Helmut Kohl ... im spanischen Escorial ankam, wehte ein eisiger Nordwind. In dem mehr als tausend Meter hoch gelegenen Regierungssitz von Philipp II. hatte sich vor fast genau 31 Jahren Konrad Adenauer jene Grippe zugezogen, von der er sich nicht mehr erholt hat.« Am Tag nach seinem Besuch sei Adenauer nach Köln zurückgeflogen und habe fortan das Bett gehütet – bis zu seinem Tod. Die FAZ: »Kein deutscher Bundeskanzler hat danach wieder das Kloster Escorial besucht. Doch Helmut Kohl zeigte keine Angst.«

Machtwechsel und Regierungsjahre
von Martin E. Süskind

»Die Ära Kohl ist zu Ende«
Auf dem Weg zur Kanzlerschaft

Der Wahlsieg Gerhard Schröders in Niedersachsen machte alle Hoffnungen, alle Spekulationen des amtierenden Bundeskanzlers auf eine weitere Amtszeit zunichte. Helmut Kohl hatte fest damit gerechnet, nicht Schröder werde sein Herausforderer sein, sondern Oskar Lafontaine. Häufig während der Monate, in denen die SPD-Spitze ihre Kandidatenentscheidung sorgsam offenhielt, äußerte sich Helmut Kohl in diesem Sinne. Alle seine Pläne hatte er darauf aufgebaut. Die Haltung Lafontaines, den Wahlsieg der SPD wichtiger zu nehmen als die eigene Kandidatur, wollte dem Machtmenschen Kohl nicht in den Kopf; sie war ihm fremd. Warnungen, es könne ein Fehler sein, auf Lafontaines Ehrgeiz zu spekulieren, wies er barsch zurück. Man werde sehen, beschied er Zweifler, daß Lafontaine sich die Chance, seine Niederlage von 1990 gegen ihn, den Kanzler der Einheit, auszumerzen, nicht entgehen lassen werde.

Dies war eine fatale strategische Fehleinschätzung des Bundeskanzlers; mit ihr zerstörte er zugleich die Chance seiner Partei, rechtzeitig einen Führungswechsel in den eigenen Reihen vorzunehmen und statt Kohl womöglich Wolfgang Schäuble ins Rennen zu schicken. Daß Helmut Kohl gegen den Einheitsskeptiker Lafontaine abermals einen Sieg würde davontragen können, schien der CDU plausibel; daß Lafontaine die strategische Größe zeigen würde, um des gemeinsamen sozialdemokratischen Erfolges willen auf seine persönliche Ambition zu verzichten, redete Kohl ihr aus. So schwante dem Kanzler – und mit ihm seiner Partei – am Abend der Niedersachsenwahl, daß das Ende der 16jährigen Kanzlerschaft nahe und wahrscheinlich nicht mehr abzuwenden war. Den logischen, freilich mutigen Schritt, sechs Monate vor der Bundestagswahl ihren Kandidaten auszutauschen, verhinderte Kohl – und die Union wagte nicht, ihn von sich aus zu gehen. Generalsekretär Peter Hintze machte noch am Wahlabend klar, es werde in der CDU auf keinen Fall eine Diskussion über die Kandidatur Helmut Kohls geben. Nebenbei bestätigte Hintze die enttäuschte Hoffnung seines Herrn: Der wirkliche Verlierer der Niedersachsenwahl, behauptete er, sei SPD-Chef Lafontaine.

Für Kohl wurde es nun ganz schwer. Die Zahl der Menschen, die mittlerweile in ihm vor allem ein Symbol der Erstarrung sahen, nahm zu. Wechselstimmung breitete sich aus, und das schwache Abschneiden der FDP im niedersächsischen Schaukampf unterstrich noch die prekäre Lage des Bundeskanzlers. Ein halbes Jahr vor der Bundestagswahl berichteten auch die Demoskopen von einem sich allmählich verfestigenden Trend: Nicht mehr nur wünschte neuerdings eine Mehrheit der Wähler einen Regierungswechsel im Bund, sie erwartete ihn geradezu. Für die SPD erwies sich die Entscheidung, Gerhard Schröder ins Rennen zu schicken, als trendverstärkend. Anders als Lafontaine wurde er in breiten Schichten bürgerlicher Wähler als ein Mann der politischen Mitte wahrgenommen. Dort rührte die Vorstellung, er könne Bundeskanzler werden, jedenfalls weniger Angstgefühle auf, als es eine Kandidatur des SPD-Chefs vermocht hätte, dessen zuweilen erstaunlicher Pragmatismus in der öffentlichen Wahrnehmung überlagert wurde von fundamentalistischen Gebärden und klassenkämpferischen Tönen.

Über Oskar Lafontaines Motive in den Machtspielen um die Führungsrolle der SPD ist viel gestritten worden. Anders als Schröder war er stets voller Skrupel, wenn er vor der Frage stand, ob er die Verantwortung übernehmen sollte. In der Diskussion um das politische Erbe Willy Brandts war das ebenso augenfällig wie bei der Kanzlerkandidatur 1990, dem Jahr, in dem er ein Messerattentat schwerverletzt überlebte. Er tat sich schwer mit der Entscheidung, 1995 Rudolf Scharping zu stürzen und an dessen Stelle sich selbst zum Parteivorsitzenden wählen zu lassen. Und er zeigte erstaunlich viel Respekt vor der Verantwortung eines deutschen Bundeskanzlers; jedenfalls erstrebte er das Amt nicht mit annähernd so viel Ehrgeiz wie Gerhard Schröder.

Zugleich indes war er immer davon überzeugt, daß er über die besten intellektuellen und politischen Fähigkeiten verfügte, dieses Amt verantwortungsvoll auszuüben. Nach dem Ende seiner politischen Karriere gab Lafontaine eine Erklärung für sein Verhalten im Frühjahr 1998: »Der Kanzlerkandidat der SPD braucht Freunde, die während der Kampagne Solidarität und Unterstützung für ihn organisieren. Gerhard Schröder wäre im Falle meiner Kandidatur nicht in der Lage und auch nicht bereit gewesen, diese Aufgabe zu übernehmen ... Alles in allem hatte ich praktisch keine Wahl, als Gerhard Schröder die Kanzlerkandidatur anzubieten.« So schrieb er es in seinem Buch *Das Herz schlägt links*. Hinzuzufügen wäre, daß Lafontaine zwei Wahlkämpfe erlebt hatte, in denen er selbst erfahren und beobachten durfte, wie groß die Abhängigkeit eines Kandidaten von der uneingeschränkten Unterstützung seiner Nebenleute ist: bei seiner eigenen Kanzlerkandidatur für die Wahl im Dezember 1990, bei der er sich unzureichend unterstützt fühlte von einem Teil der Parteiführung um Hans-Jochen Vogel, und während der Kandidatur Rudolf Scharpings im Spätherbst 1994, die, wie er glaubte, ebenfalls wegen Fehlern – Selbstherrlichkeiten und Rivalitäten – im eigenen Lager erfolglos blieb. Nicht zu reden von dem alten Trauma aus dem November 1986, als Willy Brandt das Wahlziel des Kanzlerkandidaten Johannes Rau, die absolute Mehrheit, öffentlich für aussichtslos erklärt hatte.

Derartiges würde nicht ein weiteres Mal geschehen, hatte sich Lafontaine fest vorgenommen – nicht unter seiner Verantwortung als Parteivorsitzender der SPD. Tatsächlich konnten Freunde und nahe Beobachter schon gut ein Jahr vor der Nominierung Schröders zweifelsfrei erkennen, daß Lafontaine entschlossen war, die SPD gegen Kohl zum Wahlsieg zu führen, gänzlich unabhängig von der Frage, ob er selbst oder ein anderer die Rolle des Kanzlerkandidaten spielen werde. Sein Credo lautete: »Wir machen es mit dem, mit dem wir die größte Erfolgschance haben.« Sein Ziel war die Regierungsverantwortung für die SPD; daß dieses Ziel schließlich nur mit Gerhard Schröder zu erreichen sein würde, nahm er in Kauf. Im übrigen war er fest davon überzeugt, in dieser Regierung der starke, der entscheidende Mann zu sein. Das allerdings sollte sich, als die Wahl gewonnen war, nach einer Phase erheblicher, kräftezehrender interner Konflikte als Fehlschluß erweisen.

Daß die SPD am 27. September die Wahl mit Gerhard Schröder gewinnen würde, daran herrschte in der Opposition im Frühjahr 1998 kaum mehr ein Zweifel. »Es ist fast unmöglich, im Herbst nicht zu gewinnen«, meinte Egon Bahr im *Spiegel*, »es sei denn, wir machen grobe Fehler.« Im März sahen die Demoskopen die SPD mit 44 zu 35 Prozent vor der CDU/CSU. Die Frage, wen die Wähler, wenn sie ihn denn direkt wählen könnten, lieber als Kanzler hätten, beantworteten 72 Prozent der Befragten zugunsten des Herausforderers. Schröders Wort vom Wahlabend in Hannover (»Die Ära Kohl ist zu Ende.«) schien sich zu erfüllen.

Der Kanzlerkandidat konnte also einigermaßen zuversichtlich sein, daß er das Ziel seiner jahrelang gehegten Wünsche erreichen würde. Mißtrauisch blieb er dennoch und auch voller Zweifel, ob seine Parteifreunde, die lange Zeit seine Konkurrenten gewesen waren, ihre Ambitionen nun gänzlich hintanstellen würden. Schröder kannte seine Pappenheimer: Falls nicht alles nach Wunsch gehe, würden diejenigen, »die dich jetzt hochjubeln, die ersten sein, die nach der Wahl über dich herfallen«. Die nach außen demonstrativ zur Schau getragene Einigkeit der Führungsspitze konnte nicht ganz verdecken, daß es intern doch erhebliche Meinungsverschiedenheiten über den nun einzuschlagenden personellen und programmatischen Kurs gab. Erste Überlegungen über ein sozialdemokratisch geführtes Kabinett wurden angestellt, die aber zunächst nicht weit gediehen, da noch keineswegs feststand, ob mit einer Regierungsbeteiligung der Grünen zu rechnen war.

Lafontaine setzte auf eine rot-grüne Koalition; Schröder war vorerst skeptisch – zumal angesichts eines grünen Wahlprogramms, das die Forderung enthielt, den Benzinpreis binnen zehn Jahren auf fünf Mark pro Liter anzuheben. Mit ihm sei so etwas nicht zu machen, bedeutete er seiner Partei, als sie ihn am 17. April auf einem Sonderparteitag in Leipzig mit 93,4 Prozent der Delegiertenstimmen offiziell zum Kanzlerkandidaten kürte. »Das ist«, schwärmte Schröders Wahlkampfberater Bodo Hombach, »wie das Läuten zum Kirchgang.« Sein Verhältnis zur SPD sei, sagte Schröder damals, »so in Ordnung wie vielleicht nie zuvor.« Gleichwohl werde er sich nicht in allen Fällen von der Parteilinie binden lassen, sondern behalte sich vor, SPD-Beschlüsse »auch an der Wirklichkeit zu messen«. Und eine Zusammenarbeit mit den Grünen mochte er sich zu jener Zeit – zumindest öffentlich – noch nicht vorstellen; sie seien in ihrem derzeitigen Zustand »nicht regierungsfähig.«

Offiziell ließ Schröder erst wenige Wochen vor der Wahl von dieser Beurteilung ab. Sein Bundesgeschäftsführer und Wahlkampfleiter Franz Müntefering sagte am 17. August: »Die Grünen sind regierungsfähig.« Und der Kandidat selbst konzedierte ihnen öffentlich erst Anfang September, seit ihren umstrittenen Magdeburger Beschlüssen seien sie »viel vernünftiger« geworden.

Meinungsumfragen unterstützten dieses Signal. Drei Wochen vor der Wahl meldeten die Demoskopen bis zu 48 Prozent Zustimmung für Rot-Grün in der Bevölkerung. Und auch in Schröders Umgebung ging man nun davon aus, daß eine Regierungsbildung mit den Grünen wahrscheinlicher sei als die Bildung einer Großen Koalition mit der CDU/CSU. Schröder gab intern die Parole aus, mindestens zwölf Mandate Mehrheit brauche es im Bundestag für eine belastbare rot-grüne Regierung. In der SPD-Bundestagsfraktion freilich hieß es: »Ab fünf bleibt uns keine andere Wahl.« Daß die Wahl noch verlorengehen könnte, daran glaubte niemand mehr.

In dieser Wahlkampfzeit ging keineswegs alles nach Wunsch des Kanzlerkandidaten. Auf dem Leipziger Wahlparteitag hatte er die höchsten Weihen sogar vom großen Helmut Schmidt erhalten (»Ich wünsche mir, du mögest Bundeskanzler werden.«). Wenige Wochen später dann desavouierte ihn ein kleiner Ministerpräsident aus Magdeburg. Gegen seinen Wunsch ließ SPD-Regierungschef Reinhard Höppner in Sachsen-Anhalt die Verhandlungen mit der CDU über eine Große Koalition platzen und vereinbarte die Fortsetzung des Tolerierungsmodells mit der PDS – für Schröder eine ärgerliche Entscheidung, da sie Helmut Kohl die Gelegenheit bot, über die sozialdemokratische Nähe zur sozialistischen Ostpartei herzuziehen und die Verläßlichkeit der SPD auch im Bund in Zweifel zu ziehen.

Die Landtagswahl in Sachsen-Anhalt am 26. April war der letzte ins Gewicht fallende Stimmungstest vor der Bundestagswahl, freilich in ihrem Ergebnis besonders niederschmetternd für die CDU. Zwar legten die Sozialdemokraten dort nur bescheiden zu (plus 1,9 Prozent), wurden aber wegen eines dramatischen Absturzes der Union (minus 14,4 Prozent) mit 35,9 Prozent der Stimmen die mit Abstand stärkste Partei. Beängstigend war das Ergebnis der rechtsextremen DVU, die zu Lasten der CDU auf Anhieb 12,9 Prozent erzielte. Dies war der Augenblick, da die deutsche Öffentlichkeit gewahr wurde, daß der amtierende Kanzler seine treuesten Wähler verlor. Ein gewichtiger Teil der Bürger im Osten des Landes, durch deren Zustimmung Helmut Kohl nach der Wiedervereinigung Triumphe gefeiert hatte, wendete sich vom Kanzler ab.

Nun erst begann der Wahlkampf um die Kanzlerschaft wirklich. Kohls neuer Regierungssprecher Otto Hauser vergriff sich, als er die Wiederwahl Höppners mit den Stimmen der PDS in Magdeburg kommentierte, kräftig im Ton: Das sei »ungefähr dasselbe, als wenn die Nationalsozialisten unter anderem Namen nach dem Krieg mitregiert hätten«. Und CSU-Generalsekretär Protzner sprach von der »schmutzigsten Wahl in einem deutschen Parlament seit 1933«. Ein paar Wochen vorher noch hatte sich die CDU in Magdeburg geweigert, gemeinsam mit SPD und PDS ein Papier zur Isolierung der rechtsextremen DVU im Landtag zu unterschreiben. Es war das alte Lied deutscher Wahlkämpfer: Wenn sie in Schwierigkeiten gerieten und ihnen die Argumente ausgingen, suchten sie Rettung in diffamierenden historischen Vergleichen.

Indessen spielte sich die wirkliche Auseinandersetzung um den Wahlsieg auf anderem, durchaus politischem Feld ab. Gerhard Schröder war entschlossen, seine sozialdemokratische Profilierung mit Rücksicht auf die Wähler der von ihm so definierten »Neuen Mitte« keinesfalls zu weit zu treiben, und Lafontaine ließ den Kandidaten gewähren. Beiden war klar, daß die SPD bei dieser Wahl aus dem 30-Prozent-Turm nach oben würde ausbrechen müssen, um an die Regierung zu kommen. Stärkste Kraft im Bundestag werden und damit alle Optionen für eine Regierungsbildung besitzen, so lautete das Ziel. Und es war das Kunststück zu vollbringen, einerseits den linken Parteiflügel und die Gewerkschaften zu motivieren – die darauf drängten, die von der Kohl-Regierung durchgesetzten Einschnitte in soziale Leistungen wieder rückgängig zu machen –, und andererseits in der Wirtschaft und den Arbeitgeberverbänden den Eindruck zu vermitteln, mit einem Kanzler Schröder werde in der Wirtschaftspolitik ein einigermaßen vernünftiger Kurs gefahren. Schröders in den eigenen Reihen kritisierter Spruch, es gebe keine rechte oder linke Wirtschaftspolitik mehr, nur noch eine vernünftige, löste in der Wirtschaft beifälliges Kopfnicken aus. Und das berühmte Motto, die SPD werde »nicht alles anders, aber vieles besser machen« als die amtierende Regierung, entfaltete in seiner politischen Schlichtheit eine beruhigende Wirkung.

Warnungen der Wirtschaftsvertreter vor einer Rücknahme der Kohlschen Reformen, etwa der eingeschränkten Lohnfortzahlung im Krankheitsfall oder der Kürzungen am Rentenniveau, versuchte die SPD-Führung mit einer Doppelstrategie zu relativieren: Einerseits formulierte sie in einem 100-Tage-Programm für die Zeit nach der Wahl Ziele, die auch der Wirtschaft gefielen, etwa die Absage an eine Wiedereinführung der Vermögenssteuer und die Ankündigung, den Spitzensteuersatz auf »zunächst« 49 Prozent zu senken. Andererseits präsentierte Schröder als Schatten-Wirtschaftsminister einen Mann, der seine verwundbare Flanke absichern sollte: Jost Stollmann, einen erfolgreichen Unternehmer in der Computerbranche. Als Gerhard Schröder den mittelständischen Sunnyboy am 19. Juni in der Bonner Saarlandvertretung Oskar Lafontaine vorstellte, hatte der den richtigen Instinkt (»Ich hatte das ungute Gefühl, daß der Politikbetrieb Jost Stollmann sehr fremd war.«) und bat Schröder, zu dieser Personalie noch die Meinung des Parteipräsidiums einzuholen. Da aber der Name anderntags bereits in der *BILD*-Zeitung veröffentlicht wurde, war an eine stille Rücknahme der Personalentscheidung nicht mehr zu denken. Stollmann bestätigte in seinen öffentlichen Auftritten seine Skeptiker; er äußerte sich politisch inkompetent und auch fachlich mangelhaft, und die gesamte SPD-Führung reagierte erleichtert auf die Nachricht, daß er alsbald in den Urlaub verschwand und im realen Wahlkampf der Partei kaum noch eine Rolle spielte.

Erstaunlicherweise geriet die Kampagne des Kanzlerkandidaten trotz solcher personellen Pannen und inhaltlichen Ungereimtheiten nicht aus der Balance. Die Meinungsumfragen signalisierten Schröder, daß er auf dem richtigen Weg war: Der Kandidat, präsent in den Medien und jederzeit optimistisch, überlagerte, was an Skepsis in den bürgerlichen Wählerschichten gegenüber den programmatischen Vorhaben der SPD nach wie vor vorhanden war. Das von den Kommentatoren als eher bieder und bescheiden bewertete Sofortprogramm enthielt bei näherer Betrachtung durchaus Stoff zu grundsätzlichem Streit – im übrigen barg es den Kern künftiger Probleme.

Das »Bündnis für Arbeit und Ausbildung«, welches Schröder für die ersten 100 Tage einer von ihm geführten Regierung ankündigte, entsprach ganz seinem Mitte-Denken und seinem Verständnis von konsensualer Reformpolitik. Ihm ging es darum, die Kontrahenten auf der Arbeitgeber- und der Arbeitnehmerseite dort in gemeinsame Verantwortung einzubinden, wo eine Regierung allein nichts würde bewirken können, und sie derart beide zu Verbündeten zu machen. Der Plan, mit den Energieversorgungsunternehmen Konsensgespräche über einen Ausstieg aus der Atomkraft zu führen, folgte der gleichen Logik. Und den angekündigten Steuerreformschritten konnte die deutsche Unternehmerschaft, die von der Tatenlosigkeit der Kohl-Regierung mittlerweile tief enttäuscht war, sogar mit positiver Erwartung entgegensehen.

Auf der anderen Seite konzedierte der Kanzleraspirant seiner Partei Maßnahmen, die er, hätte er alleine programmatisch schalten und walten können, vernünftigerweise nicht ohne weiteres angekündigt hätte: die Korrektur Kohlscher Reformen in der Sozialpolitik. Aus Schröders wirtschaftspolitischer Sicht sprach nichts dafür, die von CDU/CSU und FDP beschlossene Absenkung des Rentenniveaus zurückzunehmen oder zur vollen Lohnfortzahlung im Krankheitsfalle zurückzukehren oder auch die erweiterte Flexibilität für Betriebe mit geringer Beschäftigtenzahl (Stichwort: Kündigungsschutz) zu korrigieren. Manches Finanzierungsproblem der Zukunft, manches Steckenbleiben im strukturellen Reformstau hätten die Sozialdemokraten später vermeiden können, wenn sie – mit einem Anflug macchiavellistischen Politikverständnisses – Entscheidungen beibehalten hätten, die aus der Werkstatt der bürgerlich-liberalen Ära stammten.

Aufgaben von großer Tragweite, die indes angekündigt hätten werden können, gab es in genügender Zahl und Bedeutung: Eine Steuerreform mit spürbarer Verringerung der Abgabenlast; eine Rentenreform, die das System der Altersvorsorge auf eine grundsätzlich neue, auch für die junge Generation erträgliche Basis stellen würde; eine Bildungsoffensive, mit der das Land sich – spät genug – auf den fundamental sich verändernden Arbeitsmarkt der Zukunft rechtzeitig einstellen könnte ... Überall, wo Kohls Koalition steckengeblieben war, mußte Schröder tätig werden. Daß er diesbezügliche Ankündigungen aus Gründen der sozialdemokratischen Hygiene unterließ, weil er Konzessionen an seine Partei und seinen Parteivorsitzenden machen mußte, erschwerte, wie sich später zeigen sollte, den Start der neuen Regierung.

Noch war es nicht soweit. Ende Juni hatte sich die Zahl derjenigen Wähler, die einen Regierungswechsel befürworteten, geringfügig reduziert, blieb aber mit 68 Prozent weiterhin beeindruckend. Für die SPD votierten 42 Prozent der Befragten, für die CDU/CSU 37 Prozent. Im persönlichen Vergleich schlug der Herausforderer den Amtsinhaber mit 67 zu 38 Prozent. Allerdings sprach sich die Mehrheit der Wähler für eine Große Koalition aus; Rot-Grün stieß noch nicht auf Akzeptanz. Erst sehr viel später sollten SPD und Grüne ihr jeweiliges Wählerpotential so weit mobilisiert haben, daß ihrer Koalition eine stabile Mehrheit (48 Prozent der Stimmen) winkte.

Diese demoskopische Bilanz ließ sich ziehen am 7. September, drei Tage, nachdem Helmut Kohl und Gerhard Schröder zum letzten Mal vor der Wahl im Bundestag aufeinander getroffen waren. Das Duell zwischen Kanzler und Herausforderer war eine Mischung aus Schwanengesang und trompetenhafter Ouvertüre. Der Bundeskanzler setzte sich durchaus vorteilhaft in Szene: als Staatsmann von hohen Verdiensten. Hätte man an diesem Tag nur Helmut Kohl und dessen Darbietung erlebt, es hätte keinen Anlaß gegeben, sich auf einen Kanzlerwechsel einzustellen. In einer gewissen Weise hinterließ Kohl bei seiner Zuhörerschaft ein wohliges Gefühl, als er sie in die aufregende Phase des Werdens der deutschen Einheit zurückversetzte und die Erinnerung zurückkehrte an eine Zeit, in der er so etwas wie ein Anker in den aufgewühlten politischen Fluten Deutschlands gewesen war.

Und doch war dies der Auftritt eines Abtretenden. Gerhard Schröder erlebte an diesem Tag, welch unverschämtes Glück er hatte, daß ihm die CDU/CSU den Kanzler als Gegner präsentierte und nicht etwa Wolfgang Schäuble, der zweifellos die bei weitem härtere Nuß für den Mann aus Niedersachsen gewesen wäre. Auch das wurde in dieser Bundestagsdebatte augenfällig. Alle sahen es. Auch die Koalitionsparteien sahen es. Und es machte sie schier verrückt, daß die Zeit, den Kandidatenwürfel noch einmal zu schütteln und auszuwerfen, verstrichen war.

Vierzehn Tage vor der Bundestagswahl, am 13. September 1998, hielt die Nation noch einmal kurz den Atem an, denn in Bayern wurde der Landtag neu gewählt. Fulminant verteidigte die CSU mit 52,9 Prozent ihre absolute Mehrheit, SPD und Grüne hielten in etwa ihren Stimmenanteil, die FDP verfehlte den Einzug ins Parlament. Rückenwind für die Union auf Bundesebene sollte sich daraus nicht mehr entwickeln. Die schlauen Bayern hatten, um nicht in einen Abwärtssog der Bundestagswahl gezogen zu werden, ihre Wahl vor den 27. September gelegt. Ministerpräsident Edmund Stoiber konnte derart demonstrieren, daß eine Niederlage der Union im Bund ihm und seiner CSU gewiß nicht würde zugeschoben werden dürfen.

Auf das Wahlverhalten 14 Tage später im Bund hatte die bayerische Landtagswahl keinen Einfluß mehr. Die Unentschlossenen unter den Wählern strömten mehrheitlich ins Schröder-Lager. Am Ende möchte man schließlich, das wissen die Meinungsforscher, beim Sieger sein, nicht beim Verlierer.

»Politik der neuen Mitte«

Der Bundeskanzler

Das verflixte erste Jahr

Eigentlich hat man sich den Machtwechsel so gar nicht vorstellen können. Er kam mit einem Paukenschlag und doch ohne politische Erschütterungen. Es tat sich die Erde nicht auf, und Helmut Kohl wurde nicht verschlungen. Am Wahlabend, dem 27. September 1998, und auch am Tag danach stand der alte Kanzler, der nach 16 Jahren abberufen worden war, brav Rede und Antwort, hatte unendlich viel Zeit und ungewöhnlich große Geduld. Er entzog sich der Öffentlichkeit nicht erschüttert und beleidigt, sondern ließ die Wahlniederlage über sich ergehen, als sei so etwas beinahe das Normalste von der Welt.

Und Gerhard Schröder, der künftige Kanzler, trat bedächtig an, übervorsichtig fast, zurückhaltend im Ton und in den Botschaften. Die Freude, sein Lebensziel erreicht zu haben, verführte ihn nicht zu überschäumender Euphorie. Unverkennbar war, daß der neue Mann auftrat in der Erkenntnis, sich nunmehr auf eine sehr schwierige Wegstrecke zu begeben. Um das Amt des Bundeskanzler zu kämpfen, war eine Sache; es auszuüben und zu bewältigen eine ganz andere. Das schwante Schröder.

Derweil hätte das Wahlergebnis Anlaß zur Euphorie geben können. Die SPD hatte sich im Vergleich zur Kandidatur Scharpings vier Jahre zuvor um 4,5 Prozent auf 40,9 Prozent verbessert, ein Wert, der vordem nur von Willy Brandt und Helmut Schmidt übertroffen worden war, als die Grünen noch nicht im Bundestag saßen und es die PDS noch nicht gab. Völlig unstrittig war auf Anhieb, daß Schröder mit den Grünen, die mit 6,7 Prozent als drittstärkste Partei dabei waren, eine Koalition bilden würde. Die CDU/CSU erzielte mit 35,1 Prozent ihr schlechtestes Ergebnis seit 1949 und kam als Partner nicht mehr in Betracht, die FDP landete bei 6,2 Prozent. Noch deutlicher zeigte sich der Machtwechsel an der Sitzverteilung im Bundestag: Da der SPD 13 Überhangmandate zugesprochen wurden, kam sie auf 298 Sitze. Mit den Grünen, die 47 Mandate erhielten, erreichte die rot-grüne Koalition 345 Sitze, zehn über der absoluten Mehrheit. Die Union erhielt 245, die FDP 43, die PDS 36 Mandate. Der Sieg war vollständig. Bundeskanzler Helmut Kohl kündigte noch am Wahlabend seinen Rücktritt als CDU-Vorsitzender an.

Nun war den Wahlsiegern durchaus klar, daß ihr Sieg mindestens zwei Väter hatte – Gerhard Schröder und Oskar Lafontaine – und daß dies Auswirkungen zeitigen würde auf die Regierungspolitik. Vorderhand registrierte man noch bemerkenswerten Gleichklang der beiden, die sich im Wahlkampf – jeder von seinem Standpunkt aus – mit nahezu fehlerloser Synchronisation bewegt hatten. »Wer darauf wartet, daß es Streit gibt, den werden wir enttäuschen«, hatte Schröder immer wieder beteuert. Und Lafontaine verkündete unverdrossen: »Sie werden kein Blatt Papier zwischen uns kriegen.« Mit eiserner Disziplin hielt der Parteivorsitzende die SPD auf Kurs und sich selbst im Hintergrund. Und Schröder trug seine Botschaft ins Volk, die ihn seiner Partei auch emotional wieder näherbrachte. Ein Kernsatz: »Was wir als Sozialdemokraten wollen, ist ein Aufbruch all derjenigen, die verstanden haben, daß nur eine Gesellschaft, die sozial gerecht ist, eine Gesellschaft sein kann, die Zukunft hat.« Und wer verwundert zu registrieren glaubte, plötzlich habe sich der Wirtschafts-Saulus zum SPD-Paulus gewandelt, dem konnte Gerhard Schröder säuerlich entgegenknurren: »Ich habe mein Leben lang sozialdemokratische Reden gehalten.«

Tatsächlich war im Laufe der Schröderschen Kampagnen, inklusive seiner Regierungstätigkeit als niedersächsischer Ministerpräsident über acht Jahre, ein Eindruck entstanden und von den Medien auch mit Sorgfalt gepflegt worden, der die politische Verwurzelung dieses Politikers keinesfalls korrekt beschrieb: das Bild vom »Genossen der Bosse«, vom »Auto-Mann«; auch das Bild vom Karrieristen Gerhard Schröder, einem Mann ohne politische Bindungen, ohne Überzeugungen, ohne Visionen. Er wolle an die Macht, warfen ihm seine Gegner vor – was aber erstrebe er eigentlich politisch? Es war viel Scheinheiligkeit in solcherlei Einordnungen, und sie zeugten von wenig Aufrichtigkeit in der Beurteilung politischer Prozesse.

Schröders Ziel, das Land zu regieren, entwickelte sich aus seiner allmählich wachsenden Überzeugung, eine Begabung für die wichtigste politische Aufgabe zu besitzen – und die hieß, eine Gesellschaft zu einen: ihr nicht den Stempel einer Ideologie aufzudrücken, sie nicht in den inneren Kampf zu treiben und zu polarisieren, sie nicht vor unvereinbare Alternativen zu stellen, ihr nicht ein fundamentalpolitisches Glaubensbekenntnis abzufordern. Er gewann die Zustimmung der Mehrheit, weil er nach dem Urteil dieser Mehrheit auf die Hoffnungen und Erwartungen der Menschen rational, also vernunftbegabt, antwortete; weil er beispielsweise die Alternative, wer für den Ausstieg aus der Atomkraft sei, dürfe *a priori* kein Freund des individuellen Autoverkehrs sein, nicht gelten lassen wollte; weil er unsinnigen Fundamentalismus in der politischen Auseinandersetzung nicht akzeptieren wollte.

Daß es in einer Gesellschaft einigermaßen gerecht zugehen müsse, ist ebenso seine Überzeugung, wie es seine Überzeugung ist, daß Gerechtigkeit nicht herzustellen ist durch den Kraftakt einer die gesellschaftlichen Verhältnisse umstürzenden Mehrheitsentscheidung, sondern sich entwickeln muß aus einer Vielzahl teils strittiger, teils konsensualer Teilentscheidungen, die freilich in die richtige Richtung weisen müssen. Was dies angeht, hatten die Wähler ihrem künftigen neuen Regierungschef eine außerordentlich schwierige Aufgabe aufgebürdet.

Ein beträchtlicher Teil der neuen Wähler, die die SPD gewann, hatte den Innovations-Schröder gewählt, der andere Teil hingegen den Traditions-Schröder. Er wurde gewählt, weil er Menschen, die auf unterschiedlichen Wegen unterwegs waren, das Gefühl gab, sie und er hätten das gleiche Ziel. Die einen trauten ihm zu, er werde das Land nach Art eines sozialdemokratischen Stoiber auf modernen Kurs zwingen und die Zielkonflikte auflösen, die zwischen Union und FDP geherrscht und sich als unauflösbar erwiesen hatten, so daß Kohls Regentschaft allmählich in Bewegungslosigkeit erstarrt war. Die anderen hofften auf die traditionelle sozialdemokratische Variante, wobei der Gedanke vorherrschte, es könne einen sanften, gleichsam schmerzfreien Reformkurs geben, der die schlimmsten sozialen Grausamkeiten zu vermeiden trachten würde. Das allgemeine Ziel war, Deutschland zu modernisieren, der Zielkonflikt aber in der Wahlentscheidung schon angelegt.

Auswirkungen dieses Zielkonfliktes zeigten sich auch während der Koalitionsverhandlungen der neuen Regiergungspartner SPD und Bündnis 90/Die Grünen, und zwar hinsichtlich der künftigen Regierungsmannschaft. Natürlich sind Personalfragen immer auch Machtfragen, und ganz besonders waren sie dies, als die Frage zu beantworten war, wer im inneren Kreis der Macht angesiedelt werden sollte. Öffentlich wahrten die Sieger ihre im Wahlkampf geübte Disziplin, intern aber wurde um Besetzungsfragen hart gepokert. Insbesondere ging es um den Posten in der Schaltzentrale der Macht, den Chef des Bundeskanzleramts. Verknüpft damit war die Frage, wer künftig die Fraktion der SPD im Bundestag leiten sollte. Oskar Lafontaine, der sich entschlossen hatte, Finanzminister mit erweiterten Zuständigkeiten zu werden, verfolgte die Idee, seinen Vertrauten, den Bundesgeschäftsführer und Wahlkampfmanager Franz Müntefering, zum Fraktionsvorsitzenden zu machen, dem Schröder den Kanzleramts-Posten angeboten hatte. Die Gemengelage in den ersten zwei Wochen nach der Wahl war gar nicht anders zu deuten als der Versuch des SPD-Chefs, seinen dominierenden Einfluß in der Partei nun auch auf den Regierungsapparat auszudehnen. Mancher Beobachter fühlte sich an längst vergangene Zeiten erinnert, etwa an die Regierungsbildung nach Willy Brandts fulminantem Wahlsieg von 1972, als Helmut Schmidt und Herbert Wehner die erneute Berufung Horst Ehmkes zum Kanzleramtschef hintertrieben.

Im Oktober 1998 mißlang schließlich der Versuch, den Wahlsieger Schröder einzumauern – freilich um den Preis von personellen Entscheidungen, die sich auf den Beginn der Regierungstätigkeit zunächst nicht förderlich auswirkten. Schröder holte Bodo Hombach aus Nordrhein-Westfalen, der dort gerade erst das Wirtschaftsministerium übernommen hatte, als Kanzleramtsminister nach Bonn. Müntefering wurde Verkehrsminister, Peter Struck Fraktionschef an Stelle Rudolf Scharpings, der das Verteidigungsministerium übernahm. Mit Hombach erwarb sich Schröder zwar einen Vertrauten als Kanzleramtschef, dem zuzutrauen war, allfällige Einflußnahmen Lafontaines auf die Regierungszentrale energisch abzublocken; aber er erwarb sich damit zugleich einen politisch ambitionierten, auch der Eitelkeit zugewandten Machtmenschen, dem es nicht immer gelang, sein Amt mit der gebotenen Zurückhaltung zu führen. Unvergessen war in Bonn eine Fernsehreportage während des Wahlkampfes, in der Schröders Wahlkampfberater Bodo Hombach sich hatte filmen lassen, während er in seinen Computer den Text einer Rede schrieb, die Gerhard Schröder anschließend in einer Bundestagsdebatte vortrug. Nachdem Oskar Lafontaine als Regierungsmitglied und SPD-Vorsitzender zurückgetreten war und dem Kanzler das Feld überlassen hatte, ordnete Schröder die Verhältnisse im Kanzleramt neu und berief als Amtschef Frank-Walter Steinmeier, seinen Vertrauten aus Hannoveraner Zeiten.

Inhaltlich war die Linie für den Start der neuen Regierung weitgehend durch die Ankündigungen während des Wahlkampfes gelegt worden. Parteitage der SPD und der Grünen segneten eine Koalitionsvereinbarung ab, die in der Öffentlichkeit insbesondere in ihrem finanz- und sozialpolitischen Teil auf heftige Kritik stieß. Die Zusagen aus dem Wahlkampf mußten eingelöst werden – auch wenn es in der neuen Koalition Kräfte gab, die es für einen Fehler hielten, die Kostendämpfungsmaßnahmen der Regierung Kohl in der Renten- und Gesundheitspolitik wieder rückgängig zu machen. In der Kommentierung durch politisch unabhängige Beobachter hieß es in diesen Tagen, die Koalition gebe die falschen sozialen Signale. Durch die Korrektur der Entscheidungen ihrer Vorgängerin erwecke sie den Eindruck, eine Begrenzung von Leistungen sei im Grunde nicht nötig, ob wohl sie sehr genau wisse, daß der Sozialstaat nur finanzierbar bleibe, wenn er sich zielgenauer auf die wirklich Bedürftigen konzentriere.

Gerhard Schröder wurde am 27. Oktober vom neuen Bundestag zum Bundeskanzler gewählt – in einem Wahlakt, den er nochmals als überzeugende Bekräftigung seines Wahlsieges verstehen durfte: mit 351 in geheimer Wahl für ihn abgegebenen Ja-Stimmen erhielt er sechs Stimmen mehr als die rot-grüne Koalition Abgeordnete zählte – ein beispielloser Erfolg in der Geschichte der Kanzlerwahlen in der Bundesrepublik Deutschland. Seinem Kabinett, deren Mitglieder am selben Tag ernannt wurden, gehörten elf Sozialdemokraten an, drei Grüne und ein Parteiloser – fünf Frauen und zehn Männer. Jost Stollmann, ursprünglich für das Wirtschaftsressort ausersehen, war nicht mehr darunter; er hatte sich im Verlauf der Koalitionsverhandlungen davon überzeugen lassen, daß die Politik wohl doch weniger sein Metier sei. Das Wirtschaftsministerium übernahm der parteilose Werner Müller, ein ehemaliger Veba-Manager, der seit langem schon zu den engen Ratgebern Schröders zählte. Insbesondere im Hinblick auf die von der Koalition geplanten Konsensgespräche mit der Energiewirtschaft über einen langfristig zu vereinbarenden Ausstieg aus der Nutzung der Kernenergie in Deutschland sollte sich diese Personalentscheidung als eine der solidesten der Regierung Schröder erweisen.

Der neuen Regierung gehörten folgende Minister an:

Joschka Fischer (Grüne), Außenminister und Vizekanzler
Otto Schily (SPD), Innenminister
Herta Däubler-Gmelin (SPD), Justiz
Oskar Lafontaine (SPD), Finanzen
Werner Müller (parteilos), Wirtschaft
Karl-Heinz Funke (SPD), Ernährung, Landwirtschaft, Forsten
Walter Riester (SPD), Arbeit und Soziales
Rudolf Scharping (SPD), Verteidigung
Christine Bergmann (SPD), Familie, Senioren, Frauen, Jugend

Andrea Fischer (Grüne), Gesundheit
Franz Müntefering (SPD), Verkehr, Bau- und Wohnungswesen
Jürgen Trittin (Grüne), Umwelt, Naturschutz, Reaktorsicherheit
Edelgard Bulmahn (SPD), Bildung und Forschung
Heidemari Wieczorek-Zeul (SPD), Wirtschaftliche Zusammenarbeit und Entwicklung
Bodo Hombach (SPD), Bundesminister für besondere Aufgaben und Chef des Bundeskanzleramts

Als der neue Kanzler am 10. November im Bundestag seine Regierungserklärung abgab, hatte sich die politische Landschaft stark verändert. Eine Rückkehr an den Punkt, wo sozialdemokratisches Denken hätte anknüpfen können, etwa an die 1982 zu Ende gegangene Regierungszeit des SPD-Kanzlers Helmut Schmidt war nicht möglich. Man hatte es mit einer neuen Konstellation zu tun und einer neuen Generation. Erstmals saßen die Grünen auf der Regierungsbank, soeben hatte der Bundestag die Beteiligung deutscher Soldaten am drohenden Kosovo-Krieg sanktioniert. Vorsitzender der CDU war nicht mehr Helmut Kohl, sondern Wolfgang Schäuble, und das ostdeutsche Lieblingsmädel Kohls, Angela Merkel, war nun vom Parteitag gewählte Generalsekretärin der Partei. Soeben hatte sich, in Mecklenburg-Vorpommern, die erste offizielle rot-rote Koalition zwischen SPD und PDS auf Landesebene etabliert. Und ein Blick auf die Wahlkreis-Landkarte Deutschlands zeigte, wie umwälzend der Umschwung tatsächlich gewesen war in der Bundestagswahl am 27. September 1998. Auch der gesamte Osten, mit Ausnahme Sachsens und eines kleinen Teils im Norden, hatte rot gewählt. Welche Wende für alle, die sich an die erste gesamtdeutsche Bundestagswahl im Dezember 1990 erinnerten!

An den Schaltstellen der Macht saßen nun jene Parteien, deren führende Repräsentanten acht Jahre zuvor die deutsche Wiedervereinigung mit, zurückhaltend ausgedrückt, gemischten Gefühlen aufgenommen hatten. Und Helmut Kohl, der seinerzeit umjubelte Kanzler der Einheit, saß auf seinem Abgeordnetenplatz in der zweiten Reihe der CDU/CSU-Fraktion und mußte zuhören, wie sein Nachfolge eine neue politische Ära ankündigte:

»Wir wollen die Gesellschaft zusammenführen, die tiefe soziale, geographische, aber auch gedanklich-kulturelle Spaltung überwinden, in die unser Land geraten ist.« So intonierte Gerhard Schröder das, was er den Aufbruch der neuen Mitte nannte. »Wir werden Deutschland entschlossen modernisieren und die innere Einheit vorantreiben ... Dieser Regierungswechsel ist auch ein Generationswechsel im Leben unserer Nation. Mehr und mehr wird unser Land heute gestaltet von einer Generation, die den Zweiten Weltkrieg nicht mehr unmittelbar erlebt hat.« Und als wende er sich gleichsam direkt an seinen Vorgänger, fuhr Schröder fort: »Es wäre nun gefährlich, dies als einen Ausstieg aus unserer historischen Verantwortung mißzuverstehen. Jede Generation hinterläßt der ihr nachkommenden Hypotheken, und niemand kann sich mit der ›Gnade‹ einer ›späten Geburt‹ herausreden.«

Schröder beschrieb den Wandel: »Wir haben den kulturellen Aufbruch aus der Zeit der Restauration miterlebt und mitgemacht. Viele von uns waren in den Bürgerrechtsbewegungen der siebziger und achtziger Jahre engagiert. Die ehemaligen Bürgerrechtsgruppen aus der DDR, die gemeinsam mit den ostdeutschen Sozialdemokraten die friedliche Revolution mitgestaltet haben, sind an dieser Regierung beteiligt.«

Und Schröder beschrieb den Anspruch: »Diese Generation steht in der Tradition von Bürgersinn und Zivilcourage. Sie ist aufgewachsen im Aufbegehren gegen autoritäre Strukturen und im Ausprobieren neuer gesellschaftlicher und politischer Modelle. Jetzt ist sie und mit ihr die Nation aufgerufen, einen neuen Pakt zu schließen, gründlich aufzuräumen mit Stagnation und Sprachlosigkeit, in die die vorige Regierung unser Land geführt hat. An ihre Stelle setzen wir eine Politik, die die Eigenverantwortung der Menschen fördert und sie stärkt. Das verstehen wir unter der Politik der neuen Mitte. Diesen Weg werden wir partnerschaftlich beschreiten.«

Den Atem des neuen Aufbruchs enthielt diese Regierungserklärung durchaus, aber zugleich war in ihr ein Hemmnis zu spüren: der Kompromiß zweier unterschiedlicher politischer Entwürfe und verschiedener politischer Temperamente – eben jener Gerhard Schröders und Oskar Lafontaines. Wessen Sensorium genügend fein ausgebildet war, der konnte darin bereits jetzt den Grund dafür erkennen, warum man später das erste Jahr der neuen Regierung das »verflixte erste Jahr« nennen durfte. Der gelungene Kampf um »die Mitte« hatte logischerweise zur Folge, daß aus der breiten Mitte der Gesellschaft ganz unterschiedliche Akzente von der Politik erwartet wurden. Wer dem Politikwechsel als traditioneller Sozialdemokrat freudig entgegengefiebert hatte, fühlte Ernüchterung. Wer der Parole von der »neuen Mitte« in der Erwartung gefolgt war, nun werde bürgerlich-liberale Politik frisch aufpoliert und mit neuer Pragmatik flott optimiert, der konnte über manches »Sowohl-als-Auch« der neuen Regierung ebenfalls enttäuscht sein.

Daß Gerhard Schröder in diesen ersten Monaten seiner Kanzlerschaft der strahlende Held seiner Partei, der SPD, gewesen wäre, die mit ihm nach 16jähriger Abstinenz wieder an die Regierung gekommen war – dieses Bild darf man sich keineswegs machen. Im Gegenteil: Insbesondere der linke Parteiflügel beäugte den Kanzler mit Mißtrauen und achtete auf Linientreue. Der Mann, der für diese Linientreue stand, war Oskar Lafontaine. In Wahrheit lag die erste politische Priorität des Kanzlers keineswegs darin, zunächst soziale »Verwerfungen« wieder zu beseitigen, ungeachtet der Kostenbelastungen, die das an anderer Stelle hervorrufen würde – so dachte Schröder, im Gegensatz zu Lafontaine, nicht. Dies zeigt unter anderem die Betonung, die er in seiner Regierungserklärung auf eine mittelstandsfreundliche Politik legte. Aber das Motto »Versprochen – Gehalten« galt nicht nur für die Wähler, es galt auch – und anfangs deutlicher, als es Schröder lieb war – in der eigenen Partei. Der Kanzler war, was auf die Dauer nicht gutgehen konnte, der Gefangene der Politik seines Finanzministers.

Gewiß, die Koalition setzte ihr Sofortprogramm in Szene und korrigierte bzw. leitete ein, was sie angekündigt hatte: Mit

Beginn des Jahres 1999 traten die angekündigten Gesetzesänderungen in Kraft, die Gespräche über einen konsensualen Atomausstieg begannen, ein neues Staatsangehörigkeitsrecht wurde auf den Weg gebracht. Überlagert war die Stimmung allerdings von einer heftigen öffentlichen Auseinandersetzung um den finanz-, währungs- und steuerpolitischen Kurs Oskar Lafontaines.

Der Konflikt, der auch in die internationale Finanzpolitik hineinspielte, entlud sich schließlich, am 11. März 1999, durch den völlig überraschenden Rücktritt des Finanzministers und SPD-Vorsitzenden. Von einem Tag auf den anderen begab sich Lafontaine ins Privatleben – unter Zurücklassung einer nachhaltig geschockten SPD.

In seiner Rücktrittsbegründung schreibt Lafontaine, sein Schritt habe »nichts zu tun mit der Richtung der Politik, die wir in den letzten Monaten gemacht haben«, vielmehr habe das »schlechte Mannschaftsspiel« ihn zum Ausscheiden bewogen. Zur ganzen Wahrheit gehört gewiß, daß er zwischen seinen politischen Vorstellungen und denen des Kanzlers eine ausreichende gemeinsame Schnittmenge nicht mehr erkennen konnte. Wie das wenige Monate später von Gerhard Schröder und Tony Blair in London vorgelegte programmatische Memorandum zur Modernisierung sozialdemokratischer Politik zeigte, klafften zwischen den Vorstellungen des SPD-Chefs und des Bundeskanzlers Welten insbesondere in der Frage der Zukunft des Sozialstaates. Lafontaines Versuch einer Steuerreform, die sowohl die Nachfrage stärken als auch die Sozialleistungen in ihrem gewachsenen Umfang erhalten sollte, erwies sich als aussichtslos in einem Europa, welches sich mit Beginn des Jahres unwiderruflich auf den Weg zur Währungsunion begeben und eine Finanzpolitik des Schuldenabbaus und der Konsolidierung zur bindenden Richtschnur gemacht hatte. Den Sparkurs seines Nachfolgers Hans Eichel hat Lafontaine später öffentlich als übertrieben bewertet; von Eichels Vorsatz, bis 2006 einen ausgeglichenen Bundeshaushalt vorzulegen, hielt er nichts. Oskar Lafontaine, der sich mit dem Satz »Das Herz schlägt links« aus der Politik verabschiedete, stand – so muß man es wohl sehen – nicht nur gegen den Kanzler, er stand gegen den Rest der Welt.

Als die SPD einen Monat später ihren Kanzler Gerhard Schröder als Lafontaines Nachfolger auch zu ihrem Parteivorsitzenden wählte, konnte man darin noch kein Votum der Zuneigung erkennen, vielmehr eines der Pflichterfüllung. Es war auch ein Votum der Rücksichtnahme auf einen Regierungschef, dessen Kanzlerschaft nun zusätzlich belastet war durch den Kosovo-Krieg der Nato, an dem Deutschland beteiligt war. Und es war ein Votum der schieren Verzweiflung: An wen sonst hätte sich die Partei klammern können? An welche Führungsfigur sonst in einer Phase, in der die ersten schmerzlichen Wahlniederlagen das Selbstbewußtsein der Sieger von 1998 bereits empfindlich beeinträchtigten? Am 7. Februar verlor die SPD Hessen an den Christdemokraten Roland Koch, der mit der FDP eine neue Koalition bildete. Im Juni gewann die CDU die Europawahl und baute bei Kommunalwahlen in sechs Bundesländern ihre Position aus. Im September verlor die SPD das Saarland an die CDU, verlor die absolute Mehrheit in Brandenburg, wurde gedemütigt in Thüringen und Sachsen, wenig später auch in Berlin. Nach einem Jahr stand es nicht gut um die Kanzlerschaft Gerhard Schröders.

Regieren in eigener Verantwortung

Häufig ist in der Kommentierung der Ereignisse der ersten 180 Tage rot-grüner Regierung von einem verlorenen Jahr gesprochen worden. Andererseits war es ein Jahr der unbedingt notwendigen Klärungen. Wie sich im nachhinein noch besser erschloß, wurden Gerhard Schröders parteiübergreifende Machtorientierung gelegentlich dämonisiert und seine sozialdemokratischen Impulse unterschätzt. Das angeblich so problematische Verhältnis Schröders zu seiner Partei mußte für vieles herhalten, gerade auch für Orientierungsprobleme der SPD selbst und ihre eminenten Schwierigkeiten, sich unter veränderten weltwirtschaftlichen Bedingungen in der Regierungsverantwortung zurechtzufinden.

Der Wahlsieg 1998, gerade weil er so überwältigend eindeutig ausgefallen war, hatte diese Orientierung in der neuen Zeit – die eben nicht nahtlos anschloß an die sozialdemokratischen Regierungsjahre der 70er und 80er – eher erschwert als erleichtert. Gemeinsam mit Oskar Lafontaine glaubte die SPD, den Freibrief für eine Ordnungspolitik erhalten zu haben, die mit sozialen Fehlentwicklungen während der 16jährigen Ära Kohl erst einmal aufzuräumen und »die Verhältnisse« zu verändern hatte. Gerhard Schröder hingegen, der zumindest ebenbürtige Architekt des Wahlsieges, stand wie ein Großteil seiner Wähler für etwas anderes: nämlich eher (hier ist das Wort des einstigen sozialdemokratischen Ökonomen Karl Schiller angebracht) für einen wirtschaftlichen Reformkurs des Maßes und der Mitte unter den obwaltenden Verhältnissen. Für diesen Ansatz, so glaubte Schröder, würde das »Bündnis für Arbeit« das richtige Instrument sein – und er als Kanzler der geeignete Moderator.

Mitte 1999 vollzogen Bundestag und Bundesregierung den

Umzug von Bonn nach Berlin. Parallel dazu entwickelte der Kanzler, von Lafontaine befreit, eine geradezu wilde Entschlossenheit, auf neuen Reformkurs zu gehen – und er richtete sich auf harten Widerstand auch aus den Reihen der eigenen Partei ein. Der neue Finanzminister Hans Eichel hatte soeben sein 30-Milliarden-Sparpaket vorgelegt, Arbeitsminister Riester sein Programm zur Kostendämpfung in der Rentenversicherung auf den Weg gebracht und Wirtschaftsminister Müller einen Bericht zu den wirtschaftspolitischen Erfordernissen abgeliefert, der nicht gerade von Rücksicht auf sozialdemokratische Befindlichkeiten geprägt war. Das Schröder/Blair-Papier entfaltete Wirkung.

Dieses Papier, von seinen Kritikern zu Unrecht als unpräzise und verallgemeinernd bewertet und von den Gegnern aus der Partei zu Recht ernst genommen, enthielt wegweisende Signale: Moderne Wirtschaftspolitik, hieß es da, strebe an, die Nettoeinkommen der Beschäftigten zu erhöhen und zugleich die Arbeitskosten für die Arbeitgeber zu senken. Also gelte es, die gesetzlichen Lohnnebenkosten durch eine Strukturreform der Sozialversicherung zu senken und eine beschäftigungsfreundliche Steuer- und Abgabenstruktur einzuführen. Auf gut deutsch lief das hinaus auf geringere soziale Leistungen des Staates bei gleichzeitig geringerer Steuerbelastung für Bürger und Wirtschaft.

Schröder mußte den Vorwurf einer Hinwendung zum Neo-Liberalismus ertragen. Tatsächlich schlug er die einzig vernünftige Richtung ein und versuchte, endlich die Konsequenz aus Reformvorschlägen zu ziehen, die seit bald zehn Jahren in Deutschland hin- und hergewendet worden waren. Schon 1994 hatte die sogenannte Bareis-Kommission einen Plan zur Steuer- und Abgabenreform vorgelegt, den der damalige Finanzminister der Regierung Kohl, Theo Waigel (CSU), sogleich zu den Akten legte, weil er nicht wagte, sich auf diesen politischen Kraftakt einzulassen. Schröder war nun, gemeinsam mit seinem Finanzminister, entschlossen, das Werk anzupacken. Reformpolitik – das hieß früher im wesentlichen, den Bürgern mehr öffentlich finanzierte Leistungen zur Verfügung zu stellen, mehr

Lohn, mehr Gesundheitsschutz, mehr Rente, mehr Ausbildung. Reformpolitik heute aber hieß, sich zu einem differenzierten Programm durchzuringen, das zunächst Leistungseinschränkungen vorsah, selbst in Bereichen, die bis dato allgemein zu den unantastbaren Kernaufgaben des Staates gezählt worden waren. Und notwendigerweise mußte sich der Reformprozeß phasenverschoben vollziehen: Erst war das Tal der Entbehrungen zu durchschreiten, dann erst konnten die Höhen neuen Wohlstands winken.

Im Verlauf ihres politischen Handelns sind sich die Akteure selten der Momente bewußt, die später, in der Nachbetrachtung, als Zäsuren, als Einschnitte bezeichnet werden. Eine solche Zäsur in den ersten vier Jahren der Kanzlerschaft Schröders war auf dem Feld der Wirtschaftspolitik der 26. November 1999, das Datum, da der Bundestag den Bundeshaushalt für das Jahr 2000 und das »Zukunftsprogramm zur Sicherung von Arbeit, Wachstum und sozialer Stabilität« verabschiedete. In der Wahrnehmung der Bürger schien sich die rot-grüne Bundesregierung mit der Beschlußfassung über ihr Aktionsprogramm wieder zusammengefunden zu haben; an die Stelle des Herumexperimentierens schienen Konsequenz und Stetigkeit getreten zu sein. Es herrschte allgemein die Ansicht, daß die verheerenden Niederlagen, welche die SPD in jenem Herbst in Landtagswahlen hatte erleiden müssen, aufrüttelnd gewirkt hatten.

Zusätzlich fiel in diese Zeit eine weitere Zäsur. Sie betraf eine Opposition, die bis in diesen Herbst gar nicht wußte, wohin mit ihrer Kraft, und die nun in eine lang andauernde politische Defensive geriet: Die CDU wurde von einer Parteispendenaffäre eingeholt, die sie das gesamte folgende Jahr politisch paralysierte. Helmut Kohl kostete sie das verbliebene Renommee, Wolfgang Schäuble Parteivorsitz und Ansehen. Die Union mußte sich, nunmehr mit Angela Merkel als Parteivorsitzender und Friedrich Merz als Fraktionschef, neu formieren und politisch von vorne beginnen. Der Traum der Opposition, sie werde Gerhard Schröder bei der nächsten Bundestagswahl bereits wieder aus der Macht drängen, schien mit einem Mal ausgeträumt.

Gerhard Schröder indes hatte sich mit seiner neuen Politik unter schwierigen Bedingungen zu bewähren. Zwar stabilisierte sich die Lage der SPD: Im Februar 2000 gewann sie die Landtagswahl in Schleswig-Holstein, im Mai verteidigte sie die Führung in Nordrhein-Westfalen; im Juni einigte sich die Regierung mit der Energiewirtschaft auf einen Plan zum langfristigen Auslaufen der Atomenergie, und im Juli gelang es ihr, auch aufgrund mangelnder politischer Erfahrung ihrer Gegner Merkel und Merz, die Steuerreform durch den Bundesrat zu bringen und damit gesetzgeberisch endgültig durchzusetzen. Im Herbst 2000 jedoch signalisierten die globalen Wirtschaftsdaten bereits wieder Schwierigkeiten; die Konjunktur erlahmte, die Entwicklung an den Börsen, insbesondere in der sogenannten New Economy, ließ Schlimmes ahnen. Unsicherheit über ihre Zukunft in einer Welt, die man als »globalisierungsgeschüttelt« bezeichnen konnte, erfaßte die Menschen, und die Politik mußte sich Gedanken machen über Möglichkeiten und Grenzen ihres Handelns.

Nichts sei so anfällig für politische Demagogie wie die Unsicherheit, hatte Gerhard Schröder zu Beginn des Jahres 2000 in einer Grundsatzrede konstatiert, die sich mit dem Unberechenbaren und schwer Beherrschbaren am Beispiel der Rinderseuche BSE und der Revolution in der Gentechnik beschäftigte. Seine Stichworte waren zudem die Globalisierungsangst, die Auflösung der klassischen Arbeitsgesellschaft, die Zukunft der sozialen Sicherheitssysteme; und am Beispiel der Familienpolitik versuchte er sozialdemokratische Politik neuerdings als eine Politik zu definieren, die nicht den Staat, sondern »den Menschen in den Mittelpunkt« stelle. Der SPD-Vorsitzende Schröder variierte Willy Brandt und knüpfte an ihn an – nicht an dessen Worte, aber an dessen Gesinnung –, wenn er darauf hinwies, Steuerreform und Meister-BAFöG, Kindergeld und Verbraucherschutz, Staatsbürgerschaftsrecht und Embryonenschutz gehörten untrennbar zusammen: »Weil wir alle uns darauf besinnen müssen, Politik vom Menschen her zu denken. Nicht von Ideologien oder Utopien, sondern von der Lebenswirklichkeit – und dem Streben danach, diese Wirklichkeit zu verbessern.«

Schröders Thema ist die Stärkung und Erneuerung der »Zivilgesellschaft«, wie er sie im April 2000 in einem grundsätzlichen Aufsatz beschrieb. Dabei fällt nirgendwo das Wort »liberal«, auch nicht der Begriff des »citoyen«, den Carlo Schmid ein halbes Jahrhundert vorher so gerne gebraucht hatte. Aber gemeint war natürlich genau diese Gesellschaft der Freien und Gleichen im Sinne von Gleichberechtigten, die schon einmal – in den Anfängen der Arbeiterbewegung, und das war mehr als 100 Jahre her – die Phantasie der Menschen beflügelt hatte. Eine Rückkehr zu den Anfängen? In einer Rede zum 125. Jahrestag des Vereinigungsparteitages der beiden sozialdemokratischen »Ur-Ströme«, der Lassaleaner und Eisenacher 1875 in Gotha, formulierte es Schröder so: »Vielleicht haben Sozialdemokraten auf Verfolgung und Ausgrenzung zu lange und zu intensiv mit ›antibürgerlichen‹ Reflexen reagiert.«

Schröders Zivilgesellschaft, die er auch »zivile Bürgergesellschaft« nennt, ist eine Gesellschaft, »die nicht von einer Klasse beherrscht wird, sondern souveränen Bürgern ihre Eigenständigkeit und ihre Eigenverantwortung zurückgibt«. Sie ist eine Gesellschaft, in der eine Partei wie die SPD ihre Aufgabe nicht mehr darauf beschränkt, sich für Verteilungsgerechtigkeit einzusetzen. Eine Gesellschaft, in der nicht mehr vom »Verantwortungsimperialismus« des Staates die Rede ist, sondern mehr von Subsidiarität und Selbstbestimmung seiner Bürger. »Das verlangt die Bereitschaft zur Eigenverantwortung, aber auch einen Staat, der sich darauf konzentriert, die Bedingungen für Gerechtigkeit zu schaffen und die Infrastruktur gesellschaftlicher Solidarität zu garantieren. Nicht der omnipräsente Staat ist stark, sondern der aktivierende Staat, der die Stärke des Rechts und die Einhaltung der Regeln des sozialen Wettbewerbs garantiert.«

Solche Versuche, dem politischen Streben neue Orientierung und Rechtfertigung in einer Zeit zu geben, in der schon allenthalben vom »Verschwinden des Politischen« überhaupt die Rede war, registrierte man bei Schröder mit interessiertem Erstaunen. In der breiteren Öffentlichkeit erfuhren derlei Überlegungen wenig Resonnanz, weil sie sich mit dem gepflegten

Oberflächenbild des stromlinienförmigen »Medienkanzlers« schwer in Einklang bringen ließen. Tatsächlich hätten sie mehr Aufmerksamkeit verdient, da in ihnen die Überzeugung eines modernen Revisionisten zum Ausdruck kam, daß es dringend an der Zeit sei, der in den 80er Jahren des verflossenen Jahrhunderts so populären These vom Ende des sozialdemokratischen Jahrhundertauftrages eine neue Begründung für sozialdemokratisches Handeln entgegenzustellen.

Derlei Überlegungen fügten sich schwer in die Legende vom »Machtmenschen« Gerhard Schröder, der seine Partei angeblich zeitlebens vor allem als Steigbügel für die eigene Karriere betrachtete. Vielen Beobachtern gefielen sie überhaupt nicht, da doch damit die Unbequemlichkeit verbunden war, sich ein ganzes Bild von dem Mann zu machen, ihn womöglich neu zu bewerten und zu beurteilen. Daß der flotte Manager der Holzmann-Krise auch ein anderer sein könnte, ein Zweifelnder, Fragender, Suchender – als solcher paßte Gerhard Schröder nicht in die Schublade, die die Medien für ihn angefertigt hatten. Wie auch die Vorstellung, welch rüden, egoistischen Umgang er mit seinen politischen Artgenossen, Freunden und Gegnern, pflegte, aus einer solchen Schublade stammte. Tatsächlich war er ein ziemlich harmoniebedürftiger Manager der Macht, und politischen Gegnern, wenn er sie geschlagen hatte, verzieh er gerne, sofern sie ihm huldigten. Deshalb hatte es zu einer wirklichen Partnerschaft mit Oskar Lafontaine nie kommen können.

Freunden kann er für eine Weile fast sentimental verfallen, weil er die Sehnsucht hat, Loyalität zu erwidern. Nicht immer war das förderlich in der ersten Hälfte der Regierungsperiode, in der Schröder ein halbes Dutzend seiner Minister verlor – Oskar Lafontaine, Franz Müntefering, Bodo Hombach, Reinhard Klimmt, Andrea Fischer, Karl-Heinz Funke. In Zeiten, die nach Entscheidungen riefen, führte das zu politisch schädlichen Phasenverschiebungen, wie etwa im November 2000, als er den ins Gerede gekommenen Verkehrsminister Klimmt, der ein anständiger Mensch war, partout nicht selber aus dem Kabinett hinauswerfen wollte. Und mit Funke, dem aufrechten Bauernminister, den er nicht wirklich für eine Leuchte hielt und gewiß nicht für geeignet, den Orientierungswechsel in der Agrarpolitik nach der BSE-Krise durchzusetzen, ist es ihm zum Nachteil fürs eigene Renommee ähnlich ergangen.

Neue Rolle in der Weltpolitik

Zu den ersten außenpolitischen Bewährungsproben des neu gewählten Regierungschefs, da hatte er sein Amt noch gar nicht angetreten, gehörte der Beschluß, deutsche Soldaten in den Krieg zu schicken. Die Entscheidung fiel einvernehmlich zwischen dem amtierenden und dem designierten Kanzler, und noch der alte Bundestag sanktionierte ihn am 14. Oktober 1998, zwölf Tage, bevor das neu gewählte Parlament sich konstituierte: Die Bundeswehr würde sich, sollte es dazu kommen, an einem Kriegseinsatz der Nato im Kosovo gegen Serbien beteiligen. Dies war eine unerhörte Zäsur in der deutschen Außenpolitik. Sie wurde quittiert mit bemerkenswerter Gefaßtheit und Ruhe der deutschen Öffentlichkeit. Als im Frühjahr der Luftkrieg tatsächlich begann, war die Nation zwar gespalten in der Frage, ob ein Bombenkrieg grundsätzlich zu rechtfertigen sei, eine große Welle der Empörung darüber, daß Deutschland seinen Beitrag im Nato-Verbund leistete, gab es aber nicht. Die traditionelle Rolle der Deutschen als Statist in der Nische zwischen den international tätigen Mächten gehörte der Vergangenheit an.

»In den vergangenen Wochen«, sagte Gerhard Schröder am 19. April 1999 in einer Regierungserklärung, »hat sich dramatisch vollzogen, was als ›neue deutsche Verantwortung‹ im Grunde seit Ende des Kalten Krieges und der staatlichen Einigung Deutschlands absehbar war. Es ist Zeit, dies auch auszusprechen.« Europa müsse sich politisch neu definieren als ein Kontinent der Rechtssicherheit und des Rechtsfriedens. Beides sei nur zu erreichen, wenn Europa sich für Europa zuständig fühle und die erforderliche Verantwortung übernehme. »Das macht die Bedeutung unseres Engagements auf dem Balkan aus«; tatsächlich sei dies der »Gründungsakt für ein Europa der Menschen und der Menschenrechte«.

Daß der Kosovokrieg nicht hätte stattfinden müssen, daß aus ihm allein kein Frieden erwachsen würde, war allen Beteiligten völlig bewußt. Das Leid der Menschen wäre vermeidbar gewesen ebenso wie die immensen Zerstörungen, wenn die serbischen Unterhändler im März ihre Unterschrift unter den Vertrag von Rambouillet gesetzt hätten. Als dies nicht geschah, gab es nur die Alternative, Gewalt anzuwenden oder den Blick vom Balkan abzuwenden. Daß die demokratischen Staaten sich nicht abwandten von einer Tragödie, die sich mitten in Europa ereignete, sondern sich einmischten, war richtig und unvermeidbar; die Völker Europas hätten eine Haltung des Nicht-Hinsehens auf Dauer nicht ertragen. Noch wichtiger aber war: Europa wäre herausgefallen aus seiner neuen Epoche, zurückgefallen in die Vergangenheit – es hätte sich selber verraten und auch sein Ziel, die Staaten des Kontinents in einer erweiterten, auf Demokratie und Menschenrechte gegründeten Wertegemeinschaft zusammenzuführen.

Dem Verhältnis zu den Vereinigten Staaten hatte der Bundeskanzler in seiner ersten Regierungserklärung einige außergewöhnliche Passagen gewidmet, an denen sich der Paradigmenwechsel der deutschen Außenpolitik ablesen ließ: Die eigene Generation meinend und auch von seinem Vizekanzler, dem neuen Außenminister Joschka Fischer sprechend, hatte er erklärt: Er wolle gar nicht verhehlen, daß manche, die nun Mitglieder der Regierung seien, nicht immer in ihrem Leben mit allen Entscheidungen der Politik der Vereinigten Staaten einverstanden gewesen seien. »Aus der kritischen Distanz der Kinder wurde die Partnerschaft von Erwachsenen«, sagte Schröder weiter. Und: Heute sei dies »eine Freundschaft, die sich bewährt hat und vor keiner Bewährungsprobe steht«. Wer hätte damals, am 10. November 1998, als Schröder dies sagte, ahnen können, daß die Geschichte weitere ernste Bewährungsproben für diese Freundschaft sehr wohl bereit hielt?

Außenpolitik und Europapolitik – globales Wirtschaften, regionales Krisenmanagement, die europäische Erweiterung, Klimakonventionen, Armutsmigration – nach dem 11. September 2001 war nichts mehr, was es vorher gewesen war. Die Terroranschläge auf New York und Washington, die Tausende Menschenleben forderten, veränderten die Prioritäten der internationalen und der nationalen Politik grundlegend; es herrschte in der Welt ein neuer Kriegszustand: der Krieg gegen den Terrorismus. Und Deutschland nahm daran teil.

Unmittelbar nach dem Terroranschlag sicherte der Bundeskanzler dem amerikanischen Präsidenten George W. Bush die »uneingeschränkte Solidarität« Deutschlands zu, ein Wort, dessen Unbedingtheit sowohl in der Öffentlichkeit als auch in Teilen der Regierungsparteien auf Kritik stieß. Schröder hielt in bezug auf die Terrororganisation Al-Quaida daran fest, wie auch Außenminister Fischer, und zwar in der Überzeugung, daß jede relativierende Kommentierung verstanden werden würde wie der Versuch, sich bezüglich der Konsequenzen des Hilfeversprechens ein kleines Hintertürchen offenzuhalten. Das gerade wollte Schröder nicht, wenngleich er in seiner Verantwortung als deutscher Regierungschef den USA auch nicht eine *carte blanche* für künftiges militärisches Handeln auf jedwedem internationalen Schauplatz geben wollte. Diese Differenzierung kam zum Ausdruck in seiner Regierungserklärung am 11. Oktober 2001, als die amerikanischen Luftangriffe auf das Taliban-Regime in Afghanistan soeben begonnen hatten.

In dieser Situation, so formulierte der Kanzler, werde von Deutschland »aktive Solidarität und verantwortliches Handeln erwartet und auch geleistet«. Bei den gezielten Militärschlägen in Afghanistan, die im Einklang stünden mit dem Völkerrecht und den Beschlüssen der Vereinten Nationen, hätten die USA »nicht nur unsere uneingeschränkte Solidarität« verdient, sondern auch die Bereitschaft Deutschlands, sich an militärischen Operationen zu beteiligen. Auf die in Deutschland anhebende Diskussion, ob in der vom Terror geschockten amerikanischen Politik unter dem neuen Präsidenten und seinen bellizistischen Ratgebern Augenmaß und Vernunft die Oberhand behalten würden, ging Schröder ziemlich deutlich ein: »Daß unsere Gesellschaft gegenüber der Notwendigkeit militärischer Optionen und ihrer Ausübung zurückhaltender als jemals in der deutschen Geschichte geworden ist, begreife ich als einen zivilisatorischen Fortschritt, auch wenn es die eigene Argumentation bezüglich bestimmter Notwendigkeiten schwerer macht. Mir ist die Zurückhaltung einer Gesellschaft, die sich zu Recht etwas auf ihren zivilen Charakter einbildet, allemal lieber als jede Form von Hurrapatriotismus.«

Natürlich war, nachdem die erste Schockwelle des 11. September abgeklungen war und die langfristigen Konsequenzen für die internationale Politik einigermaßen rational absehbar wurden, Kanzler und Außenminister durchaus bewußt, daß die unterschiedlichen in Washington erwogenen Strategien zur internationalen Terrorbekämpfung sich auch durchaus unterschiedlich auf die solidarische Haltung der Europäer, zumal der Deutschen, auswirken konnten. Ein militärischer Kreuzzug der Amerikaner gegen alles »Böse der Welt« würde in Europa nicht kritiklos akzeptiert und unterstützt werden. Und die Erwähnung einiger Erzfeinde Amerikas durch Bush in diesem Zusammenhang – Irak, Iran, Nordkorea – wurde in Berlin nicht als ein besonders intelligenter Beitrag zu dem Versuch bewertet, eine breite und vor allem haltbare internationale Koalition zur Terrorismusbekämpfung zusammenzuschmieden. In den öffentlichen Äußerungen des Kanzlers tauchte weiterhin das Wort »Entschlossenheit« auf, nie jedoch ohne das Wort »Besonnenheit« in unmittelbarer Nachbarschaft. Und während Schröder entschieden gegen eindimensionale Erklärungsversuche argumentierte, wonach für den internationalen Terrorismus verantwortlich sei, wer Not, Elend und Unterdrückung in der Welt verschulde (»Die Aufteilung der Welt in Arm und Reich ist keine und darf nicht verstanden werden als monokausale Begründung für den Terrorismus.«), so konzedierte er doch entsprechende Zusammenhänge.

Schon unter der Vorgängerregierung hatte sich die Rolle der deutschen Außenpolitik verändert. Jetzt wurde sie – vor allem im Lichte der Erfahrungen des Balkankonfliktes und des Terroranschlages auf Amerika – neu definiert. Schröder erklärte nach Beginn des Afghanistan-Einsatzes im Bundestag, die Bundesrepublik habe sich in einer neuen Weise der internationalen Verantwortung zu stellen: »Noch vor zehn Jahren hätte niemand von uns erwartet, daß Deutschland sich anders als durch so etwas wie ›sekundäre Hilfeleistungen‹ – also Zurverfügungstellung von Infrastruktur oder Gewährung von Finanzmitteln – an internationalen Bemühungen zur Sicherung von Freiheit, Gerechtigkeit und Stabilität beteiligt. Ich sage das durchaus auch auf mein eigenes Denken und Handeln bezogen. Diese Etappe deutscher Nachkriegspolitik (...) ist unwiederbringlich vorbei.«

Die Zustimmung der Oppositionsparteien CDU/CSU und FDP zu Einsätzen der Bundeswehr im Ausland stand dabei zunächst weniger in Frage als die ungeteilte Zustimmung in den Regierungsparteien SPD und Grüne. So war in einer Abstimmung über die Verlängerung der Teilnahme deutscher Soldaten an der Friedensmission in Mazedonien die Regierung im Bundestag am 29. August 2001 ohne eigene Mehrheit geblieben; hätten Union und Liberale nicht zugestimmt, wäre dem Kanzler eine Niederlage nicht erspart geblieben. Schröder zog daraus die Konsequenz, als es um die Teilnahme der Bundeswehr an der internationalen Terrorbekämpfung ging. Am 16. November verband er seinen Kurs im Parlament mit einer Vertrauensfrage und zwang damit die eigene Fraktion und den Koalitionspartner hinter sich. Am 24. November billigten auch die Grünen auf ihrem Parteitag in Rostock den Regierungskurs und verhinderten dadurch ein Auseinanderbrechen der rot-grünen Koalition. Für die Entspannung im Regierungslager hatte gewiß auch die Abfolge der Ereignisse in Afghanistan selbst eine hilfreiche Rolle gespielt: Am 13. November war das Taliban-Regime aus Kabul vertrieben worden; die erste, heiße Phase des Afghanistan-Krieges war abgeschlossen.

Außenpolitisches Krisenmanagement und grundsätzliche außenpolitische Weichenstellungen spielten in den ersten vier Jahren der Schröder-Regierung eine größere Rolle, als es in der öffentlichen Gefühlslage der Nation und ihrer Diskursfähigkeit zum Ausdruck kam. Zur kontroversen Klammer, sozusagen, zwischen den innenpolitischen Diskussionen und den internationalen Entwicklungen geriet zusehends das Thema Globalisierung. Es bot Raum für traditionelle Ressentiments ebenso wie für eine neue Form der Kapitalismus- und Großmachtkritik, die sich aus den unterschiedlichsten politischen Quellen von links bis rechts speiste und sich auf vielfältige Weise weltweit äußerte – auch durch überraschend gewaltbeladene Demonstrationen von Globalisierungsgegnern anläßlich internationaler Konferenzen. Im Fadenkreuz der Kritik standen die reichen Industrienationen und, stellvertretend dafür, wieder einmal Amerikas Globalpolitik und die Figur des amerikanischen Präsidenten.

Während eines kurzen Berlin-Besuches von George W. Bush am 22. und 23. Mai 2002 – er dauerte nur 20 Stunden – versammelten sich Zehntausende von Menschen in mehreren Kundgebungen, um als »Achse des Friedens« gegen die »Achse des Bösen« zu demonstrieren. Das geschah in der Stadt, in der acht Monate zuvor Hunderttausende auf die Straße gegangen waren, um nach den September-Anschlägen Amerika ihre Solidarität zu bezeugen. Die deutsche Hauptstadt war für einen Tag Austragungsort von Angstgefühlen auf der einen, von Hoffnungen auf der anderen Seite der Gesellschaft: der Angst vor weiteren Kriegen, etwa gegen den Irak, und Friedenshoffnungen, die genährt wurden durch ein allenthalben als historisch qualifiziertes neues Abrüstungsabkommen zwischen den USA und Rußland.

Aus dem Munde des Bundeskanzlers, den seine Kritiker tief im Topf der neoliberalen Globalisierungsfetischisten angesiedelt hatten, waren zu diesem Konflikt interessant differenzierende Äußerungen zu vernehmen. In der Vorphase des Bundestagswahlkampfes, im Frühjahr 2002, versuchte Gerhard Schröder die öffentliche Diskussion zu diesem Thema mit Gedanken anzureichern, die seine Partei von ihm in dieser Form lange nicht gehört hatte, wenn überhaupt je. Einiges, was der Kanzler dazu im April in einem grundsätzlichen Aufsatz niederschrieb (»Neue Gesellschaft/Frankfurter Hefte«) ist es wert, zitiert zu werden:

»Die geradezu revolutionäre Modernisierung der Märkte, der Infrastrukturen sowie der Informations- und Kommunikationstechniken hat der Welt völlig neue Möglichkeiten eröffnet und mehr Menschen aus der Armut herausgeführt als je zuvor in der Geschichte. Aber sie hat die vorhandenen wirtschaftlichen, sozialen und kulturellen Differenzen nicht eingeebnet oder versöhnt; schlimmer noch: Diese Entwicklung hat jene todbringende Verbindung der modernen Technik mit altem Haß, die sich der globale Terrorismus zunutze macht, erst ermöglicht. ›Der 11. September war die dunkle Kehrseite unseres neuen Zeitalters der Interdependenz‹, hat der frühere US-Präsident Bill Clinton treffend formuliert.«

Schröder wies auf die ungleichen Handelsbeziehungen hin, die unkontrollierten Finanzmärkte, die ungerechte Verteilung der Wirtschafts- und Entwicklungschancen, wodurch die Gräben »zwischen denen, die reich geworden, und denen, die arm geblieben sind, noch vertieft« worden seien. Und er fuhr fort:

»Ungleichheiten diesen Ausmaßes provozieren das Gerechtigkeitsempfinden jedes anständigen Menschen (...). Viele Menschen erleben die Globalisierung als einen Faktor, der Unsicherheit in ihr Leben bringt und Unruhe in ihr Gewissen. Ist die Globalisierung nur eine Art ›Naturgewalt‹, die über uns hinwegfegt und auf die wir keinen Einfluß nehmen können? Haben die vorwiegend jungen Leute denn so unrecht, die auf die Straße gehen und die Auswirkungen der Globalisierung auf die Chancen der Menschheit, auf das gesellschaftliche Zusammenleben, auf die Entwicklung von einzelnen Ländern und ganzen Kontinenten, auf das ökologische Gleichgewicht und auf die Qualität des Denkens kritisieren? ...«

Die Mahnung der ernstzunehmenden Kritiker, resümiert Schröder zustimmend, »zielt darauf ab, daß jede wirtschaftliche Entwicklung – und gerade, wenn sie in großen Dimensionen stattfindet – einen sozialen Sinn bekommen muß. Dieser Anforderung muß sich die Politik, und um so mehr: eine Sozialdemokratische Politik der Zukunftsgestaltung, stellen.«

Realpolitik, die in einem modernen sozialdemokratischen Gedankengebäude zu Hause ist: Der Versuch zu einer solchen Fortentwicklung seiner Politik war bei Gerhard Schröder im

Jahre 2002 deutlich zu erkennen. Den Bürgern sollte zur Bundestagswahl am 27. September nicht nur die Person, sondern Person *und* Vision als Angebot für die Wahlentscheidung unterbreitet werden.

Die politische Richtungsentscheidung

In den ersten Monaten des Wahljahres 2002 sortierten die Parteien ihre Möglichkeiten und prüften, von welchen Spitzenleuten sie sich in den Wahlkampf führen lassen sollten. Nach längerem Diskussionsprozeß verzichtete die CDU-Vorsitzende Angela Merkel auf ihren Anspruch, den Bundeskanzler herauszufordern, und überließ die Kanzlerkandidatur dem bayerischen Ministerpräsidenten Edmund Stoiber. 22 Jahre, nachdem Franz Josef Strauß gegen Helmut Schmidt angetreten war (und verloren hatte), sollte zum zweiten Mal ein CSU-Vorsitzender für die Unionsparteien ins Rennen um die Kanzlerschaft gehen. Die Grünen überwanden ihre institutionelle Abneigung gegen Personalisierungen und kürten Außenminister Joschka Fischer zum Spitzenkandidaten. Und zur nicht gelinden Überraschung – auch zum Gaudium der Nation – ließ sich schließlich Guido Westerwelle, der FDP-Vorsitzende, von seinem Parteitag offiziell zum »Kanzlerkandidaten« der Liberalen ausrufen.

Die Demoskopie eröffnete Gerhard Schröder zu Beginn des Wahlkampfs keine rosigen Aussichten. Zwar lag er als Bundeskanzler in der Wählergunst kontinuierlich deutlich vor dem Herausforderer aus Bayern, aber seine Partei konnte mit den Sympathiewerten der Unionsparteien nicht mithalten. Die Kunst der Wahlkämpfer in der SPD mußte sich also an der Aufgabe beweisen, die Werte der Partei den Werten des Kanzlers anzunähern, ohne dessen Führungsrolle zu beeinträchtigen. Und die Aufgabe des Bundeskanzlers bestand darin, sich mit seiner Partei gleichsam zu verbünden und seine Siegeszuversicht auf sie zu übertragen.

Dafür lieferten die politischen Rahmendaten zunächst nicht besonders günstige Signale: Zwar deutete sich der konjunkturelle Aufschwung an, doch entwickelte er sich zunächst verhalten; es gab in Deutschland immer noch mehr Arbeitslose, als der Kanzler sich für seine erste Bilanz versprochen hatte; der Aufbau Ost belastete die Volkswirtschaft bis an die Grenze der in der Europäischen Union zulässigen Verschuldung. Dagegen stand die Bilanz des Erreichten: eine Steuerreform, die – auf zwei Legislaturperioden angelegt – ihre Wirkung entfaltete, das neue Zuwanderungsrecht, die Rentenreform und zahlreiche weitere Verbesserungen auf den unterschiedlichsten Feldern der Wirtschafts-, Sozial- und Innenpolitik. An ihrem in der Regierungserklärung von 1998 verkündeten Anspruch, den Reformstau aus der Ära Kohl aufzulösen, konnte sich die Regierung Schröder im Grunde mit Zuversicht messen lassen.

Unterschiedliche, einander auch widersprechende Tendenzen im öffentlichen Meinungsbild waren, da sich die heiße Phase der Wahlauseinandersetzung näherte, erkennbar.

Einerseits schien sich die Unlust der Bevölkerung, auf Politik zu bauen und zu vertrauen, noch zu verstärken; und eine nun auch die SPD erschütternde Parteispendenaffäre (in Köln) wirkte da wie eine wohlfeile zusätzliche Begründung für Politikverdrossenheit. Zudem fütterten die Massenmedien den Hang zur eindimensionalen Personalisierung von Politik, und scheinbar wurde ihnen Recht gegeben, wie die vorübergehende Attraktivität des in Teilen auch irritierend populistischen Wahlkampfes der FDP zeigte. Die Oppositionsparteien traten mit einem Wahlkampf der Versprechungen an, einem Verheißungswahlkampf, wobei dem Publikum anfangs nicht dämmerte, daß Verheißungen irgendwann auch bezahlt werden müßten.

Auf der anderen Seite registrierte man in meinungsbildenden Teilen der Bevölkerung ein neu erwachtes Interesse an Politik, oder besser: ein Bedürfnis nach Politik. Zur Verwunderung der Beobachter wirkte die Wahlauseinandersetzung in ihrem späteren Verlauf keineswegs nur simplifizierend oder verdummend – Scharpings Planschbilder und Westerwelles »18« auf der Schuhsohle blieben nicht der ganze Inhalt. Vielmehr wurden Wurzeln freigelegt und ernsthafte Fragen gestellt: nach der Zukunft der Gesellschaft, zur Nachhaltigkeit von Politik, nach Gerechtigkeit im Kleinen wie im Großen, zu

Gewinnern und Verlierern im Globalisierungsprozeß, nach der Moral in der internationalen Politik. Kurz: Es schien, als rege sich in der Gesellschaft, was sich in wiederkehrenden Wellen noch immer in demokratischen Gesellschaften geregt hat: der Wunsch nach grundsätzlicher Orientierung.

Verblüffenderweise war es die FDP, die mit einer von ihrem stellvertretenden Vorsitzenden Jürgen Möllemann ausgelösten Antisemitismus-Debatte dazu beitrug. Fixiert auf seine »Strategie 18«, versuchte Möllemann, mit antiisraelischen Äußerungen zusätzliche Stimmen aus dem rechtskonservativen Reservoir zu schöpfen. Das liberale Bürgertum reagierte entsetzt.

In Deutschland standen sich, da die heiße Wahlkampfphase im Sommer 2002 begann, durchaus zwei Politikmodelle gegenüber. Oberflächlich sah es so aus, als ginge es um ein paar Zahlen in der Steuer- oder Arbeitsmarktpolitik, um einige Gesetzesänderungen im Ausländerrecht hier und in der Familienförderung dort. Tatsächlich war die Auseinandersetzung fundamentaler. Sie verlangte nach richtungweisenden Entscheidungen, wie es Gerhard Schröder – als er denn entschlossen war, aktiv in dieser Auseinandersetzung Stellung zu beziehen – etwas holzschnittartig zwar, aber unzweideutig als Alternative zusammenfaßte: »Als Gesellschaft müssen wir uns entscheiden: ob wir den Weg der Modernisierung und Gerechtigkeit, der Weltoffenheit und Teilhabe weitergehen wollen – oder ob wir Reformen im Inneren und eine verläßliche Politik für globale Gerechtigkeit zugunsten einer regionalen Wirtschafts- und einer verschlossenen Gesellschaftspolitik opfern, die am Ende keinen einzigen Arbeitsplatz schafft, aber Haß auf alle ›anderen‹ – die Fremden, die Zuwanderer, die anderen Völker – schürt.«

Der Bundeskanzler hatte sich entschieden, in der Frage »Ich oder er« am 27. September nicht mehr nur eine Wahl zwischen Schröder und Stoiber zu sehen, sondern – Willkommen, Politik! – eine Richtungsentscheidung.

Personenregister

Bildnachweis

ACTION PRESS, Hamburg 22; AP (Pfeil), Frankfurt/Main 20; Bongart, Hamburg 12; BPA 34 (Kühler), 39 (Stutterheim), 41 (Faßbender); J. H. Darchinger, Bonn 4; dpa, Frankfurt/Main 5, 7, 14 (Weihs), 15 Weihs, 19 (Wagner), 23; Illustrierte BUNTE/J. L. Darbionne, München 24; LASA (Chapevon), Bonn 21; privat 1, 2, 8; Reuter (Urban), Bonn 13; Ullstein Bild, Berlin 3 (AP), 6 (Kucharz), 9 (Bera), 11 (Werek), 17 (dpa), 18, 27 (Meldepress), 28 (Meldepress), 29 (LS-Press), 31 (LS-Press), 32 (BPA), 33 (imo), 35 (ddp), 36 (Zapf), 37 (ddp), 38 (phalanx), 40 (ddp), 42 (Boness/Ipon); vario-press 25, 26; WDR, Köln 10, 16.